KB129925

다시 인생을 아이처럼 살 수 있다면

IN AWE

Copyright ⓒ 2020 by John O'Leary

All rights reserved.

Korean translation copyright ⓒ 2023 by Woongjin Think Big Co., Ltd

This translation published by arrangement with Random House, a division of Penguin Random House LLC through EYA Co., Ltd.

이 책의 한국어판 저작권은 EYA Co., Ltd를 통해 Random House와 독점계약한 (주)웅진씽크 빅에 있습니다. 저작권법에 의하여 한국 내에서 보호를 받는 저작물이므로 무단전재 및 복제를 금합니다.

다시 인생을 아이처럼 살 수 있다면

두려움 없이 인생에 온전히 뛰어드는 이들의 5가지 비밀 ————

존 오리어리 지음

백지선 옮김

I N A W E

갤리온
GALLEON

아이의 감각으로
세상을 사는 법

ↄ

강당이 시끌벅적했다.

지금까지 나는 전 세계를 돌며 강연했다. 사우스웨스트 항공이나 마이크로소프트의 직원들, 전국 영업인 회의에 모인 2만 명의 영업인, 중역 회의실에 모인 십수 명의 최고 경영자를 대상으로 강연하는 영광을 누렸다.

아저씨는 손이 어쩌다 이렇게 되었어요?

이날은 내가 개인적으로 제일 좋아하는 청중 앞에 섰다. 바로 어린 학생들이다. 나는 아이들의 목소리와 웃음소리, 열정이 참 좋다.

어린 학생들에게 강연을 하고 나면 에너지가 가득 충전되고 삶을 향한 아이들의 열정이 얼마나 반짝거리는지 새삼 깨닫는다.

강연은 대개 전교생을 학년별로 나눠 진행한다. 언제나 첫 번째 청중은 1학년에서 3학년까지의 어린 학생들이다. 그들이 기다리고 있는 강당은 들어서자마자 파티 분위기가 물씬 풍긴다.

아이들 모두 얼굴에 미소가 가득하고 에너지가 넘치며 목소리도 크다. 사방에서 웃음소리가 터져나오고, 질문을 하면 대답도 열심히 한다. 질의응답 시간이 되면 본인에게 기회가 오길 바라며 너도 나도 손을 들어 흔든다. 그러다 수업을 받으러 교실로 돌아갈 시간이 되면 용수철처럼 벌떡 일어나 문 앞에서 주먹 인사를 건네는 내게 깡충거리며 뛰어온다. 그러곤 신나게 인사를 한 뒤 다음 일정을 수행하러 간다.

그런데 한 아이가 나와 주먹 인사를 하려다 놀란 표정으로 뒷걸음질을 쳤다. 소년은 내 오른손과 왼손을 번갈아 보더니 내 눈을 똑바로 바라보며 놀란 목소리로 물었다.

"아저씨는 손이 어쩌다 이렇게 되었어요?"

이런, 조금 전 내 손이 어쩌다 이렇게 되었는지 다 말했는데. 아홉 살 때 집에 불을 내는 바람에 심각한 화상을 입어 손가락을 절단해야 했지만, 그럼에도 내 삶은 여전히 가능성으로 가득하다고 말이다. 그리고 너희의 인생도 마찬가지라고 말하지 않았던가. 그뿐만

다시 인생을 아이처럼 살 수 있다면

아니라 희박한 생존 확률을 깨고 살아남았고, 불가능해 보이는 기적 같은 일들이 일어났으며, 지금도 매일 일어나고 있다고도 했다.

조금 전에 다 한 말인데 이 아이는 왜 못 들었을까? 화장실에 갇히기라도 한 걸까? 마이크가 켜지지 않았었나?

이유가 무엇이든 나는 아이가 강연에 집중하지 못했다는 사실을 겸허하게 받아들이기로 했다. 아이의 눈높이에 맞춰 몸을 숙이고 답했다.

"아홉 살 때 집에 불이 크게 나서 다쳤어. 그때 손가락을 잃었지만 지금은 아주 잘 지내고 있단다."

소년은 내 말의 뜻을 해석하려는 듯 잠시 생각에 잠긴 뒤 외쳤다.

"와, 신기하다!"

그러고는 흥분한 목소리로 말을 이었다.

"아까 어떤 분이 강연하셨는데 그분도 아홉 살 때 집에 불이 났대요."

소년은 또 잠시 생각하다 말했다.

"두 분이 꼭 한번 만나보세요!"

소년은 손을 내밀어 나와 주먹 인사를 하고는 복도로 깡충깡충 뛰어갔다.

나는 고개를 내저으며 웃음을 터트렸다. 아이들은 가끔 답을 틀리기는 해도 질문하기를 두려워하지 않는다. 어려운 질문을 할 때도 마찬가지다. 소년의 엉뚱한 반응에 미소가 가시기도 전에 다음 무리가 강당에 들어섰다.

4학년에서 6학년까지의 학생들로 구성된 두 번째 그룹은 이전 학생들보다 차분했다. 강당에 들어설 때도 더 조용했고 질문할 시간에 손을 드는 학생도 적었다. 객석에서 느껴지는 열기도 전만큼 높지 않았다.

다음으로 7학년과 8학년 학생들이 강당에 들어섰다. 드디어 중학생이다. 어떤 분위기였을지는 짐작할 수 있을 것이다. 학생들은 하나같이 고개를 숙이고 앉아 휴대폰을 만지작거렸고, 강연 도중에 질문하는 일도 극히 드물었다.

모두 훌륭한 아이들이고 내가 전하는 메시지를 나름대로 내면화하고 있긴 하지만 적극적으로 참여하는 기쁨은 잊어버린 지 오래되어 보였다. 사춘기라 그러는 것으로 치부할 수도 있다. 심드렁한 태도의 원인을 호르몬과 또래 친구들에게 멋지게 보이고 싶은 욕망 탓으로 돌릴 수도 있다.

엉뚱하고 경이롭던 그 아이는 지금 어디로 갔을까?

그렇다면 어른들은 이 아이들과 태도가 다를까?

생각해보자. 최근 어떤 공간에 들어설 때 활기 넘치는 걸음걸이로 당당히 들어간 적이 있는가? 발표를 앞두고 설렘이 가득한 마음

다시 인생을 아이처럼 살 수 있다면

으로 연단에 선 적이 있는가? 강연자의 질문에 열정적으로 손을 들어 답을 외친 적이 있는가?

우리는 누구나 한때 설렘을 안고 아침마다 학교로 전력 질주하는 아이였다. 늘 신이 나 있고 무언가에 몰두해 있고 걷잡을 수 없이 긍정적인 그런 아이. 그러다 점점 자라나 열정의 불꽃이 꺼진 산만하고 냉소적인 어른이 된다. 나이와 함께 경험이라는 지혜를 터득하기 때문이라고 주장하는 사람도 있을 것이다. 좋은 경험이든 좋지 않은 경험이든 인생은 평탄하지 않은 일들 투성이고, 기대한 대로 흘러가는 일은 거의 없다. 사실 기쁠 때보다, 죽을 만큼 힘들 때가 더 많다.

어른이 되면 한정된 자원과 시간으로 점점 더 많은 일을 해내야 하는 삶을 살게 된다. 열정은 사그라진 상태에서 쳇바퀴처럼 도는 삶에 몸을 싣는다. 그럼에도 좀처럼 앞으로 나아가는 것 같지 않으니 어찌 지치고 신물이 나지 않겠는가. 게다가 뉴스와 소셜미디어에서 끊임없이 쏟아지는 부정적 소식을 접하면 좋은 시절은 끝났고 세상이 곧 끝장날 거라는 확신마저 든다. 내 말이 믿기지 않는다면 오늘 밤에 당장 뉴스를 보라. 지구 멸망이 코앞에 닥쳤다는 확신이 들 테니까!

정보통신기술의 발달로 사람들 간의 거리는 인류 역사상 가장 가까워졌지만 그만큼 고립감과 외로움도 짙어졌다. 이 같은 변화는 모든 세대에 부정적 영향을 끼친다. 하지만 가장 많은 영향을 받은 세대는 1980년대 초 이후에 태어난 20대와 30대 젊은이들이다. 연구에 따르면, 조사에 응한 밀레니얼 세대의 30퍼센트가 외로움을 느끼고 20퍼센트가 친구가 없다고 답했다.[1]

여러분은 어떨지 모르지만 나는 우리 모두 삶을 대하는 태도를 바꿔야 한다고 생각한다. 반짝거리는 눈빛과 설레는 마음과 열정으로 미래를 맞이해야 한다. 그리고 아이들에게 그 답이 있다고 믿는다.

감탄하는 삶을 위해 5가지 감각 되살리기

나는 당신이 어릴 때 갖고 있었던, 당신뿐만 아니라 누구나 어린 시절에 갖고 있었을 다섯 가지 감각을 되살리자고 권하기 위해 이 책을 썼다. 다섯 가지 감각을 되찾으면 어릴 때 그랬듯 인생을 엉뚱하고 기발하고 자유롭고 즐겁게 살 수 있다.

어린 시절에는 누구나 호기심이 넘친다. 불가능한 건 없다고 철석같이 믿는다. 무슨 일을 하든 늘 두 눈 크게 뜬 채 희망을 가득 품는다. 그러곤 놀라운 일을 기대하는 마음으로 설렘을 안고 그 일에 뛰어든다. 과거나 미래 따위는 걱정하지 않고 현재에 완전히 몰두한다. 타인의 시선은 신경 쓰지 않으며 전혀 모르는 사람도 친구처럼 대한다. 주저 없이 개입하고, 손을 높이 들고 나서며, 모든 걸 걸고 대담하게 도전하며 충만한 삶을 살게 해주는 자유를 만끽한다.

나는 이를 '감탄하는 삶'이라 부른다.

감탄은 인간의 본성이다. 그러나 불행하게도 이 타고난 마음 상태는 나이가 들어 세상이 시키는 대로 살기 시작하면서 약화된다. 어른이 되면서 어린 시절의 방식을 포기하도록 훈련받기 때문이다.

"조용히 해!"

"앉아 있어!"

"낯선 사람한테는 말 걸지 마!"

"선 밖으로 나가지 않게 색칠해!"

"조심해!"

"원래 그러는 거야. 괜히 문제 일으키지 마!"

나도 어릴 때 부모나 코치, 교사에게 수없이 이런 말을 들었다. 좋은 의도로 한 말이었겠지만, 그 말을 따르는 과정에서 아이들의 타고난 쾌활함은 서서히 짓눌린다. 고유의 창의성은 어른들의 지도를 받으며 사라진다. 장난기와 활기는 훈육으로 사그라든다. 어른들의 훈계는 이 세상을 순조롭게 항해하는 데 필요한 감각들을 무디게 만든다. 나아가 이는 세상을 보는 관점과 살아가는 방식에도 영향을 미친다.

우리의 감각은 세상을 이해하고 세상의 정보를 처리하도록 설계되어 있다. 우리는 어떤 대상을 보고, 듣고, 느끼고, 맛보고, 냄새

맡고, 만지면서 그 대상에 대한 정보를 얻는다. 감각을 충분히 활용하지 못하면 현실을 흐릿하고 편향되며 왜곡되게 인식한다.

감각은 나이가 들수록 무뎌진다. 시력과 청력, 후각이 그렇다. 그러나 무뎌지는 건 육체적 감각뿐만이 아니다. 나 자신을 바라보는 시각, 타인과 소통하는 방식, 시간관도 무뎌진다. 또 일상에서 경이로운 순간을 포착하거나 조금의 거리낌도 없이 용감하게 삶 속으로 뛰어드는 능력과 관련된 감각도 약해진다.

이런 감각은 육체적 감각과 달라 얼마든지 되찾을 수 있다. 노력하면 다시 살려낼 수 있다는 뜻이다. 무뎌진 감각을 재발견하고 재정비해 활용하면 다시 경외심을 느끼는 상태로 돌아갈 수 있다. 감각을 되살리면 일상과 삶을 획기적으로 바꿀 힘이 생긴다. 직장생활을 혁신적으로 바꾸고 타인과 진실한 관계를 맺으며 오늘날 어른의 세상에 만연한 문제들을 해결할 수 있다.

나는 수천 명의 경영인과 사상가, 세상을 바꾸고 싶어 하는 사람들을 인터뷰하면서 중요한 사실을 발견했다. 그들이 성공적이고 효과적인 삶을 살게 해준 감각들은 바로 누구나 어린 시절에 가장 아름답게 꽃피우는 특성과 정확히 일치했다. 이 감각들은 원대한 꿈을 꾸고, 상상조차 하지 못했던 혁신을 이루고, 불가능한 일을 해내고, 진실한 인간관계를 맺고, 타인에게 깊은 영향을 미치며, 무엇보다 충만한 삶을 살게 해주는 핵심 비결이었다.

다시 인생을 아이처럼 살 수 있다면

여러분도 그들과 똑같이 할 수 있다.

한때는 당연하게 여겼던 삶의 진리를 다시 배울 수 있다.

평범한 것을 찬양하고 불가능한 일을 해낼 수 있다.

이제 모든 날과 모든 경험과 모든 기회에 감탄하는 삶을 선택해 삶의 감동과 의미, 기쁨을 되찾을 수 있다.

4부 | 소속감
"타인을 진심으로 받아들여라"

5부 | 자유
"경기장 밖에 머물지 마라. 게임에 적극적으로 참여하라"

1부

경이감

"

끊임없이 질문을 던져
불가능을 가능으로 바꿔라

"

경
이
감

질문하고, 궁금해하고,
열정적으로 탐구하고,
혁신적 사고와 무한한 가능성을 낳는 기회와 답,
해결책을 끈질기게 찾는 감각.

Chapter 1

가능성의 길을 여는
다섯 가지 질문

↺

관객의 함성이 쏟아졌다.

나는 그랜드 피아노를 향해 걸어가 긴 의자에 앉았다. 정장 상의 소매로 이마의 땀을 닦고 두 손을 건반 위에 올린 뒤 숨을 깊이 들이마셨다. 심장이 쿵쿵 뛰는 것이 느껴지자 문득 궁금해졌다. '도대체 내가 왜 여기에 있는 거지?'

나는 라스베이거스의 MGM 그랜드 호텔의 무대에서 피아노 앞에 앉아 1만 8,000여 명의 관객에 둘러싸여 있었다. 관객들은 응원의 환호성을 질렀다. 나를 향한 환호였다. 불가능은 없다는 사실을 몸소 보여주기 위해 불가능해 보이는 피아노 연주를 막 하려는 남자를 위한 환호였다. 내게는 손가락이 없었기 때문이다.

나는 호흡을 가다듬은 뒤 마이크에 대고 웃으며 큰 기대는 하지 말라고 농담조로 말했다. 망가진 손을 들어 보이면서 말이다. 그러고는 심호흡을 한 뒤 연주를 시작했다.

나는 피아노 치는 게 싫어, 엄마가 정말 싫어

세인트루이스의 본가 초인종이 울렸다. 주방 식탁에서 내 옆자리에 앉아 있던 엄마가 문을 열기 위해 현관 쪽으로 갔다. 잠시 혼자 있게 된 나는 접시에서 고개를 들어 주변을 둘러보았다. 달라진 집안의 모습이 아직 낯설었다.

낡고 끈적거리는 녹색 리놀륨 바닥재는 밝은 분홍색으로 바뀌어 있었고, 짙은 색의 오크나무 수납장이 있던 자리에는 밝은 색의 새 수납장이 놓여 있었다. 주황색 조리대는 요즘 유행하는 연보라색 조리대로, 오래된 살림살이 대신 신식 살림살이가 들어서 있었다. 당시 대통령은 로널드 레이건(1981년부터 1989년까지 재임한 미국의 40대 대통령-옮긴이)이었고, 라디오에서는 브루스 스프링스턴(미국의 로큰롤 가수로, 1980년대에 최고의 인기를 구가했다-옮긴이)의 노래가 흘러나왔다. 새로 바뀐 주방은 꽤 근사했다.

아홉 살의 나는 싹 뜯어고쳐 완전히 달라진 주방에 앉아 다섯 달 전 불이 난 뒤로 완전히 바뀌어버린 삶을 받아들이려 안간힘을 쓰

다시 인생을 아이처럼 살 수 있다면

고 있었다. 달라진 건 주방뿐만이 아니었다. 차고는 잿더미가 되었고 모든 방이 불길과 연기와 물로 엉망이 되었다. 다섯 형제자매와 부모님은 집을 재건하는 넉 달 동안 임시 주거지에서 지내야 했다.

그동안 나는 병원에서 사투를 벌였다. 가족 구성원 모두 삶의 모든 면에서 변화에 직면했다. 그중 가장 많이 달라진 건 내 삶이었다. 두툼한 흰색 거즈 붕대로 뒤덮인 내 몸은 마치 제과제빵 브랜드 필스버리의 밀가루 반죽 마스코트 '도우보이' 같았다. 어찌 보면 〈고스트버스터즈〉에 등장하는 '스테이 퍼프트 마시멜로맨'이 낳은 사생아 같기도 했다. 둘 다 아주 인기가 많은 캐릭터지만 그들처럼 되고 싶은 아홉 살 어린이는 없을 게 분명했다.

붕대 밑 피부는 대부분 다 아문 상태였지만, 보기 흉하게 두껍고 붉은 흉이 남은 데다 아직 아물지 않은 부분은 쓰라리기까지 했다. 당연히 휠체어 신세도 지고 있었다. 물론 화상을 입은 피부가 서로 들러붙으면서 발생하는 관절 경직을 최소화하기 위해 병원 침대에 묶여 지냈던 지난 몇 달에 비하면 크나큰 발전이었다. 하지만 몇 달을 꼼짝하지 않고 누워 지낸 탓에 근육이 위축되어 간단한 동작을 할 때조차 몸부림을 쳐야 했고, 아문 다리 피부 위로 두꺼운 흉터가 생겨 다시 걷는 일은 아득히 먼일, 불가능에 가까운 목표였다.

손도 달라졌다. 손가락이 있었던 자리에 붕대만 두껍게 감겨 있었다. 의사들은 내 양손의 손가락을 맨 아래 관절까지 절단했다. 나는 내 손을 애써 외면했다. 볼 때마다 불안이 밀려온 탓이다.

'이제 야구공은 어떻게 던지지? 학교로 돌아갈 수는 있을까? 학교에 다니지 못하면 취직은 어떻게 하지?' 아홉 살밖에 안 됐지만 제일 맥 빠지는 건 이런 생각이었다.

'어떤 여자애도 내 손을 잡고 싶어 하지 않을 거야.'

그런 생각을 하며 손을 빤히 내려다보고 있을 때, 엄마가 주방으로 다시 들어왔다. 그런데 서 있는 엄마의 몇 걸음 뒤에 바르텔로 부인의 실루엣이 보였다. 분명 바르텔로 부인이었다. 나는 가까이 다가온 엄마를 놀란 눈빛으로 바라보며 물었다.

"저분이 왜 여기 있어요?"

그녀는 피아노 선생님이었다.

오리어리O'Leary가家 아이 중 그녀가 집에 들어서는 모습이 반가운 아이는 아무도 없었다. 그녀가 나타나면 텔레비전을 보든 놀든 공부를 하든 무조건 하던 일을 멈추고 피아노 교습받을 준비를 해야 했다. 다들 그 시간을 좋아하지 않았지만 나는 특히 더 싫어했다. 나는 피아노를 치고 싶지 않았다. 내가 하고 싶은 건 야구였다. 내 재능이 꽃피우길 바랐던 곳은 연주회장이 아니라 야구장이었다. 피아노 건반이 아니라 강속구를 치고 싶었다.

나는 우리 지역 프로야구단인 세인트루이스 카디널스의 선수가 되는 날을 늘 꿈꿨다. 언젠가는 사랑하는 카디널스의 유니폼을 입

고 경기에 출전하리라 확신했다. 아홉 살의 나는 그랬다. 내 또래의
다른 아이들도 마찬가지였다. 아직은 현실적인 목표를 잡을 줄 모
르는 나이였다.

그러나 아무리 어려도 코앞에 닥친 냉혹한 현실까지 모를 수는
없다. 불은 내 꿈을 영영 앗아갔다. 이제 다시는 야구공을 잡지 못
할 터였다. 카디널스의 유니폼을 입는 것도 경기에 출전하는 것도
불가능했다. 고통스러운 현실이었지만 한 가지 사실은 위안이 되었
다. 다시는 피아노 교습을 받을 필요가 없다는 것이 그것이었다. 역
시 하늘이 무너져도 솟아날 구멍은 있었다. 그랬건만 바르텔로 선
생님은 도대체 왜 여기에 온 걸까?

엄마는 휠체어를 탄 내게 다가와 몸을 숙이더니 휠체어의 브레
이크를 풀었다. 그러고는 거실로 이어지는 복도를 향해 휠체어를
밀었다.

"엄마, 날 어디로 데려가는 거예요?"

엄마가 이때 어떻게 반응했는지 주목하길 바란다. 잘 적어두었
다가 학생이나 배우자, 자녀와 의견이 맞지 않을 때 이 전략을 쓰
면 분명 효과를 볼 것이다.

엄마는 아무 말도 하지 않았다. 단 한마디도.

말하는 건 쉽다. 하지만 엄마는 말로 답하는 대신 다른 방식을 취
했다. 겸허하고 용감하며 다정하게, 그때까지 주방에 갇혀 있었던

나를 새로운 시각, 새로운 목적지를 향해 나아가도록 밀어 넣었다.

나는 휠체어를 미는 엄마를 올려다보며 한 번 더 답을 구했다.

"엄마?"

다시 침묵이 흘렀다.

피아노 앞에 다다르자 엄마는 휠체어 브레이크를 걸었다. 그러고는 바르텔로 선생님에게 주방에 있을 테니 필요한 게 있으면 부르라고 차분하게 말했다. 그런 뒤 나와 바르텔로 선생님만 남겨두고 거실에서 나갔다. 상냥한 피아노 선생님은 피아노 의자에 앉은 뒤 내 쪽으로 의자를 끌어당겼다. 그러고는 심호흡을 한 번 하고 한쪽 팔을 내게 두르고는 드디어 집에 돌아온 내가 정말 대견하다고 말했다. 나와의 수업 시간이 그리웠고 내가 다시 피아노를 치게 되어 설렌다고도 했다. 그런 뒤 놀랍도록 확신에 찬 목소리로 말했다.

"좋아. 이제 시작하자."

바르텔로 선생님은 내가 엄마를 위해 배우고 있었던 곡의 악보를 꺼냈다. 마치 다섯 달 전 마지막 수업을 한 뒤로 내 인생에 아무 일도 일어나지 않았다는 듯이. 손가락이 있었던 다섯 달 전의 나는 그 손가락으로 피아노를 치고 싶은 의욕이 거의 없었다. 그 마음은 여전했다. 그때나 지금이나 피아노 앞에서 의욕이라고는 전혀 없는 나를 일깨우는 것이 우리가 넘어야 할 큰 산이었다. 이젠 그 산이 훨씬 더 높고 견고해 보였다.

다시 인생을 아이처럼 살 수 있다면

돌이켜보면 애초에 내가 피아노를 치는 게 가능하다고 믿은 바르텔로 선생님과 엄마가 참 대단하다. 손가락이 없는 아이에게 어떻게 피아노를 가르칠 생각을 했을까? 피아노를 치려면 손가락은 당연히 있어야 하지 않는가?

휠체어에 탄 채로 피아노 앞에 앉은 내 양손에는 권투 선수의 글러브처럼 붕대가 칭칭 감겨 있었다. 그리고 마약성 진통제를 맞고 있었다. 그게 다가 아니었다. 오른팔은 근육이 거의 없어 들어 올리는 게 거의 불가능했고, 왼팔은 몸과 90도를 이루도록 비행기형 부목으로 고정되어 있었다. 나는 완전히 쓸모없는 인간이 된 기분이었다. 선생님과 같이 할 수 있는 게 있기는 한 건지 혼란스러웠다.

하지만 바르텔로 선생님은 무슨 이유에서인지 전혀 개의치 않았다. 선생님은 가방에서 연필 한 자루와 고무줄을 꺼냈다. 내 오른쪽 '글러브' 끝에 고무줄로 연필을 고정했다. 선생님은 오른손 끝에 튀어나온 연필로 악보의 음표를 하나씩 누르게 시켰다.

그렇게 내 인생에서 가장 긴 30분이 흘렀다.

지금도 똑똑히 기억한다. 그날 나는 연필로 무기력하게 건반을 누르며 생각했다.

'난 엄마가 진짜 싫어.'

이런 상태인 나더러 피아노 수업을 받게 하다니, 믿기지 않았다. 유일하게 좋은 순간은 수업이 드디어 끝났을 때뿐이었다. '설마 또 수업을 받게 하지는 않겠지'라고 생각했기 때문이다. 내 생각은 맞았다. 다음 주 화요일, 그놈의 초인종이 울리기 전까지만 말이다. 바르텔로 선생님은 다시 왔고… 그다음 주 화요일에 또다시 왔다. 무려 5년 동안!

예전의 삶으로 돌아갈 가능성은 전혀 없어 보이는, 손가락을 잃은 소년은 그렇게 무기력하고 고통스럽게 서서히 피아노를 배웠다. 처음에는 붕대가 감긴 오른손에 연필 한 자루를 묶었고 다음에는 왼손에도 한 자루를 묶었다. 붕대를 풀고 나서는 손가락의 관절 끝으로 건반을 누르고 손바닥을 비롯한 손의 남은 부위를 활용해 어떻게든 화음을 만드는 법을 배웠다.

우리 누구나 망가진 손으로 피아노를 쳐야 할 때가 온다

이제야 깨달았지만 바르텔로 선생님과 엄마는 내게 단순히 피아노를 가르친 게 아니었다. 두 사람이 내게 피아노를 가르친 건 내가 연주회나 경연에 나가길 기대했기 때문이 아니었다. 피아노 연주 실력보다 중요한 다른 무언가를 기르게 하기 위해서였다.

엄마와 바르텔로 선생님은 휠체어의 브레이크를 풀고 불가능해 보이는 목표를 향해 나를 밀어주었다. 두 사람은 보통 사람의 눈에는 장애와 절망밖에 보이지 않는 상황에서 잠재력과 희망을 발견했다. 말은 한마디도 하지 않았지만 두 사람의 행위는 내게 꼭 필요한 메시지를 전했다.

존, 불은 네 손가락을 앗아갔지만 네 목숨은 가져가지 못했어! 그러
니 다 죽은 사람처럼 굴지 마. 지금은 불가능해 보이는 일이지만 그
일을 할 힘이 네게는 있어. 앞으로 너는 계속 고비를 만날 거야. 시련
을 만날 거야. 너만의 창의적인 방법으로 네 앞길에 놓인 장애물을
뛰어넘어야 해. 네 인생은 예상했던 대로 흘러가지 않을 거야. 그러
나 시간이 지나면 지금보다 훨씬 좋아질 거야.

이는 감당하기 어려운 육체적 한계에 직면해 불안과 자기 회의에
시달리는 어린 소년에게 간절히 필요한 메시지였다. 나는 지금도
가끔 이 메시지를 떠올린다. 그리고 다른 많은 사람에게도 꼭 필요
한 메시지라고 확신한다. 물론 누군가는 이렇게 말할 것이다.

저기, 존. 나는 당신과 같은 일을 겪은 적이 없는데요. 온몸에 붕대를
칭칭 감고 혈관에 모르핀 주사를 꽂은 채로 피아노를 친 적이 없어
요. 곡 하나는 물론이고 음표 하나를 연주하는 것조차 버거운 막막한
기분으로 손가락이 사라진 뭉툭한 손을 응시하며 피아노 앞에 앉아
있었던 적이 없다고요.

당면한 상황은 다를지 몰라도 누구나 살면서 막막하고 짓눌린 기분을 수없이 느낀다. 직장에서 새로운 프로젝트를 맡았지만 역량이 부족한 데다 이미 해야 할 일이 차고 넘치는 상황을 상상해보라. 일거리가 쌓이고 압박감이 늘어날 때의 마음 상태는 어떤가? 포기하고 싶은 충동이 치미는 걸 느끼며 무력하게 피아노 건반을 응시했던 나와 같은 심정일 것이다.

이런 상황도 있을 수 있다. 아이를 한 명 더 낳아 기를 여유는 물론이고 나 자신과 가족을 건사할 기운도 시간도 돈도 없다. 이런 상황에서 임신했다면 어떨까? 아이가 생긴 것을 마냥 고마워하게 될까? 뛸 듯이 기쁘기는커녕 먹고살 방법을 걱정하며 막막한 미래에 그저 멍해지는 게 인지상정이다.

아니면 오늘 업데이트된 주요 뉴스를 스크롤해서 살펴보는 상황을 생각해보자. 전쟁과 기아, 정리해고, 총기 난사 사건, 무차별 폭력, 편견 등 기쁨을 앗아가고 절망과 경악, 우울감을 안겨주는 심각한 뉴스들이 쏟아질 것이다. 현실을 바꾸고 싶어도 할 수 있는 게 아무것도 없는 막막한 기분이 어찌 들지 않겠는가?

누구나 살면서 손가락이 없는 손으로 피아노를 쳐야 하는 상황에 놓인다. 어찌해야 할지 모르는 그런 상황 말이다. 중요한 건 망가진 두 손을 들고 연주를 포기하느냐, 타고난 잠재력을 발휘해 나만의 곡을 연주할 새로운 길을 찾느냐다.

부디 여러분은 고개를 내저으며 피아노 교습을 포기하는 대신 어린 시절의 호기심을 되살리길 바란다. 창조성과 투지만 있으면 불가능한 건 아무것도 없다는 대담한 믿음에 불을 지펴라.

이 책에서 '경이감'은 단순히 놀라워하고 감탄하는 마음만을 뜻하지 않는다. 내가 말하고자 하는 경이감은 수동적인 것과는 거리가 멀다. 바로 행하는 것이기 때문이다. 궁금해하고, 캐묻고, 파헤치고, 도전하고, 더 나아가 의심하는 능력이 내가 말하는 경이감이다.

경이감을 되찾으면 어떻게 될까?

현재 자신의 행동 방식에 의문을 제기하고 더 나은 길은 없을지를 스스로에게 묻게 된다. 남들이 하는 말을 당연시하지 않고 그 말이 진실인지 파헤치게 된다. 어릴 때처럼 다시 혁신가, 발명가, 예술가, 과학자가 된다. 집중적으로 그 힘을 쓸 의지만 있다면 세상을 바꿀 힘이 내게 있다는 사실을 깨닫게 된다. 경이감에 다시 불을 붙이면 강력한 믿음과 확신이 되살아나고, 무엇이든 바꿀 수 있다.

달을 향해 쏴라

텍사스주 휴스턴, 찌는 듯 무더운 날이었다. 1962년 9월 12일, 존 F. 케네디 대통령은 라이스 대학교에 모인 4만 명의 관중 앞에서 연설을 했다.

아직 9월의 반도 지나지 않았는데 그해 9월은 유난히 사건 사고가 많았다. 이란에서 규모 7.1의 지진이 발생해 1만 2,000명 이상이 사망했다. 쿠바 미사일 위기를 목전에 두고 전 세계가 불안에 떨었다. 국제 금융 시장은 여전히 불황에서 벗어나지 못했다. 미 대법원은 미시시피 대학교에 첫 번째 아프리카계 미국인을 입학시키라는 판결을 내렸다. 혼란과 긴장, 좌절과 공포가 만연하고, 자연재해와 정치적 시위, 문화적 반란이 잦았다. 다시 말해 지금과 그렇게 다르지 않았다.

케네디 대통령의 휴스턴 연설은 바로 이런 시대적 배경 아래서 이루어졌다. 존 F. 케네디는 민심이 어떤지 정확히 알고 있었다. 미국인들은 혼란스럽고 불안했으며 어디로 가야 할지를 몰랐다. 길을 잃고 방황하는 상태였다.

케네디는 그런 미국인들 앞에 장엄하고 강렬하고 위대한 목표를 제시했다. 터무니없는 생각까지는 아니었지만 대다수가 불가능하다고 여겼던 목표였다. 협동력과 지능, 획기적 사상과 투지 등 미국의 가장 좋은 면이라 일컬어지는 것들을 모두 쏟아부어야 하는 야심 찬 꿈이었다.

케네디가 세운 목표는 대체 무엇이었을까? 1960년대가 끝나기 전까지 인류를 달에 착륙시키는 것이었다. 유난히 길고 시적인 문장으로 케네디는 청중에게 자신이 세운 목표의 무게와 목표에 이르는 방법을 설명했다.

다시 인생을 아이처럼 살 수 있다면

그러나 국민 여러분, 우리는 대담해져야 합니다. 우리는 90미터가 넘는 거대한 우주선을 이곳 휴스턴 기지에서 39만 킬로미터 떨어진 달에 보내려 합니다. 그 우주선은 이 축구장의 길이와 비슷한 크기입니다. 일부는 아직 개발도 되지 않은 신新 합금으로 만들어져 있어 역사상 그 어떤 기계보다 열과 압력을 더 잘 견딜 것입니다. 또한 세상에서 가장 정교한 시계보다 더 정밀하게 조립되었고 추진과 유도, 제어, 통신, 식량, 생존에 필요한 장치를 모두 실을 예정입니다. 이 우주선을 미지의 천체에 보낸 뒤 태양 온도의 절반에 가까운, 다시 말해 오늘 이곳만큼 뜨거운 열을 일으키며 시속 4만 킬로미터가 넘는 속도로 대기권에 진입시킨 뒤 다시 무사히 지구로 복귀하게 할 겁니다. 이러한 사상 초유의 임무를 완벽하게 그것도 1960년대가 끝나기 전에 성공시키려면 반드시 대담해져야 합니다.[2]

누구도 시도하지 않은 목표였다. 벅찬 임무였으며 불가능한 꿈이었다. 그러나 미국인들은 케네디가 약속한 대로 1960년대가 끝나기 전 꿈을 이루었다. 그리고 우주 비행사 닐 암스트롱이 달 표면에 내려서면서 한 다음과 같은 말을 들을 수 있었다.

"한 인간에게는 작은 발걸음이지만, 인류에게는 위대한 도약입니다."

금속 루나 모듈에 몸을 고정한 두 남자는 지구에서 38만 5,000킬로미터 떨어진 달에 안전하게 착륙했다. 그들은 지구보다 중력이 약한 달 표면을 통통 튀듯이 돌아다닌 뒤 성조기를 꽂고 암석을 채취하고 사진을 찍었다. 그러고는 다시 우주선에 올라타 무사히 지구로 귀환했다. 구식 폴더폰을 만드는 기술보다 훨씬 열악한 기술로 이루어낸 성과였다.

불가능해 보이는 목표였다. 그러나 그들은 해냈다.

케네디가 미국과 미국인들에게 '대담해지라'고 한 말의 의미는 무엇일까? 규칙에 연연하지 말고 무한한 창의성과 호기심, 투지를 쏟아부어 목표에 도달할 때까지 끈질기게 달라붙으라는 말이었다. 다시 말해 '경이감'을 활용하라는 뜻이었다.

경이감을 잘 느끼는 사람은 실패에 직면해도 포기하지 않는다. 늘 새로운 해결책을 찾는다. 방법을 찾기 위해 끊임없이 질문하고 궁금해하고 파고든다. 그러면서 과감한 걸음을 내딛고 진정한 변화를 이끌어낸다. 다양한 생각을 모으고 경계를 넓히고 한계를 극복하며 아무도 가지 않은 길을 간다.

애석하게도 오늘날의 정부 지도자들은 사람들의 힘을 모아 더 큰 무언가를 이루려 하지 않는다. 그보다는 이미 가지고 있는 걸 지키는 일에 목청을 높인다. 개인들 역시 마찬가지다. 얼마나 많은 걸 이루느냐보다는 오늘 하루를 어떻게 버티느냐에 더 집중한다. 어떤 사람이 될 것인지, 무엇을 이룰 것인지 스스로 가치를 부여해 그 한계를 확장하기보다 이미 가진 것을 지키는 데 훨씬 더 많은 노력을 기울인다.

왜 예전처럼 남다른 생각을 하고 달에 가는 걸 목표로 삼지 않을까? 경이감이 잠들었기 때문이다. 이제 잠든 경이감을 깨워야 한다.

경이감이 깨어나면 무한한 호기심이 되살아나 자기도 모르게 오래된 문제에 새로운 방식으로 접근하게 된다. 틀에 박힌 삶에서 벗어나 미지의 세상을 탐구하게 된다. 물론 그러다 보면 가끔 불편한 상황에 직면할 수도 있다. 그러는 게 당연하다.

달을 향해 로켓을 쏘아 올리려면 새로운 길을 개척해야 하기 때문이다. '늘 똑같은' 방식으로는 달에 착륙할 수 없다. 새로운 영역을 탐구하고, 새로운 기술을 개발하고, 새로운 시각으로 보고, 전과는 다른 방식으로 행동해야 한다.

그렇다면 구체적으로 어떻게 해야 할까? 어떻게 해야 경이감을 되찾을 수 있을까?

겉보기에는 너무나 단순해 보이는 질문 다섯 가지를 자기 자신에게 해보면 된다. 어릴 때는 늘 당연하게 했던 질문이다. 이 다섯 가지 질문을 하면 우리는 더 많이 행동으로 옮기고, 더 발전하고, 더 많이 요구함으로써 더 큰 혁신을 이룰 수 있다. 이 다섯 가지는 인간관계와 일과 인생을 고양시켜주는 질문이다. 나아가 과거를 인식하고 현재를 즐기고 미래를 창조하는 방식을 완전히 뒤바꿔놓는 질문이다.

　이 정도면 도전해볼 만한 가치가 있지 않은가? 이제 페이지를 넘겨 새롭고 더 나은 길을 찾고 싶은 욕구를 되살릴 첫 번째 질문을 살펴보자.

Chapter 2

경이감과 호기심을
깨우는 질문

↺

"왜 이를 닦아야 해요?"

"왜 화장실에 가야 해요?"

"왜 자야 해요?"

"왜 남자는 아기를 낳을 수 없어요?"

"왜 신발을 신고 자면 안 돼요?"

일부분에 불과하지만 내 아이들이 어젯밤 내게 한 질문들이다. 사실 어제의 질문 목록은 훨씬 더 광범위했다. 네 살짜리 아이들은 하루에 300개에 달하는 질문을 한다는 연구 결과도 있다.[3]

어린아이를 키우거나 직업상 아이들을 상대하거나 아이와 함께 시간을 보내는 사람이라면, 하루가 아니라 1분에 300개의 질문이 쏟아지는 것처럼 느껴질 때가 있을 것이다.

모든 것은 '왜'라는 질문에서 탄생한다

나는 네 명의 아이를 키우고 있는데, 우리 아이들은 시도 때도 없이 질문을 던진다. 질문이 폭발한다는 네다섯 살 시기도 지났는데 말이다. 가끔은 나를 약 올리려고 꼬리에 꼬리를 물고 질문을 하나 싶을 때도 있지만 아이들이 끝없이 질문을 던지는 건 그저 세상이 돌아가는 방식이 너무나 궁금하기 때문이다.

아이들의 질문에는 세상을 이해하고 싶은 선천적 욕망이 숨어 있다. 저명한 천체물리학자인 닐 더그래스 타이슨Neil Degrasse Tyson은 아이들이야말로 호기심과 질문으로 세상을 이끄는 타고난 과학자라고 말한다.

"아이들은 툭하면 돌을 뒤집거나 꽃잎을 땝니다. 늘 파괴적인 행위를 하죠. 탐구란 그런 것입니다. 다시 조립하는 법을 모르더라도 일단 분해하고 보는 겁니다."

어떤가? 그 정도는 감당할 수 있을 것 같은가? 하지만 다시 생각해보자. 아이가 냉장고에서 달걀을 하나 꺼내면 어떻게 반응할까? 타이슨은 이렇게 말한다.

"아이에게 제일 먼저 뭐라고 하시나요? 아마도 많은 사람이 '달걀 갖고 놀지 마. 깨지니까 다시 넣어놔'라고 소리칠 겁니다."

맞다. 나도 한두 번 그런 적이 있다. 하지만 타이슨의 생각은 다르다.

"아이가 달걀이 떨어지면 깨진다는 사실을 직접 배우게 하세요! 그것도 물리학 실험입니다. … 그러나 자녀의 타고난 탐구심을 이해하거나 소중히 여기는 부모는 많지 않습니다. 가정의 질서를 유지하고 싶은 마음에 그러는 거겠지만요."[4]

물론 나쁜 의도로 그러는 건 아니다. 그러나 아이가 주변 세상을 이해하고 세상과 소통하고 싶은 충동을 억제하면, 뜻하지 않게 아이의 경이감과 타고난 호기심까지 억누르게 된다. 이 세상에 그러고 싶은 부모는 없을 것이다.

최근에 누군가가 '왜?'라는 질문을 던졌을 때 반갑게 응한 적이 있는지 자신에게 물어보자. 반대로 누군가의 의견에 건설적인 반대 의견을 제시하며 자유롭게 '왜?'라고 물은 적은 있는가? 당신이 몸담고 있는 회사에서의 각종 회의나 업무 인수인계 절차를 밟을 때 혹은 전략을 짤 때를 떠올려보자. 효율성을 중시하고 위계 구조를 유지해야 하는 직장에서는 질문과 반대 의견이 무시당하기 쉽다. 가정에서나 정치적 논쟁을 벌일 때도 마찬가지다. 그러나 '왜?'라는 질문은 세상을 이해하고 세상의 수수께끼를 풀고 싶은 욕구에서 생겨난다. 감탄하는 삶을 살려면 이러한 호기심을 되찾는 것이야말로 우선시되어야 한다.

　얼마 전에 마이크로소프트의 임원진을 대상으로 강연을 한 적이 있는데 강연을 마치고 한 임원이 다가와 한 말이 기억난다. 그는 마이크로소프트가 성공한 건 답을 모두 알았기 때문이 아니라 적절한 질문을 할 줄 알았기 때문이라고 했다. 연 매출이 1,250억 달러에 달하는 조직에 질문이 도움이 되었다면 우리에게도 도움이 되지 않겠는가. 현재 상황이 왜 그런지 이해하고 새로운 길, 더 나은 길이 있는지 알아내려면 반드시 '왜?'라고 의문을 제기해야 한다.

　개인이나 조직, 사회가 더는 '왜?'라고 묻지 않으면 혁신과 색다른 접근법, 새로운 발상도 더는 나오지 않는다. 그런 사례는 쉽게 찾을 수 있다. 지금 당장 즐겨 듣는 정치 논평이나 좋아하는 스포츠 팀의 라디오 토크쇼를 듣거나 소셜미디어의 게시글을 보라. 이들은 축하할 일이 있을 때도 냉소와 비난과 고집이 뒤섞인 반응을 보인다. 대부분 남을 쉽게 판단하고 자기 의견을 좀처럼 굽히지 않는다. 타인의 도발에 쉽게 넘어가며 누가 내 의견에 반대라도 하면 기분이 상해서 보복하기에 바쁘다.

　안타깝게도 이런 태도를 고수하면 타인과의 협력이 어려워진다. 새로운 의견과 사람, 생각, 이상을 쉽게 받아들이지 못하게 된다. 그러나 늘 이런 식이었던 건 아니다. 경직된 성인이 되기 전 우리에게도 열린 마음으로 질문을 두려워하지 않았던 시절이 있었다.

격렬한 낙관주의가 지닌 힘

학교 총기 난사 사건이 또다시 벌어졌다. 그 후 총기 폭력을 주제로 하는 건전하고 통합적인 토론회가 시청에서 열리는 모습이 텔레비전으로 중계된 적이 있다. 방송을 보면서 나는 한 여학생의 발언에 귀를 쫑긋 세웠다. 플로리다주 파크랜드의 마저리 스톤먼 더글러스 고등학교에 다니는 그 학생은 동급생 17명이 죽고 17명이 다치는 광경을 목격했다.

친구들의 죽음으로 여전히 충격에서 벗어나지 못한 그 학생의 발언은 성명서나 통계가 아니라 질문으로 가득했다.

"왜 우리는 총에 맞을까 두려워하며 학교에 다녀야 하나요? 왜 우리는 총기 폭력으로 수십 명이 죽는 일이 없는 사회에서 살 수 없나요? 왜 법으로 우리 모두 더 나은 삶을 살 수 있게 해주지 않나요? 왜 지금 당장 시작하지 않나요?"

학생의 발언이 끝나자 박수갈채가 쏟아졌다. 다음 토론자는 총기 폭력과 총기 관련 미연방 및 주 법령을 잘 아는 전문가라고 소개되었다. 그는 가슴 위로 팔짱을 낀 채 앉아 있었다. 박수 소리가 잦아들자 그가 쓴웃음을 지으며 말했다.

"학생은 우선 고등학교를 졸업하고 대학에 가서 제대로 된 교육부터 받고 와요. 토론은 그때 합시다."

어린 학생의 생각이 무조건 옳다는 뜻은 아니다. 사실 누구의 의견에도 동의할 필요는 없다. 그러나 해묵은 문제를 해결할 새로운 방법에 마음을 여는 게 우리 모두에게 도움이 된다는 사실에는 동의할 필요가 있다.

왜 학생이 발산하는 활기와 영향력, 희망을 짓누르는가? 왜 잘못된 길을 돌아보고 더 나은 길을 찾으려는 의지를 묵살하는가?

물론 이런 사안에 대해 그렇게 매정한 반응을 보이는 사람은 거의 없겠지만, 대부분은 그 토론자처럼 냉소주의로 무장한 채 살아간다. 우리 대부분은 자신과 신념이나 이념이 다른 사람은 '틀렸다'고 생각하는 경향이 있다. 그런 사람과는 대화 자체를 하려 들지 않는다. 새로운 생각은 팔짱을 긴 채 차단하고 변화를 거부한다. 경이감이 숨 쉴 틈조차 주지 않고 억누른다.

호기심 많았던 학생 시절의 사고방식을 되찾으면 어떻게 될까? 생각하고, 앞장서고, 문제를 해결하고, 소통하는 방식이 어떻게 달라질까? 자신감 넘치고 의기양양한 '전문가'처럼 모든 답을 다 알고 있는 양 구는 대신 열정적이고 자비롭고 열린 마음으로 임한다면 어떻게 될까? 앞서 언급한 대화뿐 아니라 어떤 대화를 하든 결과가 달라지지 않을까?

파크랜드의 어린 학생들이 모여 미국 역사상 손꼽히는 규모의 시위를 열었다. 그 당시 《타임》은 아이들의 '격렬한 낙관주의'를 칭찬하며 이렇게 말했다.

"10대 아이들만의 작은 우주에서는 무슨 일이든 일어날 수 있다는 공감대가 형성되어 있다. 사실 그들의 세상에서는 온갖 종류의 일이 벌어질 수 있다."[5]

격렬한 낙관주의. 참 인상 깊은 표현이다. 나는 우리 모두 격렬한 낙관주의를 실천하기 위해 노력해야 한다고 생각한다. 격렬한 낙관주의를 구현하는 사람은 '아니요'라는 답을 거부한다. 내가 사는 세상과 삶, 내가 이끄는 사업이나 참여하고 있는 팀을 솔직한 시선으로 바라본다. 그런 뒤 대상의 모습을 있는 그대로 파악할 뿐만 아니라 그 대상을 어떻게 발전시킬지 구상한다.

격렬한 낙관주의는 '왜?'를 되찾은 삶에 더해지는 아름다운 부산물이다.

아이들은 클립의 용도를 200가지나 생각해내는 천재다

교육을 더 받고 오라는 전문가의 조언이 파크랜드의 그 어린 여학생의 앞날에 도움이 될 수 있을지도 모르겠다. 하지만 연구에 따르면 아이들은 학교에 더 오래 있을수록 질문을 덜 하는 것으로 나타났다.[6] 학생들이 질문하기보다는 답을 맞히길 바라는 교사가 많기 때문이다. 그런 이유로 아이들은 유치원에 입학할 때의 사고방식을 계속 유지하지 못한다.

이에 대해 좀 더 자세히 설명해보자. 유치원에 입학할 나이의 아이들은 대부분 '천재 수준'의 확산적 사고를 한다는 사실을 알고 있는가? 확산적 사고divergent thinking는 청소년 소설 『다이버전트 Divergent』와 빌 게이츠가 테드 토크Ted Talks에서 강연한 주제를 멋지게 섞어놓은 표현 같아 보인다. 하지만 이것은 고정관념에서 벗어난 사고방식을 지칭하는 과학적 용어다.

확산적 사고는 하나의 문제를 다양한 방법으로 해결할 수 있다는 사실을 인지하는 사고방식이다. 확산적 사고를 하는 사람은 일반적인 방법과는 전혀 다른 색다른 해결책을 찾으려 애쓴다. 확산적 사고는 상상력, 혁신적 생각, 호기심, 창의성이 합쳐질 때 발생한다. 또한 세상을 바꾼 위대한 발명의 뿌리이기도 하다.

달 착륙은 어떻게 가능했을까? 바로 확산적 사고 덕분이었다. 인터넷은 어떻게 발전했을까? 확산적 사고를 대규모로 한 결과물이다. 아이폰은 어떨까? 답은 여러분도 이미 알 것이다.

현 상태의 한계를 넘어서서 참신한 발상을 하려고 애쓰는 사람들이 없었다면 우리는 지금의 모습으로 살지 못했을 것이다. 아직도 먹이를 사냥하거나 채집하고 있을 것이며, 말을 타고 이웃을 만나러 가거나 동굴에서 잠을 자고 있을 것이다. 그렇다면 유치원생이 확산적 사고력이 뛰어나다는 건 어떻게 알 수 있을까?

조지 랜드Gorge Land 교수는 아이들을 대상으로 창의성 연구를 시행했다. 연구에 활용한 도구는 미국 항공 우주국 (이하NASA)에서 혁신적인 사고 능력이 가장 뛰어난 공학자와 과학자를 뽑기 위해 고안한 테스트였다. 평범한 클립 한 개를 보여주고 클립의 쓰임새를 최대한 많이 생각해내게 하는 비교적 간단한 테스트였다. 랜드 교수는 오랜 시간에 걸쳐 세 살에서 다섯 살 사이의 아이들 1,600명을 관찰했다.[7]

결과는 놀라웠다. 아이들은 지극히 단순한 금속 장치인 클립의 용도를 평균적으로 200가지나 떠올렸다. '콘센트에 꽂아 무슨 일이 벌어지는지 본다'는 답 말고도 다양한 답이 나왔다. 아이들이 클립의 쓰임새를 그렇게 많이 생각해낼 수 있었던 이유는 무엇일까? 콘센트 덮개가 필요할 정도로 위험한 탐험을 하고 다니며 걸음마를 배우는 아기들의 사고방식, 즉 호기심 덕분이었다.

호기심과 창의성은 밀접한 관련이 있다. 연구에 참여한 아이들의 무려 98퍼센트가 확산적 사고에서 '천재 수준'의 점수를 얻은 건 그 때문이다. 이쯤에서 여러분은 아마 이렇게 생각할 것이다. '와! 어릴 때도 똑똑하니 점점 더 똑똑해지겠군.'

정말 그럴까? 안타깝게도 그렇지 않았다.

랜드 교수는 이후 같은 실험을 성인에게도 시행했다. 천재 수준의 점수를 획득한 어른은 몇 퍼센트였을 것 같은가? 2퍼센트였다. 혹시 오타라고 생각하는 사람이 있을지도 모르겠다. 오타가 아니다. 확산적 사고에서 천재 수준의 점수를 얻은 성인은 겨우 '2퍼센트'에 불과했다. 평범한 성인은 클립의 용도를 10~15가지밖에 생각해내지 못했다.

왜 이런 결과가 나왔는지 잠시 해석해보자. 유치원에 입학하기 전에 그러니까 무언가를 '배우기' 전에는 누구나 창의적인 천재다. 그러나 시간이 갈수록 창의성 및 남과 다르게 생각하는 능력, 혁신적이고 재기발랄하고 선구적인 정신을 잃어버린다. 자라면서 창의적 천재성이 사라지는 것이다.

실험 결과에 흥미를 느낀 랜드 교수는 첫 실험에 참여한 아이들이 열 살이 되고 열다섯 살이 됐을 때 다시 같은 실험을 실시했다. 아이들의 창의성이 시간이 지나면서 어떻게 달라지는지 관찰하기 위해서였다. 열 살 때는 30퍼센트만 천재 수준의 점수를 얻었다. 그 아이들이 열다섯 살이 됐을 때는 12퍼센트로 떨어졌다.

이렇게 빨리 떨어지다니 놀랍지 않은가? 도대체 자라면서 무슨 일이 벌어지기에 더는 고정관념에서 벗어난 생각을 하지 못하게 되는 걸까? 이 세상과 문화, 삶의 무엇이 아이들의 창의성을 갉아먹는 걸까? 생기를 불어넣고 세상을 바꾸는 이 필수적인 힘이 약해지는 걸 막으려면 어떻게 해야 할까?

남과 비슷하게 살면서 남다른 생각을 할 수는 없다

이와 관련해 펜실베이니아 대학교의 조직심리학자이자 베스트셀

다시 인생을 아이처럼 살 수 있다면

러 『오리지널스』의 저자인 애덤 그랜트Adam Grant는 흥미로운 주장을 펼친다.

"아이들은 창의성을 타고납니다. 대여섯 살짜리와 이야기를 나눠보면 온갖 종류의 흥미롭고 특이한 질문을 던집니다. 제 생각에는 어른들이 아이들의 창의성을 억누르거나, 적어도 서구 사회에서 성공하려면 규칙을 따라야 한다는 사실을 아이들이 깨닫는 순간 창의성을 잃어버리는 것 같습니다. 그때부터는 좋은 성적을 받고 윗사람을 공경하고 특히 남과 비슷하게 살려고 애씁니다. 그러나 남과 비슷하게 사는 건 남다른 생각을 하는 법을 잊어버리는 최고의 방법입니다." [8]

다시 반복해서 말하겠다. 남과 비슷하게 사는 건 남다른 생각을 하는 법을 잊어버리는 최고의 방법이다.

생각해보면 학교에서 상을 받는 아이의 유형은 정해져 있다. 규칙을 잘 따르고 교사의 말을 잘 듣는 아이다. 학교에 다니면서 아이들은 질문을 해도 칭찬 스티커를 받지 않는다는 사실을 점차 깨닫는다. 오히려 엉뚱한 질문을 하면 혼나기 일쑤다. 그때부터 아이들은 질문을 멈춘다. 남과 비슷하게 행동하고 입을 다문다. 주어진 질문에 답하는 법을 배울 뿐 스스로 질문하려 들지 않는다.

남다르게 생각하는 법을 잊어버리기 시작하는 것이다. 게다가 이런 경향은 학교뿐 아니라 일하고 놀고 봉사하는 대부분의 환경에서 계속된다.

'왜?'냐고 묻는 걸 멈추면 새로운 발상도 더는 떠오르지 않는다. '왜?'라는 질문에는 개선과 혁신, 발명의 핵심이 되는 또 다른 질문이 내재되어 있기 때문이다.

이 단순한 질문으로 건강, 영적 여정, 재무, 인간관계 등의 현재 상태를 얼마나 바꿀 수 있을지 상상해보라. 새로운 프로젝트를 시작할 때 혹은 기존의 방식을 검토할 때 팀원들과 '왜?'라는 질문을 던지면 어떤 해결책이 나올 것 같은가? 사업과 지역 사회, 국가, 정부, 경제를 보는 방식을 스스로 얼마나 바꿀 수 있을지 상상이 되는가? '이건 왜 이럴까? 더 나은 방법은 없나?' 이렇게 질문하면 더 나은 길을 찾아나갈 수 있다.

단 소심한 사람은 '왜?'라고 묻기 힘들다. '왜?'라고 물으려면 반대 의견을 아무렇지 않게 받아들일 수 있어야 한다. 그뿐만 아니라 사적으로든 공적으로든 분열을 일으키는 토론을 할 각오가 되어 있어야 한다. 다소 지저분한 상황이 벌어질 수도 있다. 달걀을 몇 개 깰지도 모른다. 하지만 그래도 괜찮다. 휴지로 닦으면 그만이다. 두려워하지 말고 틀을 깨부수고 판을 흔들어라.

'왜?'는 혁신적인 사고를 일으켜 현재를 재평가하고 새롭고 더 나은 길을 찾게 해주는 촉매제다.

다시 인생을 아이처럼 살 수 있다면

더 나은 길은 있다.

언제나.

Chapter 3

다른 이가
내 인생을 규정할 때

↻

나는 직업상 비행기를 자주 타는데, 비행하는 동안 주로 글을 쓴다. 내 아이들이 옆자리에 앉지만 않으면 말이다.

몇 년 전 호주로 출장을 갈 때 아내와 아이들을 데려간 적이 있다. 당시 다섯 살이었던 패트릭은 비행기에서 내 옆에 앉아 미국의 지도를 보느라 바빴다. 패트릭은 전국이 도로로 연결되어 있다는 사실을 깨닫고는 매우 놀라워했다. 비행기를 타는 것도 멋지지만 미국의 모든 주를 자동차로 갈 수 있다는 게 신기한 모양이었다.

하지만 여러분도 알다시피 하와이는 그럴 수 없다. 그래서 생각거리를 던질 겸 패트릭에게 그 이야기를 하자 어른이 되면 회사를 차려서 하와이까지 가는 도로를 만들 거라고 선언했다. 내가 하와이까지 도로를 깔 수 없는 여러 이유를 설명하자 패트릭은 나를 쳐다보며 물었다.

"누가 그러는데요, 아빠?"

결국 나는 패트릭에게 냅킨을 건넸다. 그러고는 하와이로 가는 다리를 어떻게 지을 건지 그 방법을 냅킨에 그려보라고 했다. 글을 쓸 시간을 벌 속셈이었다. 그러나 글을 쓰기 전 잠시 패트릭을 돌아본 순간 창밖으로 가득 펼쳐진 바닷물이 보였다. 그러곤 생각했다.

'그래, 하와이와 연결된 다리를 세울 수도 있겠구나!'

다른 이가 내 가능성과 인생을 규정하게 두지 마라

'도로를 깔 수 없다'는 내 말에 패트릭은 반기를 들었다. 이치에 닿는 말로 설득하려는 내 시도를 무색하게 만든 패트릭의 고집에 나는 문득 궁금해졌다. 최근에 누군가 내게 "그건 안 돼"라고 했을 때 "누가 그러는데?"라고 되물은 적이 있었나? 내가 무언가를 시도할지 말지를 남이 결정하게 내버려두지는 않았나?

의식하지 못할 때가 많지만 누구나 주변 사람들의 의견에 영향을 받는다. 언론이나 친구, 가족, 내면의 소리 등 온갖 목소리가 합쳐져 무엇이 가능하고 무엇이 불가능한지 판단을 내린다. 그러나 이 목소리들은 완전히 틀릴 때가 많다. 몇 주 뒤, 나는 이 사실을 증명

할 한 젊은 남자와 마주 보고 앉아 있게 된다. 절친한 친구가 자기 아들과 잠시 이야기를 나눠달라고 부탁했기 때문이다.

친구의 아들은 대학과 전공을 여러 차례 바꾼 끝에 드디어 경영학과 졸업을 한 학기 앞두고 있었다. 사회에 나갈 날이 가까워졌지만 그 청년은 무기력하고 활기가 없었다. 취업할 의지도 없었고 졸업 후의 인생에 대한 기대감도 없는 상태였다. 잠시 잡담을 나눈 뒤 졸업하고 무엇을 할 계획인지 물어보았다. 청년은 커피 잔을 내려놓으며 말했다.

"잘 모르겠어요. 그걸 알려고 이 자리에 나온 건데요."

아버지가 나를 정확히 소개하지 않은 모양이었다. 나는 진로 계획과 관리를 돕는 커리어 코치가 아니다. 최고의 삶을 사는 법을 실천하도록 돕기는 하지만 아무 정보도 없는 상태에서 도울 수는 없지 않은가.

나는 접근 방식을 바꾸기로 했다. 경영학 학위와 직업에 관한 고민은 제쳐두고 일단 무엇을 하며 살고 싶은지 물었다.

"졸업하고 무엇이든 할 수 있고, 그 일이 절대 실패하지 않을 거라는 확신이 있다면 무엇을 하고 싶나요?"

청년은 고개를 돌려 창밖을 바라보았다. 얼굴에 미소가 번졌다. 청년은 비행기를 좋아한다고 말했다. 나와 만난 뒤로 처음으로 신이 난 듯 목소리에 생기가 돌았다. 청년은 아주 어릴 때부터 비행기를 좋아했다며 이야기를 시작했다. 하늘을 날 수 있다는 게 신기해 시간이 날 때마다 모형 비행기를 만들거나 비행기를 그렸단다. 그리고 언젠가는 비행기와 관련된 일을 하고 싶었다고 말했다. 조종사든 승무원이든 항공기 기술자든 비행기 화장실을 청소하는 사람이든, 비행기가 있는 곳에서 일하고 싶었다는 것이다.

나는 청년의 말을 경청한 뒤 당연한 질문을 했다.

"그런데 왜 좋아하는 그 일을 하지 않는 거죠?"

순간 청년의 얼굴에서 미소가 사라졌다. 청년은 창밖을 바라보고 커피를 한 모금 마셨다. 그러고는 나를 쳐다보며 말했다.

"나이가 너무 많아요."

"몇 살인데요?"

"스물네 살이요."

"이봐요! 우리 집에 있는 넥타이 나이도 그보다 많겠네요!"

그러나 그 청년에게는 내 말이 전혀 와닿지 않는 모양이었다. 내 말은 들은 척도 하지 않고 답했다.

"뭘 시작하기에는 나이가 너무 많아요. 이미 경영학에 시간을 다 투자했잖아요. 너무 늦었어요."

청년은 스물네 살이었다. 앞으로 살날이 훨씬 더 많은 나이다. 그러나 그는 진정으로 좋아하는 일을 하는 삶을 추구하기에는 자신이 너무 늙었다고 생각했다. 그래서 나는 패트릭이 몇 주 전에 내게 던진 질문을 그에게 했다.

"누가 그러는데?"

스물네 살이 진로를 바꾸기에는 너무 많은 나이라고 누가 그러는데? 지금까지 걸어온 길에서 벗어나 완전히 다른 쪽 길로 방향을 틀면 안 된다고 누가 그러는데? 가능성이 무한한 미래를 꿈꾸지 말라고, 도전하며 스스로 길을 만들지 말고 그냥 현재 상황을 받아들여야 한다고, 누가 그러는데?

인생의 항로를 바꾸기에 청년은 결코 많은 나이가 아니었다. 이건 경험자로서 하는 말이다. 화상을 입은 내 경험을 걸스카우트 아이들에게 처음 들려주었던 일이 생각난다. 그때 나는 경력 7년의 부동산 개발업자였다. 당시만 해도 그 강연이 계기가 되어 스물일곱 살에 내 삶의 방향이 완전히 달라지리라고는 상상하지 못했다.

만일 그때 내가 직업을 바꾸기에는 너무 늦었다고 생각했다면 어땠을까? 내 삶의 행로는 이미 결정돼 바꿀 수 없다고 생각했다면, 여러분은 지금 이 책을 읽을 수 없을 것이다. 그래서 나는 '누가 그러는데?'라는 질문을 화두로 던지고 청년을 돌려보냈다. 그리고 그가 지금까지와는 다른 목소리에 귀를 기울이고 설렘으로 반짝거리는 삶의 행로를 찾아가길 진심으로 기도했다.

여러분에게도 묻고 싶다. '왜 타인의 의견이나 세상의 잣대 혹은 전문가들의 의견이 내 삶을 규정하고 제한하도록 내버려두는가?'

내 발목을 잡는 목소리에 반기를 들 용기가 있다면 어떻게 될까? 너는 너무 늙었거나 너무 어리거나 경험이 너무 없다는 말 혹은 너무 하찮은 일이라는 말을 들었을 때 당당히 "누가 그러는데요?"라고 맞받아치면 무슨 일이 생길까?

너무 늦은 때란 없다, 내가 원한다면

나는 나이나 타인의 기대가 삶의 제약이 되려 할 때 당당히 맞선 사람들을 수없이 많이 만나보았다. 그중 내가 제일 좋아하는 사람은 마리 도러시 뷰더Marie Dorothy Buder다.

마리는 열네 살에 하느님의 소명을 받아 수녀가 되기로 했다. 부모는 딸이 다른 직업을 갖길 바랐지만 마리는 스물세 살에 정식으로 수녀가 되었다. 뷰더 수녀는 이후 수십 년 동안 지역 사회의 소외 계층을 위해 일했다. 그녀는 자기 일을 사랑했고 헌신적으로 신의 뜻을 받들어 봉사했다. 그러나 가끔 이유를 알 수 없는 불안에 시달렸다. 그러자 친한 친구가 그녀에게 달리기를 해보라고 조언했다. 매일 밖에 나가 몸을 움직이면 도움이 될 거라는 얘기였다.

뷰더 수녀에게는 운동화가 없었을 뿐만 아니라 한 번도 운동화를 신어본 적이 없었다. 그만큼이나 운동과는 담을 쌓고 지냈다. 뷰더 수녀는 동료 수녀에게 운동화를 빌려 생전 처음 달리기를 하러 나갔다.

그녀의 나이 마흔여덟 살 때의 일이다.

뷰더 수녀는 천천히 두 발을 번갈아 디디면서 가볍게 조깅을 시작하자 곧 기분이 좋아졌다. 얼굴에 스치는 산들바람을 음미했고 새들의 노랫소리를 즐겼다. 집으로 돌아올 때 느껴지는 근육통마저 좋았다. 뷰더 수녀는 다음 날 다시 달리러 나갔다. 그리고 두 번째 달리기를 마친 뒤 또다시 달려야겠다고 마음먹었다. 이후 40년 동안 뷰더 수녀가 운동화 끈을 매고 달리러 나가지 않은 날은 손에 꼽을 정도로 적었다.

내가 뷰더 수녀를 예로 든 건 그녀가 단순히 시간 날 때 가끔 달리기를 한 수녀라서가 아니다. 그녀에겐 더 놀라운 이야기가 있다. 뷰더 수녀는 현재 여든일곱 살이며 마라톤에 350회 이상 출전했다. 철인 삼종 경기에 수십 번 출전해 '철인 수녀'라는 별명도 얻었다.

철인 삼종 경기는 무모할 정도로 용감한 사람들이 모여 지구력을 겨루는 극도로 어려운 운동 시합이다. 먼저 3.2킬로미터를 수영한 뒤 180킬로미터를 자전거로 이동한다. 그리고 마지막에는 42킬로미터 마라톤을 완주해야만 한다. 세계 정상급 선수들이 몇 년씩 준비해 출전하는 경기로, 참가 선수들의 대다수가 결승선을 통과하지 못한다.

뷰더 수녀는 철인 삼종 경기의 결승선을 통과한 불굴의 선수 목록에 이름을 올렸다. 더 정확히 말하면 십수 회 이상 완주했으며,

다시 인생을 아이처럼 살 수 있다면

무려 여든두 살에 또 한번 결승선을 통과해 최고령 완주자가 되었다. 믿기 힘들겠지만 정말이다. 놀라서 마시던 커피를 뱉지 않았길 바란다!

내가 아는 마흔두 살의 지인들은 장을 보기만 해도 숨이 차다고 불평한다. 세상의 통념이나 상식 혹은 친구들이 좋은 뜻으로 하는 조언을 따른다면, 마흔두 살에 철인 삼종 경기에 도전하면 안 된다. 그러나 뷰더 수녀는 당당히 반기를 들었다. 멋지게 자신의 인생에 도전해 새로운 길을 개척했다.

나는 영광스럽게도 뷰더 수녀와 점심을 먹으며 그녀가 계속 달리는 이유를 들을 수 있었다. 뷰더 수녀는 미소 띤 얼굴로 눈빛을 반짝거리면서 달리기가 얼마나 큰 기쁨을 주는지 말했다. 철인 삼종 경기에 출전하는 것이 자신감을 준다는 것이었다. 그러나 그녀가 아직도 달리는 더 근원적인 이유는 따로 있었다. 바로 사명감이었다. 뷰더 수녀는 본인이 경기에 출전하면 그걸 본 사람들이 용기를 얻을 테고, 그러면 각자의 경주를 포기하지 않으리라는 사실을 잘 알고 있었다.

뷰더 수녀의 가족은 어린 그녀에게 괜한 소명 의식에 인생을 낭비하지 말라고 말했다. 하지만 그녀는 가족의 말을 듣지 않았다. 마흔두 살은 달리기를 시작하기에는 너무 늦은 나이라는 말을 듣지 않았다. 여든두 살의 나이에는 철인 삼종 경기를 절대 완주할 수 없다는 전문가들의 조언을 무시했다. 그리고 지금은 이제 그만 나이를 인정하고 그만두라는 말을 듣지 않고 있다.

뷰더 수녀는 그만둘 생각이 조금도 없다. 그녀는 평범한 우리가 듣는 목소리와는 아주 다른 목소리에 귀를 기울인다. 자기 내면에서 울리는 '진실의 목소리' 말이다. 우리도 그녀처럼 될 수 있다.

여러분은 어떤 목소리에 발목이 잡혀 있는가? 직장이나 가정, 온라인에서 당신에게 '그건 불가능한 일'이라고 계속 상기시키는 사람은 누군가?

살다 보면 타인의 목소리에 귀를 기울여야 할 때도 있다. 하지만 궁극적으로 영감을 받아 따르고 원동력으로 삼아야 할 것은 진실의 목소리다. 여러분에게는 타인의 의견에 반대할 능력과 힘이 있다. "누가 그러는데?"라고 물을 권리가 있으며 자신만의 꿈을 용감하게 펼칠 역량이 있다.

물론 꿈을 이루기 위해 모두가 운동화 끈을 묶을 필요는 없다. 그러나 어떤 목소리에 귀를 기울이느냐에 따라 각자가 뛰는 경기의 내용이 달라진다는 사실은 알 필요가 있다. 그러니 지금 당장 자문해보라. 부정적 믿음 때문에 내가 진정으로 원하는 것을 추구하지 못한 적이 있었나? 인간관계에 얽혀서 혹은 직장에서 눈치를 보느라 그러지 않았나? 아니면 타인이 불가능하다고 생각한다는 이유로 하고 싶은 일을 주저한 적은 없었나?

내 삶의 행로에 영향을 미치거나 내 행동을 재단하는 사람은 늘 있게 마련이다. 그러나 타인의 의견에 휘둘릴 필요는 전혀 없다. 소위 전문가라 불리는 사람이 안 된다고 말했다 해도 그 말을 꼭 들을 필요는 없다.

우리 삶의 길목마다 무한한 가능성이 숨어 있다

수세대 동안 과학자들은 1.6킬로미터를 4분 내에 달리는 건 불가능하다고 믿었다. 당시의 학자들은 여러 증거를 들면서 4분 내로 달리면 산소 부채가 너무 많이 쌓여 신체가 감당할 수 없다고 주장했다. 산소 부족으로 몸이 제 기능을 못해 선수의 생명이 위험할 수 있다는 논리다.

그러나 영국의 의대생이었던 로저 배니스터Roger Bannister는 이 주장의 오류를 입증하러 나섰다. 의학 지식을 갖춘 배니스터는 달리는 내내 산소 수치를 잘 관리하면 1.6킬로미터를 4분 내에 주파할 수 있다고 믿었다. 전문가들의 주장에 반기를 든 것이다. 불가능한 도전이라고 비판하고 폄훼하는 사람들에게 배니스터는 이렇게 응수했다.

"누가 그러는데요?"

배니스터는 훈련하는 동안 산소 소비량을 꼼꼼히 측정했다. 덕분에 한 바퀴마다 속도를 바꿔 뛸 때보다 구간 기록을 꾸준히 유지할 때 산소를 덜 소비한다는 사실을 곧 알아냈다. 기록을 깨려면 네 바퀴 모두 일정한 속도로 달려야 했다.

수개월 동안 산소 수치를 세심히 기록하고 훈련을 반복했다. 1956년 5월 6일, 옥스퍼드 대학교 육상 경기에 출전한 배니스터는 운동화 끈을 질끈 묶고서 그때까지는 불가능하다고 여겨진 일을 해냈다. 1.6킬로미터를 3분 59초에 주파한 것이다. 이 소식은 곧바로 전 세계에 알려졌다. 깰 수 없다고 여겨졌던 장벽이 깨졌고 모두가 놀랐다. 실로 놀라운 성취였다. 하지만 배니스터가 이룬 업적 중에서 가장 놀라운 사실은 따로 있다. 배니스터의 기록은 다른 선수에 의해 겨우 46일 만에 깨졌다.

생각해보라. 수십 년 동안 전문가들이 불가능하다고 주장한 목표를 드디어 이뤘는데 겨우 6주 만에 그 목표를 능가한 사람이 등장한 것이다. 게다가 배니스터의 기록은 같은 해에 세 번 더 깨졌다. 오늘날에는 수천 명에 달하는 육상 선수, 심지어 고등학교 학생들도 1.6킬로미터를 4분 이내에 달린다.

이 모두가 '누가 그러는데?'라고 적극적으로 되물은 한 남자 덕분에 가능한 일이다. 배니스터는 자기 관리와 훈련 습관, 선수로서의 기량이 놀랍도록 뛰어났다. 하지만 배니스터가 신기록을 세움으로써 인류에게 전한 진짜 교훈은 몸이 아니라 정신에 관한 것이었다. 바로 '인간은 듣는 대로 믿는다'는 사실이다.

언론에서 전하는 뉴스가 실망스럽다면 보지 마라. 친구나 동료가 반대를 너무 많이 한다면, 반기를 들거나 새로운 친구를 사귀어라. 내면의 목소리가 부정적인 말을 자꾸 속삭인다면 긍정적인 노래로 바꿔라.

어떤 일을 할 수 없다거나 감당할 수 없다는 말에 과감하게 반기를 들면 어떻게 될까? 경이감을 발휘해 '누가 그러는데?'라고 되물으면 어떻게 될까?

권위를 무시하면서 심술을 부리는 아이처럼 굴라는 뜻이 아니다. 다른 이들의 말에 무조건 반기를 들면서 딴지를 걸라는 뜻도 아니다. 호기심과 모험심을 억누르지 말고 한계를 거부하거나 극복하라는 뜻이다. 현실에 안주하고 싶은 마음을 이겨내고 두려움을 극복하면 인생의 길목마다 새로운 가능성을 발견할 수 있다.

Chapter 4

당신은 삶에서
무엇을 보고 있습니까?

↺

나는 열 살 때 어떤 아이도 들어서는 안 될 말을 들었다. 그날 나는 부모님과 새벽 4시가 되기 전에 집을 나섰다. 여섯 시간을 운전해 다른 도시에 있는 새로운 병원에 새로운 의사를 만나러 가기 위해서였다. 부모님과 나는 조금 지치고 불안했지만 한편으로는 기대감에 들떠 있었다. 희망을 찾을 수 있으리라는 기대감이었다.

저녁노을을 볼 것인가, 말을 쏘아 죽일 것인가?

퇴원한 지 몇 달이 지났지만 내 손은 여전히 할 수 있는 일이 별로 없었다. 피아노 교습을 받기는 했지만 손가락이 사라진 손으로는 물건을 집을 수조차 없었다. 부모님은 끈질긴 조사 끝에 손바닥을 절개해 물갈퀴처럼 손가락을 만들어 손을 쓸 수 있게 해줄 세계 정상급 외과 의사 두 명을 찾아냈다.

우리는 희망과 기대감에 부푼 눈빛으로 첫 번째 의사 앞에 앉았다. 의사는 검진을 마치고 내 의료 기록을 빠르게 훑어본 뒤 부모님의 눈을 똑바로 보며 경박한 어조로 말했다.

"말이었다면 쏘아 죽였을 겁니다."

부모님은 충격받은 얼굴로 의사를 쏘아보았다.

우리는 애써 정신을 가다듬고 서둘러 병원을 나왔다. 집으로 가는 차 안은 조용했다. 마음이 아프고 슬프고 화가 났다. 그러나 우리는 그 의사의 말에 절망하지 않았다. 우리는 쉬이 희망을 버리는 사람들이 아니었기에 여전히 기적을 믿었다.

내가 주변의 예상과 달리 극도로 불리한 상황에서 화상을 극복하고 살아남은 건 내게서 희망과 가능성을 본 사람들과 함께했기 때문이다. 물론 날 쏘아 죽이는 게 낫다고 말한 의사는 그들과 정반대였다. 이 책에서 이름을 밝히지는 않겠지만 나는 그 의사와 그날 느낀 감정을 평생 잊지 못할 것이다.

2주 뒤 우리는 두 번째 외과 의사를 만나러 갔다. 대기실에서 이름이 불리기를 한 시간 가까이 기다렸다. 그러고는 드디어 안내를 받아 들어간 진료실에서도 한 시간 넘게 기다렸다. 우리는 지난 번보다 나은 결과를 기대했지만 나쁜 소식을 들을 각오도 되어 있었다.

마침내 진료실의 문이 열리자 짧은 흰머리의 의사가 노래를 부르며 들어와 앉더니 내 의료 기록 파일을 펼쳤다. 의사는 노래를 멈추고 손뼉을 마주쳤다. 그러고는 들뜬 표정으로 고개를 들고 노래하듯 외쳤다.

"이게 뭐야? 오늘 존 오리어리를 본다고? 말로만 듣던 기적의 소년이 나를 보러 온단 말이지? 이런 행운이 다 있나!"

의사는 다시 손뼉을 치고는 파일을 덮고 일어났다. 다시 노래를 부르며 진료실을 나가는 척 문 쪽으로 걸어가다 우뚝 멈춰 섰다. 그러고는 진료대에 앉아 있는 나를 돌아보고 짐짓 깜짝 놀란 몸짓을 했다. 그는 내 쪽으로 걸어와 내 오른손을 부여잡고 내 눈을 들여다보며 물었다.

"네가 존 오리어리니?"

나는 방긋 웃으며 고개를 끄덕였다.

"아, 널 만나 치료하는 영광을 누리게 될 날을 얼마나 기다렸는지 모른단다."

그는 바로 파팔라도 박사님이었다. 나는 미소를 지으며 부모님을 바라보았다. 드디어 찾은 것 같다는 눈빛으로. 파팔라도 박사님이 진료 기록과 내 손을 꼼꼼히 살펴보고 나자 아버지는 더 나쁜 소식도 감내하겠다는 각오를 하고는 조심스럽게 물었다.

"어떤 것 같으세요, 박사님? 존의 손이 나을 가망이 있나요?"

파팔라도 선생님은 내 두 손을 부드럽게 잡았다. 그러고는 내 눈을 지그시 바라본 뒤 아버지를 돌아보며 말했다.

"이탈리아의 저녁노을처럼 아름다운 손이네요!"

그 순간 작은 진료실과 소년의 심장에 희망의 기운이 차올랐다. 드디어 우리에게 맞는 선생님을 찾았다는 확신이 드는 순간이었다.

파팔라도 박사님의 유쾌함은 첫 만남 이후로도 계속되었다. 수술이 끝나면 박사님은 과산화수소를 내 손에 부었다. 그럴 때면 나는 과산화수소가 내 피부와 화학 반응을 일으켜 쉬익 소리를 내며 거품을 일으키는 걸 구경했다. 그때마다 박사님은 이렇게 외쳤다.

"샴페인 터트립니다!"

그런 뒤에는 '아이스크림 파티'를 할 시간이라며 내 손에 하얀 크림을 조심스럽게 바르고 다시 붕대를 감았다.

네 번의 수술을 거치는 동안 나는 박사님의 열정에 감화되었다. 박사님 덕분에 나는 인생의 좋은 면을 볼 수 있게 되었다. 또한 내가 누릴 수 있는 최고의 삶을 얻기 위해 싸우는 과정에서 승리를 거둘 때마다 그 승리에 진심으로 기뻐할 줄 알게 되었다. 그것이 아무리 사소할지라도 말이다.

한 의사는 희망의 눈으로 아이를 보지 않았다. 진료실에 잔혹한 사실만 갖고 들어와 절망을 투사했다. 다른 의사는 파티를 열 만한 이유가 충분하다고 믿었다. 그는 내 가치를 알아봐주었고 내 손을 아름답다고 생각했다. 내 삶이 잠재력으로 가득하다고 믿었다.

여러분은 어떤가? 타인을 볼 때 무엇을 보는가? 여러분은 말을 쏘아 죽이는 사람인가, 샴페인 파티를 여는 사람인가?

타인을 보는 방식은 우리가 타인과 상호작용하는 방식에 직접적이고도 극적인 영향을 미친다. 타인에 대한 느낌이 달라지며 타인과 공감하고 대화하는 방식이 달라진다. 또한 타인과 소통하며 현재 일어나는 일뿐 아니라 그로 인해 이후에 벌어지는 일도 달라진다.

타인을 긍정적인 시각으로 보면 강력한 힘이 발휘된다. 대화를 시작할 때마다 이렇게 말한다고 상상해보라. 특히 모르는 사람이나 나와 다른 의견을 가진 사람과 대화할 때 말이다.

"당신은 이탈리아의 저녁노을처럼 아름답군요!"

실제로 그런 말을 하라는 게 아니라 그런 마음으로 대화에 임하라는 뜻이다. 그러면 그 마음이 상대방과의 상호작용에 반영된다. 그뿐 아니다. 내가 먼저 상대방을 긍정적인 시각으로 보면, 상대방이 자기 자신을 보는 시각도 달라진다.

다시 인생을 아이처럼 살 수 있다면

무엇을 어떻게 볼지 선택하는 건 내 몫이다

무덥고 화창한 토요일 여름날이었다. 딸아이 그레이스와 잔디에 나란히 드러누웠다. 여름 내내 햇볕에서 뛰어놀아 검게 그을린 여섯 살의 그레이스는 조금 전까지 뒤뜰에서 오빠들과 야구를 하느라 지쳐 있었다. 잔디에 드러누운 채 눈을 감으니 그레이스가 물었다.

"아빠, 뭐가 보여요?"

"그게 무슨 말이야, 딸?"

나는 눈을 감은 채 여름날의 고요를 만끽하며 물었다.

"저기 위요. 저기 위에 뭐가 보여요?"

그레이스는 내가 답하기 전에 말을 이었다.

"난 비행기가 보여요. 아빠도 보여요?"

눈을 뜨니 파란 하늘과 구름 몇 조각, 뜨겁게 이글거리는 태양이 보였다. 비행기는 없었다. 나는 그레이스를 돌아보았다. 그레이스는 한 손으로는 푸른 눈동자에 비치는 햇빛을 가린 채 다른 손으로 하늘을 가리키고 있었다. 그레이스는 나를 돌아보았다가 다시 하늘을 올려다보며 말했다.

"이제 보여요? 비행기잖아요. 아빠는 뭐가 보여요?"

그제야 나는 딸아이가 진짜 비행기가 아니라 흘러가는 구름의 모양을 보고 하는 말인 걸 깨달았다.

웃음이 나왔다. 나는 딸아이의 말을 받아주기로 하고 유니콘이 보인다고 말했다. 그레이스는 고개를 끄덕인 뒤 얼굴 모양의 구름을 가리켰다. 우리는 잠시 구름을 보며 상상의 나래를 펼쳤다. 그러고는 곧 다시 일어나 그레이스의 오빠들과 놀이를 시작했다.

어릴 때는 이런 단순하지만 마법 같은 순간이 늘 찾아온다. 그러나 어른이 되면 구름을 올려다보며 눈에 비치는 대로 구름의 모양을 정하는 기쁨을 잊어버린다.

몇 년 전, 출근 준비를 하며 면도를 하고 있을 때 아들 잭이 욕실에 들어온 적이 있다. 잭은 나를 따라 뺨에 난 '짧은 수염'을 깎는 시늉을 했다. 그러다 흉내를 멈추고 내 몸통을 뒤덮은 흉터를 부드럽게 어루만졌다. 내 배 위에는 두껍고 울퉁불퉁한 붉은색 흉터가 가로질러 나 있다. 지금도 나는 거울을 볼 때 배 부위는 애써 보지 않으려 한다. 너무 고통스럽기 때문이다. 흉터를 보면 잊고 싶은 과거의 일들이 떠올라 힘이 든다.

그러나 그날, 다섯 살이었던 내 아들은 작은 손가락으로 내 지난 삶의 흔적인 흉터를 어루만지다가 뜻밖의 말을 했다.

"아빠?"

"왜, 아들?"

"아빠 배가 빨갛고 울퉁불퉁하고 산마루 같아요…."

잭은 잠시 말을 멈추고 다시 흉터를 따라 손가락을 움직였다. 나는 아빠의 몸은 남들과 다르지만 아무 문제없다는 말을 속으로 연

다시 인생을 아이처럼 살 수 있다면

습했다. 혹시 모를 잭의 두려움과 불안을 달래주려 입을 떼려는 순간 잭이 말했다.

"정말 멋져요!"

말문이 막혔다. 눈물이 차올랐다.

생각지도 못한 반응이었다. 기쁘게도 내 아들은 파팔라도 박사님과 비슷한 사람이었다. 잭도 내 몸의 흉터에서 아름다움과 희망, 기쁨을 포착했다. 이탈리아의 저녁노을을 알아본 것이다. 잭은 내 몸의 흉터가 나를 남과 다르게 만들었지만 그것이 나를 규정하지 않는다는 걸 본능적으로 알았다. 그리고 그런 나를 사랑했다.

우리도 잭과 같은 시각을 가질 수 있다. 그렇다면 세상을 보는 눈이 분명 달라질 것이다. 책을 덮고 자리에서 일어나 거울을 들여다보라. 그리고 다음 질문에 답해보라.

'무엇이 보이는가?'

바로 답하지 않아도 된다. 서두를 필요 없다. 우리 자신이 어디가는 것도 아니니 말이다.

자, 이제 거울을 보자. 주름이나 흰머리, 부족한 머리숱, 피곤한 눈, 울퉁불퉁한 코 혹은 버선코처럼 오뚝한 코가 보이는가? 찬찬히 뜯어보자. 무엇이 보이는가? 인생이 내리막길로 들어섰음을 보여주는 노화의 징조가 보이는가? 영영 꿈을 이루지 못하리라는 생각에 답답한가? 바라던 대로 될 수 있었지만 결국 되지 못한 못난 자신이 보이는가?

아니면 지혜의 흔적이 보이는가? 나이는 들었지만 경험이 쌓일수록 겸손과 감사하는 마음, 인류애가 깊어진 흔적이 보이는가? 흉터가 부끄러워할 대상이 아니라 어루만지고 찬양하고 사랑할 대상으로 보이는가?

무엇이 보이는지는 중요하다. 하지만 그보다 더 중요한 것이 있다. 우리 아이들이 끊임없이 가르쳐온 그것, 우리에게는 무엇을 볼지 선택할 자유가 있다는 사실이다.

어둠을 볼 수도 있고, 그 안의 별을 볼 수도 있다

나이가 들면 의심이 많아지고 춤추듯 긍정적으로 사는 사람들을 비웃으며 냉소주의에 굴복하기 쉽다. 문학 평론가인 헨리 루이 멩켄H. L. Mencken은 '냉소주의자는 꽃향기가 나면 관부터 찾는 사람'이라며 냉소주의의 특징을 정확히 묘사했다. 이처럼 부정적 시각으로 보면 세상은 어둡게만 보인다.

반면에 파팔라도 박사님 같은 사람이 될 수도 있다. 과산화수소가 부글거릴 때는 샴페인 파티를, 화상 연고를 바를 때는 아이스크림을 떠올리는 사람이 될 수도 있다. 그런 사람이 된다면 어떨 것 같은가? 불에 타서 상처 입고 망가진 손을 이탈리아 저녁노을에 비유하는 사람이 되면 어떻게 살까?

다시 인생을 아이처럼 살 수 있다면

어떤 사람이 될지는 각자의 선택에 달렸다. 누구나 주변의 현실을 어떻게 바라볼지 선택해야 한다. 나에게 이 선택은 삶과 죽음을 가르는 선택이었다.

파팔라도 박사님은 네 차례의 수술을 시행해 손가락이 없어져 손을 못 쓰게 된 소년에게 펜을 잡는 능력을 주었다. 지금 여러분이 읽고 있는 이 문장을 입력하는 능력이자, 이를 닦고, 아내의 손을 잡고, 삶을 사는 능력을 준 것이다.

파팔라도 박사님은 경이감과 호기심, 가능성을 보는 능력을 발휘해 내게 삶을 선사했다.

매사에 불가능한 면만 보는 사람은 주변 사람들에게 기회가 찾아와도 알아보지 못한다. 그렇다고 인생에 닥치는 시련을 미화하거나 고통스러운 현실을 회피하라는 뜻은 아니다. 가능성의 길을 외면하지 말라는 뜻이다. 가능성의 길은 아무리 힘들어도 긍정적 시각으로 삶을 바라보면 찾을 수 있다. 그러니 찾아라. 보물찾기를 시작하라. 지역 사회나 직장에서 인간관계와 삶을 돌이켜보고 전과는 다른 시각으로 바라보라. 무엇을 새롭게 발견하고 깨달을 것 같은가?

어둡고 실망스러운 면만 보려 하면 장담하건대 어디를 보든 그런 면만 보일 것이다. 그리고 그럴 때마다 역시 자기 생각이 맞았다며 의기양양해할 것이다. 그러나 샴페인 파티나 이탈리아의 저녁노을을 찾으려 들면 어디를 보든 신나고 아름다운 면만 보일 것이다.

어떤 사람은 불가능을 한계로 본다.

어떤 사람은 불가능을 기회로 본다.

부디 현명한 선택을 하길 바란다.

다시 인생을 아이처럼 살 수 있다면

Chapter 5

뇌의 습관을 바꾸는
생각 훈련

↺

첫인상과 실제 모습이 전혀 다른 사람을 만난 적이 있는가?

지금은 나와 좋은 친구 사이가 된 믹 에블링Mick Ebeling이 딱 그랬다. 믹과 나는 둘 다 연사로 초청을 받은 어느 기업 회의에서 처음 만났다. 키가 크고 호리호리한 믹은 그날 당황스럽게도 챙이 평평한 야구 모자를 쓰고 있었다. 기업 행사보다는 스케이트보드장에 어울리는 차림새였다.

전신마비 예술가는 어떻게 그림을 그렸을까?

그러나 믹이 강연을 시작한 순간 나는 그에게서 눈을 뗄 수 없었다. 믹은 어릴 때부터 더 좋은 세상을 만드는 데 헌신했다. 그의 부모는 더 나은 세상을 만들어야 한다는 소명 의식을 늘 아들에게 불어넣었다. 이 소명 의식은 믹이 애니메이션 및 디자인 스튜디오에서 일하며 출셋길을 걷기 시작할 때도 사라지지 않았다.

그러다 믹은 친구의 초대로 템트라는 유명 그라피티 예술가를 위한 미술관 모금 행사에 참석했다. 템트는 서른네 살에 루게릭병으로 알려진 근위축성측색경화증Amyotrophic lateral sclerosis, ALS 진단을 받아 온몸이 마비된 상태였다. 미술관에 전시된 템트의 작품에 깊이 매료된 믹은 행사 후에 기부금을 내려고 템트의 가족을 만났다. 잠시 대화를 나누고 성금을 낸 뒤 일상으로 돌아갈 생각이었다. 그러나 이날의 대화로 믹은 인생의 행로를 바꿀 놀라운 아이디어를 얻었다.

템트의 형은 템트가 말할 수 없는 게 가장 답답하다고 호소했다.

"그냥 다시 얘기만 할 수 있었으면 좋겠어요. 소통이 안 되니 너무 답답해요."

그때까지만 해도 믹은 몸이 완전히 마비된 사람은 글자를 쓰는 건 물론이고 말을 할 수 없다는 사실을 생각조차 해본 적이 없었다. 템트가 움직일 수 있는 유일한 신체 부위는 '눈'이었다. 의사소통을 하려면 누군가가 알파벳이 적힌 종이를 들고 손가락으로 문자를 하나씩 짚어줘야 했다. 템트는 말하고 싶은 단어의 철자를 상대방이

다시 인생을 아이처럼 살 수 있다면

짚을 때마다 눈을 깜박여 소통했다.

믹이 이 이야기를 할 때 객석에 앉은 나를 쳐다봤다면 내가 눈물을 훔치는 모습을 보았기 때문일 것이다. 나는 템트의 심정이 어땠을지, 얼마나 답답했을지 누구보다 잘 안다.

아홉 살에 심각한 화상으로 병원에 입원하고 6주 동안 내 입에는 호흡관이 삽입되어 있었다. 그동안은 말을 할 수 없었다. 인생에서 가장 두렵고 충격적인 사고를 겪었으며 가족이나 의사와 소통하려면 알파벳이 적힌 종이를 이용해야 했다. 나는 상대방이 내가 원하는 철자를 짚을 때마다 혀 차는 소리를 냈다. 그 과정이 견딜 수 없을 정도로 느리고 답답해서 차라리 아무 말도 하지 않는 게 나을 때가 많았다. 그래도 나는 이 답답한 의사소통 방식을 6주만 견디면 되었다. 하지만 템트는 무려 7년을 그렇게 살아왔다.

믹은 템트의 형과 마주 앉아 이야기한 그 순간에 자신이 한 일을 관객에게 들려주었다. 그는 무력하게 어깨를 으쓱하며 형의 슬픔에 공감하는 데 머무르지 않고 이렇게 생각했다.

'세상에, 이건 말도 안 돼.'

믹은 템트의 마비 증상을 치료할 능력은 없었지만, 템트의 의사소통 방식을 개선할 길이 있다는 건 알고 있었다. 믹은 템트의 형에게 컴퓨터를 통해 '말'을 할 수 있는 장치를 찾아보라고 했다. 어떻게 만드는지는 몰랐지만 그런 장치가 존재한다는 건 알았기 때문이

다. 템트의 가족 역시 루게릭병 환자인 천체 물리학자 스티븐 호킹
이 그런 장비를 쓴다는 건 알고 있었다. 하지만 그 장비를 사는 데
는 돈이 너무 많이 들었고 보험 회사는 그 비용을 감당하려 들지 않
는다고 했다. 믹은 보험 회사의 높은 문을 끈질기게 두드린 끝에 결
국 템트에게 필요한 장비를 구해주었다. 템트의 가족이 믹에게 고
마워한 건 말할 것도 없다.

　템트에게 필요한 장비를 조사하는 과정에서 믹은 템트와 비슷한
상황에 놓인 이들의 삶을 바꾸어줄 기술을 개발하는 단체들을 알게
되었다. 그중 하나가 그라피티 연구소Graffiti Labs였다.

　믹은 어느 날 밤, 저녁을 먹으며 아내에게 그라피티 연구소가 하
는 일을 들려주었다. 그라피티 연구소는 세계 곳곳을 돌며 한시적
으로 그라피티 작품을 만들어 전시하는 단체로, 워싱턴 기념탑 같
은 유적지에 멀리서 레이저를 쏴 빛의 그라피티를 그렸다. 빛으로
그리는 그림이라 유적지를 훼손할 염려도 없었다. 믹은 규칙을 파
괴하는 동시에 놀랍도록 창의적인 그들의 작업이 정말 마음에 든다
고 했다. 그러자 믹의 아내가 감탄하며 말했다.

　"정말 멋지네. 레이저를 이용하면 템트가 다시 그림을 그리게 도
울 수 있지 않을까?"

　그 순간 믹은 아내가 얼마나 멋진 제안을 했는지 깨달았다. 믹은
곧바로 해커와 혁신자, 기술자들을 집으로 불러 모았다. 그러곤 곁

보기에는 오합지졸 같은 이들이 힘을 합쳐 이 불가능해 보이는 과업을 이룰 방법을 찾게 했다. 2주 동안 부지런히 시도하며 시행착오를 거쳤다. 끊임없는 실험, 수많은 시제품을 거친 끝에 이들은 '아이라이터Eyewriter'를 만들어냈다.

아이라이터는 안구의 움직임을 추적하는 소프트웨어와 최첨단 드로잉 소프트웨어를 결합한 전자 안경이었다. 이 안경을 쓰면 안구를 원하는 곳으로 움직여 컴퓨터에 그림을 그릴 수 있었다. 아이라이터는 후에 《타임》이 선정한 '2010년 최고의 발명품 50'에 오르기도 한다.

템트는 레이저 포인터로 다시 그림을 그리게 된 순간 이렇게 말했다.

"5분 동안 물속에서 숨을 참고 있다가 드디어 물 밖으로 나온 기분이에요."

믹의 팀은 아이라이터와 그라피티 연구소의 기술을 결합해 레이저 빔으로 템트의 작품을 병원 밖 건물의 옆면에 쏘았다. 어둠 속에서 템트만의 독특한 그림이 건물 옆면에 나타날 때 템트는 병원 침대에 누워 있었다. 그리고 믹의 팀원들은 밖에서 초조하게 그 장면을 지켜보고 있었다. 7년이라는 긴 시간 동안 침묵했던 어느 예술가의 창의성이 다시 눈앞에 발현되었다. 사람들은 일제히 환호성을 질렀다. 모두가 사랑하게 된 한 남자의 작품이 완성되었다.

말로는 다 표현 못 할 숨 막히도록 장엄한 순간이었다. 불가능이 가능으로 바뀌는 현장이었다. 그러나 이것은 시작에 불과했다.

현실에 안주하고 싶은 욕구와 싸워라

그 놀라운 일이 있고 얼마 안 돼서 믹은 '불가능은 없다 연구소Not Impossible Labs'를 설립했다. 믹과 그의 팀원들은 '이건 아니지. 바꿔야 해'라는 말이 절로 나오는 불합리한 문제를 찾아 나섰다. 그리고 그 문제를 해결할 방법을 개발하는 데 전념했다.

전쟁으로 황폐해진 나라에서 손을 잃은 사람들이 저렴하게 이용할 수 있도록 3D 프린터로 의수를 만들었다. 청각 장애인들이 음악을 들을 수 있게 하는 기기도 만들었다. 발명품의 소스 코드는 모두 무료로 배포했다. 믹의 연구소 좌우명은 '한 사람을 돕고 만인을 도와라'다. 이들은 자신들이 개발한 기술이 한 사람에게만 도움이 되기보다는 널리 퍼져 모두가 이용할 수 있기를 바랐다.

나는 믹이 정말 좋다. 그의 마음과 창의성, 영향력이 좋다. 그리고 무엇보다 불가능을 거부하는 굳은 의지가 좋다. 내가 운영하는 팟캐스트 〈영감이 있는 삶을 살라Live Inspired〉의 초대 손님으로 다시 만났을 때 믹은 이렇게 말했다.

"오늘날 우리 주변에 있는 것들은 모두 과거에는 존재하지 않았습니

다시 인생을 아이처럼 살 수 있다면

다. 불가능한 것들이었죠. 다시 말해 오늘날 불가능한 것들도 모두 가능해지는 과정에 있습니다. 지금 혹은 제 평생 실현이 안 될 수도 있지만 언젠가는 가능해질 겁니다."[9]

'답이 있다'는 굳은 믿음은 믹처럼 의욕적인 선구자들을 멈추지 않게 하는 원동력이다. 이들은 문제를 포착하고 그 문제를 어떻게든 해결하려 든다. 깊이 파고들고 폭넓게 탐색하며 정답을 찾을 때까지 실험한다. 현 상태에 만족하지 않는다. 현재에 안주하는 것을 싫어하며 끈질기고 광범위하게 조사해 답을 찾는다.

이들은 늘 경이감을 최대치로 발휘해 '이러면 어떨까?'를 묻는다. 찾아낸 답이 틀려도 개의치 않는다. 백기를 들고 항복하는 대신 팀원들을 모으고 다시 처음으로 돌아가 묻는다. '자, 이번에는 이렇게 하면 어떨까?'

우리 역시 늘 하던 방식에 안주하지 않아야 한다. 틀에 갇힌 삶에서 벗어나야 한다. 그런데 문제가 있다. 우리의 뇌가 항상 그렇게 움직이지 않는다는 것이다.

무한한 가능성을 예민하게 포착하는 아이의 뇌
앞서 유치원생이 성인보다 클립의 용도를 더 많이 생각해낸다는 사실을 연구로 보여주었다. 여기에는 생리학적 이유가 있다. 아이의 뇌는 어른의 뇌와 전혀 다르게 작동한다.

인간의 뇌는 나이가 들수록 효율적으로 작동한다. 이전의 경험을 바탕으로 이후에 일어날 일을 추측하는데 이를 예측 부호화라 한다. 뇌가 계속 같은 결과를 예측하면 뇌의 신경 연결 통로가 바뀐다. 수많은 잠재적 통로가 삭제되고 신경 전달이 자주 일어나는 큰 도로 몇 개만 남는다.

어른이 되면 뇌는 그간의 훈련을 통해 문제를 빨리 풀 수 있게 된다. '2 더하기 2'의 답은 무엇인가? '4'다. 미주리주의 주도는 어디인가? 제퍼슨시티다. 이 능력은 시험을 보는 교육 체제나 빠르고 효율적인 일 처리를 중시하는 기업 문화에서는 유용하게 쓰인다.

그러나 기존의 방식에 의문을 제기하고, 경이감을 끌어내고, '이러면 어떨까?'라고 묻고, 새로운 발상을 실험하려면 뇌가 빠른 답을 구하는 데만 전념하지 않게 해야 한다. 기꺼이 시간을 낭비하고, 터무니없는 발상을 하고, 누구도 가지 않은 길을 가야 한다. 그것이 바로 혁신의 길이다.

안타깝게도 효율성을 중시하는 어른의 뇌는 문제 상황이 닥치면 인공지능 분야에서 '저온 탐색'이라 칭하는 작업을 수행한다. 저온 탐색은 시간과 노력을 많이 들이지 않는 작업이다. 저온 탐색을 하는 뇌는 이전의 경험을 바탕으로 빠르게 문제의 답을 찾는다. 신경 전달이 자주 일어나는 대로가 활성화되는 것이다.

다시 인생을 아이처럼 살 수 있다면

아이의 뇌는 어떨까? 인공지능 용어로 '고온 탐색'이라 부르는 작업을 수행한다. 아이의 뇌는 어른보다 폭넓게 탐색하며 과거에 효과가 있었던 답보다 새로운 답을 찾는다. 시간이 더 오래 걸리고 더 많은 에너지가 소모되는 건 물론이다.

아 참, 이 답은 틀릴 때도 많다. 아이의 뇌에서는 막다른 길일 수도 있고 아닐 수도 있는 구불구불하고 좁은 골목길이 활성화된다. 이 길은 완전히 틀릴 때도 있지만 근본적인 변화를 부르는 독창적이고 혁신적인 해결책을 내놓는다. 이처럼 고온 탐색은 끝없는 가능성(클립의 200가지 용도)을 찾고 발견하는 과정이다.

심리학 교수인 앨리슨 고프닉Alison Gopnik은 아동의 학습과 발달 분야에서 세계적으로 명성이 높다. 고프닉 교수는 아이의 뇌가 어떻게 작동하고 어른의 뇌와 어떻게 다른지를 주제로 흥미로운 연구를 했다.

"어릴 때는 다수의 가능성을 탐색하지만 나이가 들면 자신에게 중요하고 의미 있는 가능성에만 집중합니다."[10]

아이들은 세상의 무한한 가능성을 예민하게 포착한다는 뜻이다. 아이들은 이 세상에 선택지가 얼마나 많은지 본능적으로 안다. 눈을 크게 뜬 채 상상의 나래를 마음껏 펼치며 수없이 많은 기회를 알아본다. 그러나 어른이 되면 뇌의 작동 방식이 달라진다. 경험을 근거로 다음에 할 일을 결정한다. 눈을 가늘게 뜬 채 상상력을 억누르니 선택지가 줄어든다.

당신은 어떤 온도의 답을 찾을 것인가

고프닉 교수가 시행한 실험은 놀라운 결과를 보여줬다. 틀에 박히지 않은 사고를 하거나 색다른 가설을 세워야 하는 문제는 네 살짜리 아이가 어른보다 훨씬 빨리 풀었다. 어른은 가장 흔한 답을 찾는 저온 탐색을 하는 반면 아이들은 고온 탐색을 하기 때문이다. '이러면 어떨까?'를 묻는 능력을 최대한 발휘하는 아이들은 무한한 가능성이라는 선물을 받는다. 역사상 가장 뛰어난 발명가로 손꼽히는 토머스 에디슨이야말로 '이러면 어떨까?'라는 질문을 삶의 신조로 삼은 사람이다. 그는 이렇게 말했다고 한다.

"이 점을 명심하라. 가능성이 모두 사라졌다고 생각될 때에도 여전히 가능성은 남아 있다."

에디슨과 같은 신조를 따르는 믹 에블링은 이렇게 말했다.

"학위가 있는 사람들은 문제를 해결할 때도 있지만 문제가 되기도 합니다. 경험과 학위와 졸업장을 믿고 자신이 제일 잘 안다고 생각하거든요. 때로는 아름답고 한없는 천진난만함이 필요합니다."[11]

아, 정말 좋은 말이다. 아름답고 한없는 천진난만함. 아름답고 한없이 천진난만한 사람은 모르는 걸 모른다고 인정한다. 답을 찾아 모험을 떠날 준비가 되어 있으며, 무지는 두려워해야 할 게 아니라

'이러면 어떨까?'의 답을 찾으라는 신호라고 믿는다.

'이러면 어떨까?'는 새로운 가능성의 문을 열어주는 열쇠다. 이는 가설을 세우고, 실험하고, 과학적으로 획기적인 발전을 이루고, 자아를 발견하는 질문이다.

뇌가 신경 연결 통로를 가지치기하는 걸 막을 순 없지만 뇌가 쉬운 답을 찾으려 할 때 고온 탐색하는 능력을 되살리려 애쓸 수는 있다. 우리도 믹 에블링처럼 다양한 방식을 시도해보며 끈질기게 문제의 답을 찾을 수 있다. 여러 조직이나 기업에서 회의할 때 장려하는 브레인스토밍도 이와 다르지 않다.

회의 주최자는 보통 이렇게 말한다. "고정관념에서 벗어난 사고를 해봅시다. 불합리하거나 말도 안 되는 제안도 좋습니다. 판단은 나중에 하고 지금은 무엇이든 최대한 떠올려봅시다." 이는 '이러면 어떨까?'를 일상에 활용한 사례다.

지금 눈앞에 불가능하게 느껴지는 일이 있는가? 수명이 다한 것 같은 인간관계가 있는가? 직장에서 막다른 골목에 다다른 기분인가? 인생의 방향을 잃었거나 중독에 빠졌거나 소속감의 문제로 괴로워하는 자녀가 있는가? 삶이 지루하고 충만하지 않거나 의미 없게 느껴지는가?

'이러면 어떨까?'의 힘을 현재 당면한 불가능한 문제를 푸는 데 쓴다면 어떻게 될까? 내 친구 믹처럼 시간이 얼마나 걸리든 실패를 얼마나 많이 하든, 신경 쓰지 않고 문제를 해결하는 데 온 힘을 쏟는다면 어떤 일이 벌어질까? 불가능해 보이는 문제에 직면했을 때, 아름답고 한없는 천진난만함으로 새로운 길을 찾아 나서면 어떻게 될까?

아이들은 아무 거리낌 없이 모르는 걸 모른다고 인정하는 반면 어른들은 모르는 걸 잘 인정하지 않는다. 왜 그럴까? 자신이 무엇을 모르는지조차 모를뿐더러 가능성마저 보지 못하는 심각한 위기에 빠지는 이유는 무엇일까? 자신이 전문가이며 답을 안다고 믿기 때문이다.

무하마드 알리Muhammad Ali가 말했듯 '불가능'은 세상을 바꿀 힘을 찾기보다는 주어진 세상에 안주하는 게 더 쉽다고 생각하는 사람들이 내뱉는 단어에 불과하다. 어린아이가 전신 화상을 입고 살아남는 건 불가능했다. 1.6킬로미터를 4분 내에 달리는 건 불가능했다. 템트가 의사소통을 하는 건 불가능했다.

그러나 이 모든 건 결국 가능해졌다. 오늘날 가능한 것들이 한때는 모두 불가능하다고 여겨졌다. 하나같이 다 그랬다.

이 책을 읽는 지금, 여러분의 삶에서 불가능하다고 느껴지는 것은 무엇인가? 갈 데까지 간 듯한 인간관계, 높게만 느껴지는 직업적 장애물, 바로잡기 불가능해 보이는 사회적 병폐, 혹은 너무 특이해서 이룰 수 없을 것 같은 개인적인 꿈. 무엇이든 생각해보자.

다시 인생을 아이처럼 살 수 있다면

경이감을 다시 삶에 불어넣으면 각자의 불가능을 가능으로 만들 수 있다. 얼마나 멀리 갈 수 있을지 도전해보고 싶지 않은가? 결코 늦지 않았다. 지금 바로 시작하면 된다.

Chapter 6

인생에 걸린
브레이크를 풀어라

↺

강연 전날 저녁에 라스베이거스에 도착했다. 강연 당일 사운드를 체크하고 슬라이드를 확인하고 나니 잠시 쉴 틈이 생겼다. 강연장의 문이 열리고 행사가 시작되려면 몇 분 더 기다려야 했다. 오른쪽을 힐끗 보니 오후 공연에 쓸 그랜드 피아노가 보조 무대에 놓여 있었다.

왜 피아노를 치면 안 되는 거죠?

나는 피아노로 걸어가 보는 사람이 없는지 주위를 살핀 뒤 의자에 앉아 아름다운 상아색 피아노를 빤히 바라보았다. 그러고는 한

번 더 주위를 둘러보았다. "피아노에서 물러서세요"라고 말하는 사람이 아무도 없어 건반을 치기 시작했다. 먼저 허락을 받기보다 나중에 들키면 용서를 구하는 게 낫다고 생각하면서 말이다.

최근에 아내 베스와 함께 강연장과 비슷한 크기의 무대에서 열린 콜드플레이의 공연을 보러 갔었다. 그날을 떠올리며 가장 좋아하는 콜드플레이의 곡 〈더 사이언티스트〉의 코드를 몇 개 눌러보았다. 크리스 마틴Christ Martin이 무대에 올라 자기 노래를 따라 부르는 팬들에 둘러싸일 때마다 얼마나 흥분될지 상상이 되었다. 후렴에 이르자 "아무도 이게 쉬울 거라고 말하지 않았어"라는 가사가 귓가에 아른거렸다. 바로 그때 뒤에서 누군가의 목소리가 들렸다.

"피아노를 치시는 줄은 몰랐네요."

나는 바로 연주를 멈추었다. 피아노 뚜껑을 닫고는 멋쩍게 웃으며 말한 사람을 향해 돌아섰다.

"그런 거 아니에요!"

백일몽을 꾸다 들킨 것 같아 얼굴이 붉어졌다. 그 사람은 곧 열릴 행사를 기획한 임원진 중 한 명이었다. 그녀는 미소 띤 얼굴로 내게 다가왔다.

"이쪽에 서 있다가 우연히 들었어요. 보통 실력이 아닌 것 같은데요."

그녀는 잠시 말을 멈췄다가 물었다.

"오늘 행사 때 연주해주실 수 있겠어요?"

앞서 말했듯 나는 억지로 피아노를 배웠다. 수년 동안 매주 화요일 오후는 내게 가장 끔찍한 시간이었다. 그러나 시간이 지나면서 나는 의무적이었던 그 시간을 사랑하게 되었다. 손가락은 없지만 지금의 나는 피아노를 치는 게 정말 좋다. 아, 물론 내가 자기 밥줄을 노릴까 봐 크리스 마틴이 불안해할 일은 절대 없지만 말이다.

우리 집에는 오래된 업라이트 피아노가 있다. 나는 고된 하루를 보냈거나 새로운 일을 시작하기에 앞서 창의력을 끌어내고 싶을 때 가끔 피아노를 치며 긴장을 푼다. 어떤 날은 〈하트 앤드 소울〉과 같은 곡을 가족과 함께 즉흥으로 연주하기도 한다. 내가 한 손으로 연주하면 아이 중 한 명이 다른 손으로 연주하는 식이다.

그러나 그날의 무대는 우리 집 거실이 아니었다. MGM 그랜드 호텔의 원형 극장이었다. 내 아이들만 가득한 사적인 공간이 아니라 곧 수천 명의 낯선 관객으로 가득 찰 무대였다. 너무 부담스럽고 벅찬 제안이라 내가 감당할 수 있는 일이 아니었다. 나는 제정신이라면 누구나 할 법한 답을 했다.

"좋은 생각 같지 않은데요."

"존, 내가 보기에는 훌륭한 생각이에요. 저와 우리 회원들에게 굉장히 의미 있는 시간이 될 겁니다."

거절하고 싶었다. 안 된다고 말하고 싶었다. 말도 안 되는 부탁이

다시 인생을 아이처럼 살 수 있다면

었고 생각만 해도 겁이 났다. 그 순간 엄마가 떠올랐다. 엄마는 휠체어를 탄 채 주방 탁자 앞에 앉아 있는 아이를 데리고 나갔다. 브레이크를 풀고 불가능한 목표를 향해 휠체어를 밀었다. 그런데 왜 나는 지금 브레이크를 밟고 있지?

나는 나 자신에게 물었다. '왜 안 되는데?' 왜 하겠다고 하면 안 되지? 내 단점이 고스란히 드러날 테고 두려워 미칠 것 같지만 용기를 내도 되지 않을까?

객석을 가득 채운 회원들에게 우리 모두 역경을 딛고 행복하게 살 수 있다고 말로만 하지 말고 직접 보여줄 수도 있을 터였다. 다시 자신에게 물었다. '그렇게 하면 왜 안 되지?' 불가능해 보이는 상황에서도 곁에 든든한 조력자들이 있다면 현 상태를 바꿀 수 있다. 얼마든지 목표를 높이 잡고 멀리 갈 수 있다는 사실을 직접 입증해 보일 수 있다. 그렇게 하지 못할 이유가 없다.

때론 브레이크를 풀고 달릴 수도 있어야 한다

내가 피아노를 치면 관객들에게 이 같은 교훈을 가장 효과적으로 전할 수 있었다. 오해는 하지 마라. 마구 내달려야 한다는 뜻은 아니다. 브레이크는 꼭 필요하다. 브레이크는 안전을 지켜준다. 달리는 자동차들 사이로 굴러가지 않게 해준다. 가파른 언덕에서 중력의 힘에 이끌려 미끄러지지 않게 해준다.

그러나 자동차와 삶의 브레이크를 늘 밟고 있어야만 하는 건 아니다. 브레이크가 늘 걸려 있는 휠체어는 휠체어가 아니다. 그것은 그냥… 의자일 뿐이다. 여러분은 삶의 브레이크를 얼마나 자주 걸어두는가?

내 경험상 늘 하던 방식으로 했는데 진전이 없는 건 브레이크가 걸려 있기 때문이다. 현상 유지가 그나마 제일 낫다고 포기할 때, 불가능하다고 속삭이는 내면의 목소리와 주변 사람들의 만류에 수긍할 때, 불화와 고난이 예상돼 시도조차 하지 않을 때, 어떤 일이 불가능하다고 느껴질 때가 있다. 그럴 때는 브레이크가 발목을 잡고 있는 것은 아닌지 의심해봐야 한다.

주방 식탁에 같이 앉아 있지는 않지만, 내가 이 책을 쓴 건 브레이크를 풀고 인생의 다음 목표를 향해 독자들을 밀어주기 위해서다. 단, 그러려면 다른 방식에 도전할 용기와 창의성이 있어야 한다. 어릴 때 우리 안에 꿈틀대던 무한한 가능성을 떠올리고 기발하고 엉뚱한 경이감을 되살려내야 한다.

그날 엄마는 브레이크만 푼 게 아니었다. 나 스스로는 아직 볼 수 없었던 삶의 지평선 너머를 보게 해준 것이었다. 역경과 싸워 이기고, 성공할 가능성이 아무리 낮아도 용감하게 성큼성큼 걸어가는 법을 가르쳐주었다. 불가능하다고 생각하고, 미리 포기하며, 원하는 미래를 상상조차 하지 못하는 사람이 되지 않게 해주었다.

다시 인생을 아이처럼 살 수 있다면

결국 나는 그날 오후 강연을 마치고 피아노를 향해 걸어갔다. 심장이 두근거렸다. 엄마가 휠체어를 밀어준 순간을 떠올렸다. 엄마의 아들 존이 1만 8,000명의 관객 앞에서 피아노를 연주하려 한다는 걸 알면 엄마의 기분이 어떨지 상상했다. 이 모든 게 나를 향한 엄마의 무한한 믿음과 사랑, 헌신 덕분이었다.

나는 연주할 때마다 엄마를 눈물짓게 만든 곡인 〈어메이징 그레이스〉를 연주했다. 익숙한 곡의 멜로디가 거대한 공연장에 울려 퍼졌다. 그 순간 나는 내가 늘 나 자신에게 물었던 '어떻게 이 자리까지 왔지?'라는 질문에 대한 답을 찾았다.

시련이 닥쳐도 스스로를 과소평가하지 않고 맞서 싸워 세상 밖으로 나간 덕분이었다. 한때는 두려워했지만 아름답고 자애로운 피아노 선생님과 엄마의 노력으로 내 삶의 가능성을 계속해서 마음 깊이 믿은 덕분이었다. 끊임없이 질문하고 경이감으로 가득 찬 마음으로 불가능한 건 없다고 믿은 덕분이었다. 그렇게 나는 이 자리에 왔다.

여러분도 그렇게 할 수 있다.

가장 가고 싶은 곳으로 갈 수 있다.

경이감

**"현재 상태를 유지하면서 제자리걸음만 할 것인가,
새로운 것에 마음을 열고 질문을 던져 인생을 바꿀 것인가."**

이제 그만 브레이크에서 발을 떼라.

매사에 질문을 던지던 어린 시절의 마음가짐을 되찾아라.

새로운 가능성이 기다린다.

새로운 해결책이 손짓한다.

새로운 길이 당신이 오기만을 기다리고 있다.

단, 밀어붙이고 도전하고 불편함을 감수하고

질문을 던질 용기가 필요하다.

이건 왜 이럴까… 더 나은 방법은 없나?

당신은 누구의 말에 귀 기울이고 있는가? 그 말은 정말 옳은가?

무엇이 보이는가? 관점을 바꾸면 삶이 어떻게 달라질 것 같은가?

다시 인생을 아이처럼 살 수 있다면

불가능하다고 생각되는 문제에 직면했을 때…

아름답고 한없는 천진난만함으로 새로운 방법을 시도하면

어떻게 될까?

브레이크에서 발을 떼고 한바탕 인생길을 달리면 왜 안 되는가?

단순한 질문이 아니라 다른 삶으로의 초대다.

나는 다른 삶이 가능하다는 것을 잘 안다.

이제 당신도 안다.

2부

기대감

"

처음 경험했을 때의
강렬한 감동을 되찾아라

"

기
대
감

모험이 기다리고 있으며
근사한 일이 벌어지리라는
굳은 확신을 품고 미래를 기다리는 감각.

Chapter 1

인생의 관점을 바꾸면
달라지는 것들

↺

1,000분의 일!

메이저리그 야구 경기를 보러 가서 공을 잡을 확률이다. 높은 확률은 아니다. 그래도 집에 있는 야구공을 꼭 가져가고 싶다면 조언을 하나 해주겠다. 그냥 몇 달러를 더 챙겨가서 기념품 가게에서 공을 사라.

차에 짐을 실을 때 야구 글러브를 챙기는 아들 패트릭이 탐탁지 않았던 건 그래서였다. 나는 여름마다 아이들을 한 명씩 데리고 1박으로 여행을 간다. 내 강연 일정에 맞춰 아이에게 가고 싶은 도시를 고르게 한 후, 그 도시에 대해 찾아보고 가서 뭘 할지 계획을 짜게 한다. 아이들을 위한 여행인 척하지만 사실은 나 자신에게 주는 선물이다.

운과 상황이 아닌 원인과 결과를 믿어라

2017년 여름 패트릭은 캔자스시티를 골랐다. 고민할 필요도 없었다. 제일 좋아하는 사촌이 사는 곳이며 시내에 레고랜드가 있는 데다 우리가 도착하는 날 저녁에 세인트루이스 카디널스와 캔자스시티 로열스의 경기가 잡혀 있었으니 말이다.

나는 야구 글러브를 가지고 집을 나서는 패트릭이 무슨 생각을 하는지 훤히 보여 웃으며 말했다.

"아들, 글러브는 두고 가자. 경기 중에 계속 끼고 있으면 더울 테고 잘못하면 관람석에 두고 올 게 뻔해."

패트릭은 내 논리에 설득력이 없다는 듯 고개를 젓고는 당당하게 말했다.

"아뇨, 이게 꼭 있어야 해요."

그날 저녁 8회 중반, 패트릭의 예언은 맞아떨어졌다. 필드를 벗어난 공은 관람석 위로 높이 튀어 오른 뒤 곧바로 우리를 향해 날아왔다. 공을 피해 몸을 급히 수그린 순간 공이 가죽에 찰싹 부딪히는 경쾌한 소리가 들렸다. 나는 아들을 돌아보았다. 공은 패트릭이 끼고 있던 글러브에 정확히 내리꽂혔다. 꿈을 이룬 패트릭의 얼굴은

다시 인생을 아이처럼 살 수 있다면

더할 수 없는 환희로 빛나고 있었다.

나는 '녀석, 운 한번 기가 막히게 좋군'이라고 생각했다. 나는 수백 번 경기를 보러갔지만 공을 잡은 적이 한 번도 없었기 때문이다. 나는 아이를 끌어안고 함께 기뻐했다. 그러면서 생각했다. '참 운도 좋네. 1,000분의 1의 확률을 뚫다니. 이 순간을 즐겨라, 아들…. 오늘 같은 일은 또 없을 테니까.'

랠프 월도 에머슨Ralph Waldo Emerson은 이렇게 말했다. "얄팍한 사람은 운과 상황을 믿고, 강한 사람은 원인과 결과를 믿는다." 그때는 내가 얼마나 얄팍한 사람인지 몰랐다. 또 하나의 놀라운 경험을 한 뒤에야 알았다.

다음 해 여름, 패트릭이 여행지로 고른 곳은 수백 킬로미터 떨어진 피츠버그였다. 패트릭이 차에 올라타자마자 내 시선은 패트릭의 손으로 쏠렸다. 여덟 시간 동안 차를 타고 가야 하는데도 아이의 왼손에는 어김없이 글러브가 끼워져 있었다.

나는 말리고 싶은 충동을 참고 패트릭이 마음껏 즐기게 내버려두었다. 패트릭은 여덟 시간 내내 글러브를 끼고 있었다. 글러브를 볼 때마다 나는 한없이 낙천적인 패트릭이 귀여워 미소를 지었다. 우리가 예약한 좌석은 외야 오른쪽 중에서 위쪽이라 본루와는 거리가 한참 멀었다. 이 사실을 패트릭은 몰랐다.

도착하니 경기가 막 시작되려는 참이었다. 우리는 외야의 좌석에 앉아 몇 회를 관람하다 놀랍도록 근사한 야구장을 한 바퀴 둘러보았다. 몇 회가 지날 동안 간식도 사고 사진도 찍은 뒤 자리로 돌아왔다. 자리에 막 앉자 피츠버그 파이리츠의 삼루수가 우리 쪽으로 공을 힘껏 던졌다. 패트릭과 내 머리 위로 높이 떠오른 공은 몇 사람의 손에 맞아 이리저리 튕기다가 우리보다 세 줄 뒤, 열 자리쯤 떨어진 좌석에 앉은 덩치 큰 남자의 손에 들어갔다.

'와, 이번에도 잡을 뻔했네.' 나는 심장이 두근대는 걸 느끼며 이렇게 생각했다. 하늘에서 폭죽이 터지고 파이리츠 팬들이 환호했다. 우리는 축제 분위기가 가라앉은 뒤 자리에 앉았다. 곁눈질로 힐끗 보니 방금 공을 잡은 남자가 우리 줄 끝에 서서 우리 쪽을 보고 있었다. 패트릭은 선홍색 세인트루이스 카디널스 야구 모자를 쓰고 있어서 현지인들 사이에서 눈에 띄었다. 남자는 그런 패트릭을 가리키며 외쳤다.

"어이, 꼬마야. 이 공 잡으면 너 줄게. 너희 팀이 지긴 했지만 기념품은 하나 가져가야지!"

남자는 우리를 향해 언더스로로 공을 던졌다. 패트릭은 손을 높이 뻗어 글러브로 공을 받아냈다. 돌아보니 패트릭의 얼굴은 어김없이 환희로 빛나고 있었다. 말도 안 되는 확률로 그놈의 야구공이 또다시 패트릭의 글러브에 잡힌 것이다. 그 순간 패트릭은 내가 아는 한 세상에서 가장 운이 좋은 아이였다.

얄팍한 사람은 운과 상황을 믿지만, 강한 사람은 원인과 결과를 믿는다.

언제까지 방관자만 할 것인가

돌이켜보면 패트릭에게 야구공을 안겨준 건 운이 아니었다. 물론 약간의 행운이 따르기는 했다. 그러나 경기장에 가지 않았다면 공을 잡을 일은 없었을 것이다. 집중해서 경기를 보지 않았다면 공이 보이지 않았을 것이다. 그리고 글러브를 가져가지 않았다면 공을 그렇게 쉽게 잡을 수 없었을 것이다. 그렇다면 왜 어른들은 경기장에 글러브를 가져가지 않을까?

큼지막한 글러브가 옷차림과 어울리지 않기도 하지만 공을 잡을 확률이 얼마나 낮은지 알기 때문이다. 기적을 바라는 어리석은 사람으로 보이기 싫은 것이다. 어른이 손에 글러브를 끼고 야구장에 들어가는 모습을 본 적이 있는가? 그런 사람을 보면 어떤 생각이 들 것 같은가? 솔직하게 말이다.

하지만 아무리 어른이라도 자기 쪽으로 공이 날아오면 어떻게 하는가? 그 순간에는 누구나 어린아이로 돌변한다. 눈을 크게 뜨고 들고 있던 음료수를 흘리고 핫도그를 떨어트려가며 벌떡 일어나 두 손을 높이 쳐든다. 놀라운 기회를, 인생을 바꿀 기회를, 남이 쓰던 야구공 하나를 잡기 위해서 말이다!

기대감은 현실에 안주하던 어른을 각성시켜 내면의 잠든 아이를 깨운다. 눈 깜짝할 사이에 냉소주의자에서 믿는 자로 바꿔놓는다. 그렇다고 매일 복권에 당첨되길 기대하며 살라는 뜻은 아니다. 사실 나는 복권을 사지 말라고 권하는 쪽이다. 그러나 미리 실망할 각오를 할 필요는 없지 않은가. 그 대신 모험을 기대하는 마음으로 일을 하고 인간관계를 맺고 하루하루를 살아가면 어떤가. 대담하고 낙관적인 아이의 사고방식을 되찾으면 우리에겐 인생을 바꿀 강력한 힘이 생긴다.

우리가 살아가는 오늘의 현실을 보자. 인생이라는 경기장에 선 많은 이들이 글러브를 처박아둔 지 오래다. 그저 팔짱을 끼고 구경만 하는 방관자로 가득 차 있다. 대부분 모험을 기대하기보다 현실적인 목표를 향해 나아간다. 헛된 희망을 품었다가 실망하지 않도록 스스로를 보호하기 바쁘다.

물론 놀라운 모험이 곧 펼쳐지리라 믿었던 때도 있었다. 그러나 그런 시절은 사라진 지 오래다. 삶의 여정을 거치며 우린 두들겨 맞고 밟히고 넘어진다. 부딪히고 멍들어 때로는 흉터가 남는다. 그리고 상처가 아물면서 현명해졌다고 믿는다. 그러나 흉터는 오히려 세상과 자기 안에서 진짜 무슨 일이 벌어지고 있는지를 못 보게 만든다.

얼마나 나쁜 일이 벌어지고 있는지는 통계만 봐도 알 수 있다. 최

다시 인생을 아이처럼 살 수 있다면

근 여론조사에 따르면, 미국인의 28퍼센트만이 미국이 옳은 방향으로 가고 있다고 믿었다.[12] 행정부가 새로 바뀌거나 경제 상황이 나쁘기 때문이 아니다. 2012년 이후로 미국은 미래를 비관적으로 보는 사람의 비율이 항상 더 높았다. 조사에 응한 미국인 중 현재 미국의 상황이 본인들이 기억하는 한 가장 안 좋다고 느끼는 사람의 수가 절반을 넘은 것이다.[13]

'모험? 무슨 모험? 먹고사는 것도 힘든 세상에 웬 모험 타령이야!' 많은 이들이 이런 생각을 하고 있다. 컬럼비아 대학교의 사회학 교수 제프리 삭스 Jeffrey Sachs는 이 같은 현상을 사회적 위기라고 설명한다.

"정부에 대한 신뢰가 낮고 '부패인지지수'는 높고 불평등이 만연하며 보건 환경이 악화하고 있습니다. 긍정적 시각을 갖기 어려운 상황이죠."[14]

이처럼 통계적으로도 입증된 끔찍한 상황에서 나는 왜 감탄하는 삶에 관한 책을 썼을까? 현재 상황이 얼마나 심각한지 독자들에게 알려주기 위해서다. 물론 현재 상황이 심각한 건 우리가 처한 현실 때문이 아니라 우리의 사고방식 때문이다. 앞서 인용한 여론조사 결과는 사실을 반영하지 않는다. 우리의 인식을 반영한다. 우리의 공포심과 냉소주의, 의심, 사회가 흘러가는 방향에 관한 기대치를 측정한 값이다.

긍정적인 사람의 꿈은 이루어진다

오해는 하지 마라. 우리가 사는 세상이 걱정 근심 없이 빛나며 행복과 평안으로 가득 차 있다는 뜻이 아니다. 우리 사회는 분명 중대한 문제를 안고 있다. 불의와 불평등, 가난, 정치 체제 간의 끊임없는 갈등, 점점 심각해지는 환경 문제 등 수많은 문제가 산적한 게 현실이다.

개인적으로도 시련은 끊이지 않는다. 인간관계는 복잡하고 건강은 나빠지고 있으며 취업 시장은 빠르게 바뀌는 중이다. 그뿐인가. 친구들은 내 맘 같지 않게 자꾸 실망을 안긴다. 정신 건강에 문제가 있는 미국인이 5,000만 명에 달하는 세상이니 미래로 가는 길이 어찌 행복하기만 하겠는가. 외롭고 더없이 절망적으로 느껴지는 게 어쩌면 당연하다.

인생은 고되다. 부정할 수 없는 사실이다. 따라서 내가 이 책을 쓴 건 인생의 고난을 미화하기 위해서가 절대 아니다. 그러나 지금의 사회적 위기를 타파하려면 냉소주의와 부정적 태도, 두려움에 기인한 사고방식과는 완전히 다른 마음가짐을 가져야 한다.

이렇게 생각해보자. 패트릭의 꿈이 두 번이나 이루어진 건 운 때문이 아니라 꿈이 이루어지리라는 기대감 때문이었다면 어떨 것 같은가? 냉소주의를 멀리하고 확률을 무시하는 긍정적 태도를 선택한 사람은 꿈을 이룰 가능성이 실제로 크다면 어떨 것 같은가? 그런 사고방식은 비현실적이고 너무 어리석다고 여겨지는가? 지나치게 낙천적이고 터무니없는 태도 같은가?

관점을 바꾸면 합리적일 뿐 아니라 지극히 현실적인 혜택이 따른다. 앞으로 삶을 뒤바꾸는 그 혜택들이 어떻게 과학적으로 입증되었는지 살펴볼 것이다. 운은 필요 없다. 글러브를 끼고, 팔짱을 풀고, 확률 따위는 무시하고, 기대감에 다시 불을 붙이기만 하면 된다. 그런 뒤 어떤 놀라운 일이 벌어지는지 지켜보라.

Chapter 2

지금 살아 있다는
기적

↺

모든 것이 멋져!

함께 힘을 모으면.

모든 게 멋져!

꿈을 꾸고 산다면.

내가 아는 노래 중 제일 많이 들었고 제일 짜증 나는 곡의 가사다. 이 곡은 87회 아카데미상 후보에 오른 영화 〈레고 무비〉의 주제가다. 한번 들으면 며칠 동안 계속 귀에서 맴도는 그런 노래다. 궁금하다면 한번 찾아서 들어봐도 좋다.

모든 것이 새롭고 낯선 아이의 마음으로

우리 집에서는 아이들이 몇 달 동안 〈레고 무비〉DVD를 플레이어에서 빼지 못하게 했다. 그 덕분에 아마 이 노래를 100만 번은 들은 것 같다. 이 신나고 지긋지긋한 음악이 시작될 때마다 나는 눈알을 굴리며 속으로 외쳤다. '제발 그만!'

우리 집 아이들은, 아니 모든 아이들은 이 가사가 현실에서는 조롱 섞인 농담일 뿐이라는 사실을 모른다. 아이들은 이 노래가 현실을 정확히 반영한 노래, 그래서 따라 부를 가치가 있는 노래라고 믿는다.

이 곡의 신경질적이고 과장된 찬양 일색의 분위기는 아이들이 삶을 어떤 태도로 대하는지 보여준다. 아이들은 진심으로 삶이 멋지다고 생각한다. 쇼핑몰에서 신나게 에스컬레이터를 타는 아이를 본 적 있을 터다. 아이들은 움직이는 계단을 보면 신기해서 어쩔 줄 모른다. '뭐야! 내 발은 가만히 있는데 올라가고 있잖아. 금속으로 된 마법 양탄자 같아. 멋지다, 멋져! 또 타면 안 돼요?'

에스컬레이터뿐만이 아니다. 비행기를 처음 탄 아이 근처에 앉거나 혹은 다이빙대에서 처음으로 뛰어내리는 아이를 본 적은? 비 오는 날 지렁이를 찾는 아이들의 모습은 또 어떤가? 그럴 때 아이들이 어떤 반응이었는지를 떠올려보라.

그렇다. 아이들에게는 모든 게 다 멋지다. 한 번도 해본 적 없는 일들이니 세상에서 가장 평범한 일도 그저 신기할 뿐이다. 아이들에게는 처음 접하는 모든 것이 새롭고 신난다. 그래서 모든 일을 휘둥그레진 눈과 설레는 마음으로 대한다. 언제나 멋진 모험을 기대한다.

아이들의 뇌는 아직 성장하는 중인 데다 사물과 상황, 경험을 분류하는 법을 배우는 과정에 있다. 어떤 일이 벌어질지 전혀 모르는 상태로 새로운 경험을 하게 된다. 그래서 위험할 때도 있지만(부모의 감독이 필요하다) 삶의 환희를 놀랍도록 있는 그대로 경험한다. 아이들에게는 모든 것이 최초의 경험인 셈이다.

어른들은 이와 다르다. 세상일을 처음 경험해볼 때 어땠는지 기억이 까마득하다. 상당 부분 많은 것을 경험했고 이미 많은 것을 봤다. 세상이 어떻게 돌아가는지도 잘 안다. 에스컬레이터는 다음 층으로 데려다주는 수단일 뿐이다. 지렁이는 징그럽다. 비행기는 더럽고 자주 연착되며 늘 비좁다. 다이빙대에서 뛰는 것은 애들이나 하는 일이다.

우리는 어땠나? 우리의 어린 시절을 생각해보자. 가본 적 없고 해본 적 없는 게 많았다. 말 그대로 모든 것이 감탄의 대상이었다. 한 번도 경험한 적 없는 일, 새롭고 낯설고 신나고 설레는 일투성이였다.

아이들 마음속에는 모험을 고대하는 기대감이 살아 있다. 돌아보는 곳마다 신나는 일이 벌어지고 앞으로 더 많은 모험이 기다리고 있으리라 믿는다. 그러나 나이가 들면서 이 감각은 빛을 잃는다. 멋진 일을 기대하는 마음이 고갈된 상태다. 과거에 실망스러운 경험을 했다는 이유로 신나는 미래를 기대하지 않는다. 어른들에게 삶은 신나는 모험이 아니라 내리막길로 미끄러지지 않으려 안간힘을 쓰는 투쟁이다.

우리의 모험은 아직 끝나지 않았다

얼마 전 아내와 배우 빌리 크리스털Billy Crystal이 나온 영화를 봤다. 영화 속에서 빌리는 중년의 위기를 맞은 가장이었다. 빌리는 자녀가 다니는 학교에 가서 아이들에게 자신의 직업을 소개하는 행사에 참여한다.

오랫동안 라디오에 광고를 판매하는 일을 해온 빌리가 자신이 하는 일을 반 아이들에게 설명하려 하자 한 학생이 기대에 찬 목소리로 묻는다.

"잠깐만요, 그럼 라디오 디제이세요?"

"아뇨, 라디오에 나오는 광고를 팔아요."

빌리가 답하자 또 다른 학생이 기대감에 차서 묻는다.

"그럼 광고에 나오는 노래를 작곡하세요?"

"아뇨, 그냥 광고를 팔아요."

빌리가 답답하다는 듯이 말한다.

아이들은 힘없이 고개를 숙이고 점점 더 낙담한 표정을 짓는 빌리를 보고는 빌리의 직업과 인생이 얼마나 보람 없고 지루한지 곧 깨닫는다. 그러자 빌리는 자포자기한 듯 단조로운 어조로 아이들에게 이렇게 말한다.

지금 이 시간을 소중히 여기세요, 여러분. 인생에서 아직 선택이란 걸 할 수 있는 시기거든요. 이 시기는 생각보다 아주 빨리 지나가요. 10대 때는 뭐든 할 수 있을 것 같고 실제로 뭐든 하죠. 20대는 기억도 잘 나지 않아요. 30대가 되면 가정을 꾸리고 돈을 좀 벌다가 문득 이런 생각이 들어요. '내 20대는 언제 지나갔지?' 40대가 되면 똥배가 좀 나오고 턱이 두 개가 돼요. 음악 소리가 너무 시끄럽게 느껴지고 고등학생 때 사귄 여자친구에겐 어느새 손주가 생겨요. 50대에는 작은 수술을 받아요(시술이라고들 하지만 수술 맞아요). 60대에는 큰 수술을 받아요. 음악 소리는 여전히 시끄럽게 들리지만 상관없어요. 어차피 안 들리거든요. 70대가 되면 아내와 은퇴해서 플로리다의 휴양지로 가서 살죠. 오후 2시에 저녁을 먹고 오전 10시에 점심을 먹죠. 아침은 꼭두새벽에 먹고요. 또 하루 종일 최고로 부드러운 요구르트를 찾아 쇼핑몰을 배회하면서 이렇게 중얼거리죠. "왜 애들이 전화를 안 하지? 왜 애들이 전화를 안 하지?" 80대에는 심각한 뇌졸

다시 인생을 아이처럼 살 수 있다면

중으로 쓰러져 아내는 싫어하지만, 본인은 자꾸 엄마라고 부르는 자메이카 출신 간병인에게 알아듣지도 못할 말을 지껄여요. 질문 있나요?[15]

빌리 크리스털이 시니컬한 어조로 완벽하게 연기한 아주 재미있는 장면이다. 물론 빌리의 비난은 다소 과장된 면이 없지 않다. 그러나 그가 묘사한 단조롭고 고된 삶에 공감하지 않을 사람은 아무도 없을 것이다. 칸막이가 쳐진 여러분의 사무실과 가정, 인생을 둘러보면 이제 모험은 영영 끝난 듯 느껴질 때가 있을 것이다.

빌리처럼 우리도 인생이 어디로 향하고 있는지 잘 안다고 생각한다. 게다가 그다지 좋은 곳으로 갈 것 같지도 않다. 그러나 인생이 꼭 그렇게 흘러갈 필요는 없다.

일상은 단조롭고 시련은 끊이지 않는다. 그럼에도 나는 여러분에게 어릴 때는 자연스럽게 했던 일을 다시 배우면 어떻게 달라지는지 보여주려 한다. 최초의 경험을 만끽하는 마음가짐을 되살리면 분명 우리 삶은 달라진다. 이 마음가짐이 얼마나 강력한지 설명하기에 가장 좋은 사례는 바로 내 친구인 팻 하인드먼Pat Hyndman이다.

배움과 사랑을 멈추지 않는 한 절대 늙지 않는다

팻은 은퇴한 지 30년이 넘었다. 사람들은 흔히 은퇴하면 여유로운 아침을 보내고 오후에는 골프를 치고 저녁에는 브리지 게임을 하는 삶을 보내리라 생각한다. 하지만 팻은 다른 삶을 선택했다. 팻은 원래 하던 일 못지않게 보람된 새로운 일을 시작했다.

내가 팻을 처음 만난 건 그가 지도하는 사업가들의 월례 모임에 강연 초청을 받았을 때였다. 팻의 지인들은 팻이 노화로 건강이 나빠져 암 4기 진단을 받고 화학 요법을 몇 차례 받았다고 내게 미리 일러주었다. 그러나 모임 장소에서 나를 맞이한 팻은 고령의 노인일 거라는 내 예상과 달리 활력과 열정이 넘쳤다. 그날 98번째 생일을 맞은 남자로는 전혀 보이지 않았다.

팻은 나를 보자마자 하던 말을 멈추고 노트를 내려놓고는 따뜻하고 큰 목소리로 말했다.

"여러분, 오늘의 초청 연사이신 존 오리어리가 세인트루이스에서 오셨습니다. 박수로 맞아주세요!"

팻은 함박웃음을 짓고 내 눈을 똑바로 바라보며 내 손을 꼭 잡고 악수하고는 와줘서 고맙다고 인사했다. 세 시간의 강연이 이어지는 동안 참석자들은 필기를 하면서 집중했다. 그러나 내 강연에 가장 몰두한 사람은 팻이었다. 그는 내 말을 한마디도 놓치지 않고 흡수했으며 열정적으로 노트 필기를 했다.

강연이 끝나고 우리는 팻의 98번째 생일을 함께 축하했다. 우리가 생일 축하 노래를 부르는 동안 팻은 장난스러운 미소를 지으며

다시 인생을 아이처럼 살 수 있다면

두 손으로 힘차게 지휘하는 흉내를 냈다. 아이처럼 즐거워하는 모습이었다.

그날 가장 인상적인 순간은 생일 축하 노래가 끝나고 팻이 강연장을 돌아다니며 참석자들과 일일이 대화를 나눌 때였다. 팻은 사업가 25명의 이름을 한 명씩 부르며 감사 인사를 했다. 그러고는 각자의 존경스러운 부분을 언급하면서 그들이 왜 감사한 존재인지를 말했다. 만난 지 네 시간밖에 되지 않았지만 팻은 내게도 감사 인사를 전했다. 일찍 일어나 아내와 아이들을 세인트루이스에 남겨두고 비행기를 타고 와 모임에 참석해줘서 고맙다고 했다. 팻이 사람들에게 일일이 전한 인사 덕분에 그날의 생일 파티는 팻이 아니라 참석자들을 위한 파티처럼 느껴졌다.

행사가 끝난 뒤 집에 가려고 외투를 입는 팻에게 다가가 삶의 원동력을 어디에서 얻는지 물었다. 어떻게 하면 그렇게 엄청난 에너지와 열정을 뿜으며 계속 일할 수 있는지, 또 항암 치료를 받으면서도 생명력을 잃지 않을 수 있는지 궁금했다. 팻은 미소를 지으며 답했다.

"있잖아요, 존. 인생은 선물이에요. 나는 매일 내게 주어진 선물을 귀하게 여깁니다. 인간은 배움과 사랑을 멈추지 않는 한 절대 늙지 않는다는 걸 깨달았죠."

팻은 계속 말을 이었다.

"게다가 나는 73년 전 아내인 보니에게 늘 곁에 있겠다고 약속했어요. 난 그 약속을 꼭 지킬 겁니다."

팻은 윙크를 하며 나를 껴안은 뒤 강연장을 나서며 말했다.

"빨리 안 가면 바람피운다고 아내한테 의심받을 겁니다!"

그날 이후로 두 달도 채 안 돼 팻은 세상을 떠났다. 그러나 팻은 보니에게 한 약속을 지켰다. 자신보다 3주 전에 눈을 감은 아내의 임종을 지켰으니 말이다.

한 세기 동안 팻은 어떻게 하면 나이가 들어서도 기대감이 펄떡이는 삶을 살 수 있는지 보여주었다. 그는 고통과 고난이 닥치길 각오하며 살지 않았다. 인생은 선물이고, 사람은 누구나 소중하며, 놀라운 일로 가득한 날이 매일 이어진다고 확신했다. 놀라운 일은 눈을 크게 뜨고 볼 준비가 된 사람에게만 보인다.

어쩌면 살아 있다는 것 자체가 선물인지도 모른다

여기 완전히 다른 메시지를 전하는, 극과 극의 성향을 지닌 두 명의 스승이 있다. 한 명은 마흔다섯 살쯤 된 영화 속 인물이다. 그는 라디오에 광고를 판매하는 일로 돈도 잘 벌고 꽤 괜찮은 인생을 살고 있다. 가족이 있고 건강하며 살날도 아직 많이 남았다. 그러나 그는 학생들에게 절망뿐인 인생 이야기를 들려주며 이제부터 내리

다시 인생을 아이처럼 살 수 있다면

막길이니 두 눈 똑바로 뜨라고 말한다.

다른 스승은 아흔여덟 살이다. 4기 암 환자이며 항암 치료를 받으면서 많은 걸 잃었다. 남은 두 달도 온몸을 끊임없이 괴롭히는 통증에 시달리며 힘들게 버텨야 한다. 그러나 그는 인생은 절대 놓쳐서는 안 될 놀라운 선물이니 환희뿐인 인생이 펼쳐지길 기대하며 두 눈을 똑바로 뜨라고 말한다.

자, 이제 본론이다. 우리는 어떤 스승의 삶을 본받을지 선택할 수 있다. 어떤 사람으로 성장하고 싶은지 결정할 수 있다. 어떤 삶을 살고 어떤 유산을 남길지 고를 수 있다.

세상 모든 것이 멋졌던 순간으로 돌아갈 수 있다면 어떨 것 같은가? 어떤 상황이 닥치든 판에 박힌 일상이 아니라 모험을 기대하는 눈빛으로 임한다면 어떻게 될까? 배우자나 애인을 처음 만났을 때의 눈빛으로 바라보면 어떻게 될까? 관계에 다시 활기를 불어넣을 수 있지 않을까? 출근 첫날에 그랬듯 잔뜩 설레는 마음으로 매일 직장에 들어서면 어떨까? 일하는 태도가 바뀌지 않을까? 집에 들어설 때마다 병원에서 처음 품에 안았을 때의 경외심을 갖고 아이들을 바라보면 어떻게 될까? 사랑을 담아 평소보다 더 꽉 안아주고 함께 앉아 그날 있었던 일을 이야기하고 싶어지지 않을까?

첫 경험으로 가득한 삶을 다시 살려면 '다 가봤고 다 해봤다'는 틀에 박힌 사고방식에서 벗어나야 한다. 주변에 늘 존재하는, 처음부터 늘 그 자리에 있었던 생의 선물을 알아보아야 한다. 우리 모두 지금 이 순간 살아 있다는 것 자체가 기적이다.

이제 그 기적 같은 삶을 있는 힘껏 살아보자.

Chapter 3

평범한 인생이란
없다

↻

그런 짓을 저지른 적이 있는가? 나중에야 큰 실수였다는 걸 깨달은 그런 일 말이다. 봄 방학에 충동적으로 문신을 새긴 것도 그런 경험에 속한다. 사랑하는 사람에게 홧김에 못된 말을 내뱉는 것도 그렇다. 라스베이거스에서 광란의 주말을 보내거나, 스프레이 선탠을 하거나, 돈을 아끼려고 자기 머리를 직접 자르거나, 어울리지도 않는 카프리 바지를 입은 것도 후회스럽기는 마찬가지다.

솔직히 말하면 이 경험들은 지금까지 내가 저지른 실수 중 일부에 불과하다. 자랑스러운 기억은 아니지만 아내와 아이들, 부모님, 친한 친구들이 읽을 책에 공개해도 무방한 비교적 안전한 실수들이다. 장담하건대 독자들도 자신만의 실수 목록이 있을 터다.

철없는 아홉 살 소년이 저지른 인생 최악의 실수

내 첫 책 『온 파이어』를 읽은 독자라면 내가 한 가장 큰 실수는 휘발유와 불로 장난을 친 동네 형들을 따라 한 것임을 알 것이다. 철없는 아홉 살 소년은 어서 빨리 자기 손으로 불을 붙여 불꽃이 춤추는 걸 보고 싶었다.

부모님이 집을 비운 토요일 아침, 나는 호기심을 못 이기고 차고로 몰래 들어갔다. 그러고는 20리터짜리 휘발유 통을 향해 다가갔다. 왼손으로는 불을 붙인 종잇조각을 들고 오른손으로 휘발유 통을 들어 올리려 끙끙댔다. 불꽃이 확 살아나도록 휘발유를 조금만 부을 생각이었다.

불꽃 가까이 통을 기울이자 금속으로 된 휘발유 통 안으로 불길이 확 빨려 들어가 폭발이 일어났다. 그 바람에 내 몸은 붕 날아가 6미터 남짓 떨어진 반대쪽 차고 벽에 부딪혔다. 곧바로 내 몸과 차고 전체가 불길에 휩싸였다.

그날의 실수로 모든 것이 달라졌다. 나와 내 가족, 그리고 내 미래도. 나는 전신에 화상을 입었다. 그중 87퍼센트는 가장 심각하고 치명적인 3도 화상이었다. 의사들은 화상 환자의 사망률을 계산할 때 전체 피부 표면 중 불에 탄 피부의 비율에 환자의 나이를 더한

다시 인생을 아이처럼 살 수 있다면

다. 이 계산법에 따르면 전신에 화상을 입은 아홉 살짜리 아이의 사망률은 109퍼센트다.

나는 가망이 없었다. 그저 죽음을 기다려야 할 뿐이었다. 그런데 어떻게 이렇게 살아서 두 번째 책을 낼 수 있었을까? 『온 파이어』에다 실려 있지만 이후의 상황을 요약하자면 이렇다. 열일곱 살이었던 형과 열한 살 누나, 여덟 살 여동생은 폭발 사고에 의연하고 용감하게 대처했다. 그리고 내 몸을 집어삼킨 불을 끄고 911에 전화를 걸었다. 나는 운 좋게도 훌륭한 응급 요원과 의료진의 보살핌을 받았다. 모두 의료 행위를 단순한 직업이 아니라 소명으로 여기는 사람들이었다. 이들은 통계를 무시하고 온 힘을 다해 어떻게든 나를 살리려 했다.

지역 주민들은 다섯 달의 입원 기간과 수년에 걸친 회복 기간 동안 우리 가족을 도왔다. 말할 수 없이 힘든 시기였지만 우리 가족은 친구들의 방문과 낯선 사람들의 친절 덕분에 큰 힘을 얻었다. 전국 각지는 물론 세계 곳곳에서 격려의 편지가 쏟아졌다. 우리는 인생 최고의 고난과 나를 보살펴준 사람들을 통해 신이 기적을 행하셨다고 믿었다.

그러나 화상을 입은 날 아침에는 이후에 일어날 기적을 전혀 예상하지 못했다. 그냥 모든 걸 잃은 기분이었다. 집은 초토화되었고 몸은 완전히 망가졌다. 피부와 지방 조직 대부분은 물론이고 어떤 부위는 근육까지 불에 탔다. 심장이 빨리 뛰고 숨쉬기가 힘들었다. 통증이 너무 심해 고통스러웠다. 그날 나는 내 인생이 완전히 끝난 줄로만 알았다.

그럼에도 우리가 세상에 존재하는 것은 기적의 확률

그런 상황에서 응급실 안으로 엄마가 성큼성큼 걸어 들어왔다. 엄마는 옷과 피부가 불에 완전히 타버린 아들을 보았다. 죽음이 코앞에 닥친 아들을 보았다. 이루 말할 수 없는 끔찍한 광경이었지만 엄마는 용감하게 다가와 내 앞머리를 넘겨주며 사랑한다고 말했다.

엄마의 존재를 느끼고 엄마의 목소리를 들으니 온갖 감정이 차올랐다. 병원에 도착한 순간부터 나는 앞으로 나에게 벌어질 일이 너무 궁금했다. 그러나 간호사와 의사들은 내 주위를 바쁘게 오갈 뿐 아무도 내게 말을 걸지 않았다. 그래서 나는 사랑한다고 말할 겨를도 없이 엄마에게 물었다.

"엄마, 나 이제 죽는 거예요?"

엄마는 내 질문을 듣자마자 망설임 없이 내 오른손을 부드럽게 잡고는 내 인생을 영원히 뒤바꿔놓은 말을 했다.

"존, 이대로 죽는 게 낫겠니? 그렇게 하고 싶으면 그래도 돼."

나는 단호하게 답했다.

"아뇨, 죽기 싫어요. 죽지 않을 거예요. 살고 싶어요!"

다시 인생을 아이처럼 살 수 있다면

엄마는 고개를 끄덕인 뒤 내게 도전 과제를 줬다.

"그런데 존, 살기 위해서는 정말 힘들게 싸워야 해. 이 싸움은 네가 한 번도 경험해보지 못한 싸움이야. 너무 힘들어서 하느님의 손길이 필요할 테고 하느님과 늘 함께해야 할 거야. 존, 힘들겠지만 엄마랑 아빠가 항상 곁에 있을 거야. 넌 분명 살 수 있어. 그렇지만 그러려면 싸워서 이겨야 해."

나는 엄마를 따라 고개를 끄덕였다. 눈물이 뺨을 타고 흘러내렸다. 엄마가 응급실에 들어서기 전까지 나는 두렵고, 외롭고, 죽을 운명이었다. 그러나 엄마와 대화를 나눈 뒤에는 살 수 있다는 확신이 생겼다.

그 확신이 흔들린 적은 한 번도 없었다. 그날 그 순간, 응급실에는 불가사의하기까지 한 묘하게 평화로운 기운이 감돌았다. 엄마가 내 안에 희망을 불어넣고 살 수 있다는 믿음을 일깨워준 덕분이었다. 나는 살아남아 퇴원해 집으로 돌아갈 것이며 시간이 지나면 이 비극으로 인해 오히려 더 나은 삶을 살게 되리라는 확신이 생겼다.

사람들은 내게 종종 이런 질문을 한다.

"어린 나이에 입원해 있는 동안 죽을지 모른다는 생각을 얼마나 자주 했나요?"

나는 엄마와 대화를 나눈 뒤로는 그런 생각을 단 한 번도 하지 않았다. 그날 나는 내가 앞으로 어떤 수술을 받게 될지 전혀 몰랐다.

극심한 고통이 늘 따르리라는 것도 회복하기까지 얼마나 오랜 시간이 걸릴지도 몰랐다. '기관 절개술'이나 '괴사 조직 제거술', '절단'이 무슨 뜻인지도 몰랐다. 몇 달 뒤에 내가 이 수술들을 받게 되리라는 것도 알지 못했다. 그러나 내가 살아남으리라는 건 누구보다 확실히 알았다.

그 굳은 믿음과 희망과 기대는 상처를 치유하고 살아남으려 발버둥을 치는 어린 내게는 전부나 마찬가지였다. 이것이 바로 내가 살아 있는 가장 중요한 이유다. 그리고 내가 지금 살아 숨 쉬고 있는 것이 기적인 것처럼 여러분의 인생도 모두 그 자체로 기적이다.

나의 하루는 그 어느 날도 평범하지 않다

터무니없이 낮은 확률을 깨고 화재 사건에서 살아남은 뒤로 나는 내 삶이 얼마나 고귀한 선물인지 깨달았다. 그때부터 나는 내게 주어진 인생을 당연시하지 않았다. 지금도 마찬가지다. 여러분은 어떤가? 자신의 삶이 선물이라는 생각을 해본 적 있는가?

언젠가 눈부시게 아름다운 아일랜드의 시골로 여행을 떠난 적이 있다. 그 여행에서 나는 우리가 모두 살아 있다는 게 얼마나 기적 같은 일인지 새삼 깨달았다. 온 가족을 태우고 짐을 실은 승합차가 유난히 좁고 구불구불한 아일랜드 시골길을 달리고 있을 때였다. 여섯 식구 모두 아름다운 경치에 감탄하며 믿기지 않을 만큼 조용

다시 인생을 아이처럼 살 수 있다면

히 창밖을 바라보고 있었다.

그러나 아이가 넷인 가족은 침묵이 오래가지 않는다. 큰아들인 잭이 고요한 몽상의 시간을 깨고 엄마와 아빠는 고등학교 다닐 때 어떻게 가고 싶은 대학을 결정했는지 물었다. 아내 베스는 간호사가 되기 위해 다른 도시에 있는 학교로 갈 뻔했다. 그러다 막판에 세인트루이스 대학교의 작업 치료 교육 프로그램을 선택했다고 했다. 나는 몇 개의 대학 중 최종 후보 두 개를 골랐고 남부의 대학에 갈 뻔했다. 하지만 고교 마지막 학년에 생각이 바뀌어 집과 가까운 세인트루이스 대학교에 가게 된 과정을 설명했다.

베스는 아이들을 돌아보며 말을 이었다.

"다행인 줄 알아. 원래 계획대로 했다면 엄마랑 아빠는 못 만났을 테니까."

그러고는 장난스럽게 덧붙였다.

"우리가 안 만났으면 너희도 못 태어났을 테고!"

임대한 승합차로 아일랜드 시골길을 계속 달리면서 나는 여섯 명의 가족을 탄생시킨 놀라운 행운에 새삼 감탄하며 창밖을 내다보았다. 그러다 곧 우리 인생의 방향을 바꾼 것은 대학 선택뿐만이 아니었다는 사실을 깨달았다. 베스가 다른 여학생 클럽에 가입하거나 내가 다른 남학생 클럽에 가입했다면 우리는 만나지 못했으리라. 둘 중 한 명이라도 1998년 1월 어느 추운 날 밤에 집에 남아 공부를 했다면 역시 우리는 만나지 못했을 것이다.

나와 같은 클럽에 소속되어 있는 형이 친구인 베스를 초대하지 않았거나 초반에 우리를 소개해주지 않았다면, 내가 술의 힘을 빌려 베스에게 춤을 청하지 않았다면, 베스가 내 손을 잡을 용기를 내지 않았다면, 파티가 끝날 때 우리가 연락처를 교환하지 않았다면 우리는 이 길을 함께 달리고 있지 않을 것이다.

베스와 3년 동안 우정을 유지하지 않았다면(나는 더 깊은 관계를 원했지만), 나를 좋은 친구 존 오리어리 이상으로 볼 기회조차 없었을 터다. 그리고 함께 저녁을 먹은 날 베스가 드디어 친구 이상의 관계가 되고 싶다고 선언하는 일도 없었을 것이다.

그날 이후 우리는 3년 동안 연애를 했고 16년째 결혼 생활을 이어가고 있다. 그리고 우리가 낳은 네 아이를 뒷좌석에 태우고 아일랜드의 시골길을 달리고 있다. 우리가 함께하고 있는 이 인생은 기적 그 자체다.

여러분의 삶은 어떤가? 잠시 시간을 내어 자신이 어떻게 지금의 자리에 이르게 되었는지 돌아보자.

자칭 '행복 기술자'인 닥터 알리 비나지르Ali Binazir는 이와 관련해 직접 계산을 해보기로 했다. 여러분 한 명 한 명이 태어날 확률을 계산한 것이다. 하나의 정자가(아빠가 평생 만드는 5억 개의 정자 중에서) 하나의 난자와(엄마가 보유한 20만 개의 난자 중에서) 만나 한 명의 온전한 사람이 탄생할 확률을 말이다.

답은 무엇일까? 400조 분의 1이다.[16] 믿기지 않겠지만 사실이다. 어느 정도인지 감이 잘 오지 않는 독자를 위해 비교해서 설명해보겠다. 당첨이 사실상 불가능한 파워볼 복권에 당첨될 확률이 2억 9,200만 분의 1이다. 우리가 태어나 존재할 확률은 파워볼 복권에 당첨될 확률보다 무려 2,000배나 높다는 뜻이다.

우리가 이 세상에 존재할 가능성은 믿기지 않을 만큼 낮다. 이 기적 같은 확률을 두고 인생을 그저 뜻밖의 행운이나 우연, 우주의 요행으로 여길 수도 있다. 아니면… (내가 무슨 말을 할지는 이미 눈치챘을 것이다) 우리 모두의 인생은 세상에서 가장 놀라운 선물이고, 값을 매길 수 없는 귀한 보물이며, 헤아릴 수 없을 정도로 엄청난 축복이라는 사실을 깨달을 수도 있다.

여러분은 어떤가? 그 사실을 믿고 그 믿음대로 행동하는가? 앞장서고, 사랑하고, 말하고 있는가? 혹여 모험을 즐기지 않고 인생이 그냥 흘러가게 두고 있지는 않은가? 나처럼 여러분 역시 말도 안 되는 확률을 뚫고 살아 있다. 그 사실을 당연시하지 말자.

종교학자인 휴스턴 스미스Huston Smith는 이렇게 말했다.

성스러움의 정반대는 평온이나 냉철함이 아니다. 무미건조함이나 경시다. 냉담함이다. 단조로움과 평범함이다. 7대 죄악 중 하나인 나태다.

영적 깨달음을 얻은 사람은 여러 자질을 갖추고 있지만 다른 모든 자
질을 좌우하는 절대적인 자질이 있다. 바로 만물의 놀라운 신비를 알
아보는 예리한 감각이다. [17]

만물의 놀라운 신비를 알아보는 예리한 감각.

이 얼마나 멋진 능력인가!

아이들은 아직 그 감각이 살아 있다. 삶은 평범하지 않다고 믿는
다. 또한 그 믿음대로 행동하며 무엇보다 내일도 절대 평범하지 않
으리라 생각한다. 감탄하는 삶을 사는 사람은 인생의 모퉁이를 돌
면 무엇이 있을까, 또 어떤 멋진 일이 벌어질까, 늘 설레는 마음으
로 산다. 미래는 무한한 가능성으로 가득 차 있다고 믿으며 만물의
놀라운 신비를 알아차린다.

여러분도 그럴 수 있다.

Chapter 4

무기력에서 벗어나
희망을 선택하는 법

↻

저녁노을이 진다. 바닷바람이 부드럽게 불어온다. 파도가 부서진다. 헨리가 머리 뒤로 두 손을 깍지 낀 채 수건 위에 누워 있다. 종일 파도 속에서 첨벙거리고 모래성을 쌓으며 열심히 놀고는 이제야 진이 빠졌는지 붉게 물드는 저녁 하늘을 감상하고 있다. 나도 헨리를 따라 두 손으로 머리를 받치고 누웠다. 우리는 나란히 누워 놀랍도록 아름다운 일몰을 구경했다. 아이들에게는 한 시간에 가까운 1분이 지나자 나는 헨리를 돌아보며 물었다.

"아들, 살아 있으니 정말 좋지 않니?"

헨리는 나를 돌아보고는 흘러내린 금발 앞머리를 넘기며 답했다.

"글쎄요, 잘 모르겠어요. 난 죽어본 적이 없는 걸요."

나는 웃음을 터트리고는 다시 하늘을 바라보았다. 일리 있는 말이었다. 아니, 충격적인 말이었다. 지금껏 나는 죽음은 어떻게든 피해야 할 일이라고만 생각했다. 죽음은 두려워해야 하고 최대한 미뤄야 하는 인생의 종착지라 여겼다. 그렇게 배운 탓이다. 사후 세계를 믿는 사람들조차 익숙한 이승에서 최대한 오래 머물기를 바란다.

그러나 헨리는 죽음에 관해 부정적인 생각 자체를 하지 않았다. 살아 있음과 죽음을 생각하기에는 아직 너무나 이른 나이니까 당연한 일이다. 살아 있으니 좋은 건 맞다. 그럼 죽음은? 천국은 어떨까? 어쩌면 죽음이란 인생 최고의 파티일지도 모를 일이다. 에이, 사실 나도 모르겠다. 해변에 누워 저녁노을을 구경하는 것보다 더 좋을지 누가 알겠는가.

아, 이 무한한 낙관과 희망을 되찾을 수만 있다면! 어른의 세상에서 희망은 늘 공급이 달린다. 어른들 대다수가 절망과 낙담, 우울감에 빠져 있다. 이는 희망의 정반대, 즉 학습된 무기력이 자라기 좋은 토양이다.

희망은 우리 삶을 어떻게 구원할까?

펜실베이니아 대학의 심리학자 마틴 셀리그먼Martin Seligman은 선구적인 연구를 시행한 끝에 '학습된 무기력'이라는 용어를 처음 만

다시 인생을 아이처럼 살 수 있다면

들었다. 학습된 무기력은 자신에게 상황을 바꿀 힘이 전혀 없다고 믿을 때 발동하는 심리 상태다. 셀리그먼은 처음에 개와 쥐를 대상으로 이 현상을 연구했다. 그러다 인간에게도 같은 현상이 일어난다는 사실을 밝혀냈다. 어떤 사람들은 부정적 환경에 반복적으로 노출되면 그 환경을 거부하고 극복하기보다는 체념하고 받아들인다.

그런 사람들은 어려운 상황에서 벗어나려는 시도조차 하지 않는다. 무엇을 해도 벗어날 수 없었던 과거의 경험에 갇혀 있기 때문이다. 이들은 어떤 짓을 해도 환경을 바꿀 수 없다는 믿음에 사로잡혀 고통과 괴로움, 고난에 직면해도 그것을 피하려 애쓰지 않는다. 싸워서 극복하거나 상황을 바꾸려 노력하지 않는다. 그냥 포기해버린다.

학습된 무기력에 빠진 사람은 우울증에 걸릴 확률이 높다. 이는 당연한 결과다. 자신의 행동에 아무 의미가 없다고 믿으면 평생 상황의 노예가 되어 원하는 걸 이루지 못할 운명이라고 느껴지기 때문이다. 이런 사람들은 자신이 할 수 있는 일은 정말 아무것도 없다고 믿는다.

그러나 아니다. 할 수 있는 일은 언제나 있다. 안드레 노먼Andre Norman의 생애는 학습된 무기력에서 벗어나 가능성을 향해 나아간 가장 좋은 사례다. 사람들이 그를 '희망 대사'라 부르는 데는 이유가 있다. 안드레는 아빠 없이 자랐다. 엄마는 여러 개의 일을 하며 생계를 꾸리느라 너무 피곤해 집에 와도 안드레와 시간을 보내지 못했다.

안드레의 인생에서 유일한 빛은 음악이었다. 안드레는 노래하는 게 좋았다. 초등학교 5학년 때는 트럼펫에 푹 빠졌다. 트럼펫을 연습하고 연주하고 무대에 서는 건 아무리 많이 해도 질리지 않았다. 그러나 6학년이 되자 상황이 달라졌다. 안드레가 트럼펫 가방을 들고 다니는 걸 보고 아이들이 놀리기 시작했다. 대수롭잖게 넘길 수도 있었지만 안드레는 또래 친구들과 어울리고 싶었다. 그래서 트럼펫에서 손을 놓았다. 영영!

그렇게 안드레의 꿈은 빛을 잃었다. 안드레는 범죄 조직에 들어가는 것으로 소속감의 욕구를 채웠다. 얼마 안 있어 거리에서 마약을 팔기 시작했고 몇 년 뒤부터는 마약 밀매, 강도, 폭력으로 소년원을 들락거렸다. 열여덟 살이 된 뒤로는 소년원에 몇 달 있다 나오는 것으로 끝나지 않았다. 같은 범죄를 저질러도 교도소에 가야 했다. 결국 18년 이상 25년 이하 형을 받았다.

거리에서 거칠게 살아온 안드레였지만 교도소 생활은 녹록지 않았다. 열여덟 살에 최고 보안 시설을 갖춘 교도소에서 살아남으려면 웬만큼 거칠어서는 안 된다. 교도소에 있는 수감자들 서열에서 밀려나 자기 자리를 확보하지 못하면 구타와 학대를 당할 게 뻔했다. 그래서 안드레는 폭력적인 재소자로 입지를 굳혔다. 안드레는 폭력과 분노를 자제하지 못했고 툭하면 사고를 일으켜 몇 년 동안 아홉 번이나 다른 교도소로 이감되었다.

교도소 폭동을 주동한 죄와 살인 미수 혐의로 두 번이나 기소되어 형량이 100년으로 늘어났다. 게다가 두 번째 살인 미수로 안드레는 스물네 살에 2년 반 동안 독방에 감금되었다. 평생 감옥에서 갇혀 살 운명이었다. 안드레는 음습하고 작은 독방에 누워 어둡기만 한 자신의 인생을 돌아보았다.

안드레는 혼자였다. 갇혀 있었고, 세상과 단절되었으며, 희망이 없었다. 그러나 독방에 있으니 다른 재소자들 앞에서 강해 보이려 애쓸 필요가 없어졌고 생각할 시간이 생겼다. 안드레는 행동 방식을 바꾸지 않으면 평생 교도소에서 썩게 되리라는 걸 깨달았다. 그렇게 교도소에서 죽기는 싫었다.

딱히 할 일이 없었던 안드레는 독방에서 그동안 들은 부당하고 모욕적인 말을 머릿속으로 재생했다. 그러나 그 노래는 곧 지루해졌다. 안드레는 새로운 노랫말을 찾아 다시 기억을 더듬었다. 이번에는 한때 그를 믿어주고, 손을 내밀고, 격려하고, 희망을 약속한 사람들의 말이 떠올랐다. 안드레가 자신만의 고통에 너무 몰두해 있느라 귀 기울이지 않았던 말들이었다.

안드레는 자신에게 '좋은 사람'이라고 말해준 초등학교 3학년 때 선생님을 떠올렸다. 안드레에게 재능이 있다고 말한 음악 선생님도 기억났다. 6학년 때 수학 선생님은 안드레를 훌륭한 청년이라고 했다. 고등학교 영어 선생님과 지도 교사는 너무 많은 실수를 저질렀음에도 아직 가능성이 보인다며 안드레를 격려해주었다.

10여 년 만에 처음으로 안드레는 미약하게나마 희망을 느꼈다. 그들은 분명 안드레에게서 가능성을 포착했다. 그런 점을 염두에 둔다면 안드레가 아직 갈 데까지 간 건 아닐지도 몰랐다. 안드레는 독방에 격리된 채 교도소에서 나가 세상에 이바지하는 어엿한 사회의 일원이 되는 상상을 했다. 심지어 하버드 대학교를 졸업하는 상상도 했다. 고등학교도 졸업하지 못한 안드레에게는 야심 찬 꿈이었다.

안드레는 독방에서 풀려난 뒤 완전히 달라졌다. 8년 동안 '현재의 나'에서 '꿈꾸는 나'로 탈바꿈했다. 독학으로 글을 배웠고 검정고시로 고등학교 졸업 증서를 받았다. 제 발로 상담사를 찾아가 분노 조절 능력에 문제가 있다는 사실을 인정했다. 랍비를 만나 용서의 힘을 배우기도 했다.

"의자로 칼을 만들거나 사흘 동안 먹지 않고 버티는 법은 배웠지만, 미안하다고 말하는 법은 아무도 가르쳐주지 않았어요."[18]

두 명의 수녀를 만나고 나서는 신앙심뿐 아니라 타인과 배움, 삶을 사랑하는 마음이 샘솟았다. 두 수녀는 안드레에게 구원이 무엇인지 알려주었고 안드레도 구원받을 수 있다는 확신을 주었다.

다시 인생을 아이처럼 살 수 있다면

세상에 늘 화가 나 있었던 폭력적인 청년 안드레는 과거와는 전혀 다른 미래를 열기 위해 온 힘을 다하는 너그러운 신앙인으로 탈바꿈하기 시작했다. 그리고 다른 사람들도 그 변화를 알아보았다. 무기 징역을 선고받았던 안드레 노먼은 서른두 살에 석방되었다. 내가 그의 이야기를 어떻게 아는지 궁금한가? 안드레 노먼은 내 절친이다.

가장 최근에 만났을 때는 서로 점심값을 내겠다며 둘이 실랑이를 벌이기도 했다. 선량한 시민이 된 안드레는 현재 세계 곳곳을 다니며 자신의 이야기를 들려주고 있다. 그는 이제 헌신적인 아버지이자 책을 출간한 작가다. 그뿐 아니다. 여러분도 익히 아는 대학교인 하버드 대학의 외래 교수다.

100년 형을 선고받고 살인 미수로 독방에 갇혔던 사람이 어떻게 하버드 대학에서 학생을 가르치게 됐을까? 안드레는 어떻게 고통스러운 과거에서 벗어나 밝은 미래를 열었을까?

답은 바로 희망이다. 희망은 현재의 삶이 아무리 힘들어도 앞으로 나아가게 하는 원동력이다.

희망은 암 환자가 또다시 방사선 치료나 화학 요법, 수술, 그리고 이 모든 괴로움과 고통이 무의미해질지 모를 견디기 어려운 불확실성을 감수하게 해주는 신성한 빛이다. 희망은 실직자가 다시 이력서를 제출하거나 업계 선배에게 조언을 구하거나 새로운 인맥을 쌓게 하는 희미한 가능성이다. 희망은 위험을 감수하고 시도했다가 실패해 넘어진 중독자나 사업자, 지도자가 다시 일어나 먼지를 털고 앞으로 나아가게 하는 힘이다. 희망은 우리 모두에게 주어졌으며 고갈될 일이 없는 가장 중요한 자산이다.

현재의 나에서 꿈꾸는 나로, 희망을 품는 5가지 방법

그렇다면 학습된 무기력에 빠져 있다가 희망으로 가득한 삶을 살려면 어떻게 해야 할까?

"중역 회의실에 있든 감방에 있든 상관없어요. '더는 지금처럼 살고 싶지 않다'고 깨닫는 게 중요해요. 문제는 바꿀 용기가 있느냐는 거고요."[19]

오랜 시간 희망을 연구하며 관련 책을 여섯 권 집필한 C. R. 스나이더C. R. Snyder 박사는 '희망 이론Hope Theory'을 만들었다. 스나이더 박사의 이론에 따르면 희망은 다음의 세 요소로 구성된다.

첫째, 목표를 가져야 한다. 희망적인 사람들은 늘 꿈을 가지고 있다.

둘째, 경로 사고를 해야 한다. 이는 꿈을 이루는 방식에는 여러 가지가 있고, 시행착오를 감수할 각오의 의지가 필요하다는 것이다.

셋째, 주도적 사고가 필요하다. 꿈을 이루는 과정에서 여러 장애물을 맞닥뜨릴 수 있다. 이때 나에게 장애물을 넘을 힘이 있다고 믿는 것이다.

다시 인생을 아이처럼 살 수 있다면

희망이 있다고 해서 시련을 외면한다는 의미는 아니다. 시련이 닥쳐도 포기하지 않을 뿐이다. 희망을 품은 사람은 힘든 현실을 회피하지 않는다. 현실이 힘듦에도 불구하고 꿈을 잃지 않을 뿐이다. 스나이더의 연구에 따르면 희망적인 사람은 희망이 없는 사람보다 고통을 두 배 더 오래 참는다.[20]

안드레는 희망 덕분에 변화에 필요한 공부와 심리 치료를 수년간 이어갈 수 있었다. 가석방 심의를 여러 번 신청한 것도 희망 때문이었다. 안드레는 희망을 원동력으로 삼아 자유를 되찾을 수 있다고 굳게 믿고 계속 도전하고 싸우고 성장했다. 희망은 삶의 원동력이다.

배우 크리스토퍼 리브Christopher Reeve는 영화에서 슈퍼맨 역할을 최초로 맡아 유명해졌다. 수년 뒤 사고를 당해 목 아래로는 움직일 수 없게 된 것을 아마 여러분도 알 것이다. 크리스토퍼 리브는 이렇게 말했다.

"희망을 선택하면 무엇이든 가능합니다."

희망 이론은 자기 결정 이론, 즉 나의 행동이 나의 미래를 좌우한다는 믿음에 근거한다. 자기 결정은 학습된 무기력과 정반대의 개념으로 내 행동이 중요하다고 생각하는 희망 이론의 주도 사고와 상통한다. 이 이론들에 따르면 인간은 누구나 자기 삶과 행동의 주인이며, 과거에 일어난 일을 바꿀 수는 없지만 상황을 개선할 힘이 있다.

감옥 문을 나설 것인가, 계속 갇혀 있을 것인가

인디애나 대학교의 연구원들이 로스쿨 신입생들의 첫 학기 생활을 조사한 결과, 희망이 LSAT(미국 로스쿨 시험-옮긴이) 점수보다 더 확실한 성공의 지표인 것으로 드러났다.[21]

아직도 희망의 힘을 믿지 못하겠는가? 그렇다면 이런 연구 결과도 있다. 텍사스 건강과학센터 대학의 정신의학 교수인 스티븐 스턴Stephen Stern 박사는 예순네 살부터 일흔아홉 살에 해당하는 미국인의 희망에 관해 종단 연구를 시행했다. 추적 조사한 결과 희망도가 낮은 사람은 희망도가 높은 사람보다 사망할 확률이 두 배나 높았다.[22]

자, 이제 희망의 행렬에 합류할 준비가 되었는가? 희망이 주는 빛과 원동력은 감탄하는 삶에 필수적이다. 우리에게는 선택권이 있다. 현실에 굴복할 수도 있고, 가능성을 믿고 도전할 수도 있다.

감방의 문은 열려 있다. 교도관은 집에 갔다. 마음만 먹으면 언제든 거기서 나올 수 있다. 그러나 밖으로 나오려면 일어나 앞으로 나아가야 한다. 다음에 갈 곳이 지금 있는 곳보다 나으리라는 기대가 있어야 한다. 기대는 지금의 삶뿐 아니라 내일의 삶을 좌우하기 때문이다.

다시 인생을 아이처럼 살 수 있다면

Chapter 5

미래는 기대한 대로
바뀐다

↺

어릴 때 입원해서 화상 치료를 받는 동안, 밤은 하루 중 제일 싫은 시간이었다. 면회 시간이 끝나 부모님이 떠나야 하기 때문이기도 했지만 자기 전에 꼭 먹어야 하는 약 때문이기도 했다. 화상이 치유되기 시작하면 극심한 부작용이 하나 따른다. 손상된 피부가 재생하면서 미칠 듯한 가려움이 발생한다. 다행히 밤마다 간호사가 가려움을 완화해주는 약을 투여했다. 다만, 그 약을 먹으면 구역질이 났다.

정맥으로 투여하는 혼합 약물에 그 약을 처음 추가했을 때는 심한 구역질이 나와 먹은 걸 침대에 다 쏟아냈다. 다음 날 밤, 그 약을 투여하자마자 뱃속이 부글거리는 게 느껴졌다. 당연히 그날도 속을 게워냈다. 그다음 날 밤은 물론이고 이후 17일 동안 같은 일이 반복되었다. 아무도 내게 그 약을 투여하고 싶어 하지 않았다. 나는 안 그래도 힘든 나를 더 힘들게 만드는 의료진이 원망스러웠다.

그러던 어느 날 저녁, 내가 불쌍했는지 친절한 간호사가 반가운 소식을 전했다. 그날 하루는 토하지 않게 해주고 싶다면서 그 약을 투여하지 않겠다고 말했다. 나는 감사 인사로 마음을 전했고 구토 없는 즐거운 밤을 보냈다.

그러나 여기엔 반전이 숨어 있다. 그 간호사는 교대 시간이 되자 나 모르게 엄마를 조용히 불러냈다. 그러고는 그 약을 정맥 내 투여기에 투입했다고 말했다. 내게만 비밀로 한 것이다. 간호사는 구토를 유발하는 게 약 때문만은 아니라는 걸 알고 있었다. 약이 투여되면 토하게 될 거라는 나의 기대 심리 때문이기도 했다. 구역질을 예상하니 실제로 구역질이 난 것이다.

미래는 우리가 기대하는 대로 바뀐다

생각의 힘은 강력하다. 기대는 종종 현실이 된다. 나만 이런 경험을 하는 건 아니다. 수십 년 동안 학자들은 약의 효능을 시험할 때마다 잘 알려졌지만 이유는 밝혀지지 않은 현상으로 골머리를 앓았다.

다시 인생을 아이처럼 살 수 있다면

연구 중인 약의 효능을 시험할 때 연구진은 한 그룹은 진짜 약을 주고 다른 그룹은 위약이라 불리는 가짜 약을 준다. 두 그룹 모두 본인이 어떤 약을 먹었는지 모른다. 연구진은 당연히 진짜 약을 먹은 그룹의 증상이 개선되리라 기대했다. 그러나 충격적이게도 위약을 먹은 그룹 역시 증상이 개선되었다. 병을 치료하는 약을 먹었다는 생각만으로도 실제로 몸이 좋아졌다. 생각, 즉 뇌가 말 그대로 몸을 치유한 것이다.

과학적으로는 설명이 되지 않으며 위약 효과로 알려진 이 현상은 오랜 시간 학자들의 연구 주제였다. 무릎 통증과 경직 증상에 시달리는 사람들을 대상으로 한 연구에 따르면, 관절경 수술을 받은 그룹은 통증이 줄어들고 무릎이 덜 경직되었다.[23]

그런데 놀라운 사실이 있다. 다른 그룹은 무릎에 작게 절개만 했을 뿐 실제로는 손상된 연골을 제거하지 않았다. 그랬음에도 본인들이 수술을 받았다고 믿은 다른 그룹도 통증이 줄어들었다. 몇 달 뒤에는 다시 농구를 할 수 있었다.

위약 효과는 실제로 존재하고 강력한 효과를 발휘한다. 임상 시험에서 위약 효과를 줄이려고 애쓰기보다는 그 효과를 증폭시킬 전략을 찾는 게 훨씬 나은 투자일지도 모른다. 뇌와 생각, 신체의 타고난 힘을 활용하는 건 분명 도움이 된다.

반면에 '노시보 효과'라는 암울한 효과도 있다. 노시보 효과는 환자가 치료를 받는 동안 부정적 기대를 할 때 발생하는 현상이다. 이것도 위약 효과만큼이나 강력하다. 노시보 효과는 밤에 약을 기다릴 때마다 내게 일어난 일이었다. 약을 투여하는 간호사를 보는 것만으로도 내 뇌는 다음에 일어날 일을 예상하기 시작했다. 구역질할 준비를 한 것이다.

앞서 소개한 실험에서도 마찬가지다. 부작용이 있을 거라고 경고한 경우에는 위약을 복용한 그룹도 같은 부작용을 겪었다. 메스꺼움과 피로감, 불면증이 과학적으로는 설명할 수 없는 이유로 위약을 복용한 대조군에서도 관찰되었다.

기대의 힘을 가볍게 여겨서는 안 된다. 기대는 우리가 사는 세계와 그 세계 안에서 벌어지는 일에 실질적 영향을 미친다. 치유력과 활력, 긍정적인 사고력을 얻고 싶은가? 아니면 계속 부정적인 생각에 빠져 살고 싶은가?

부정적인 생각에서 벗어나고 싶다면 기대의 힘을 각자가 바라는 방식으로 활용하도록 뇌를 훈련해야 한다. 부정적인 미래가 아니라 놀랍고 멋진 미래를 예상하는 법을 다시 배워야 한다.

아내에게 바치는 일기를 쓰다

뇌는 불확실성을 싫어한다. 가능한 여러 결과를 따져보느라 에너지와 시간을 허비해야 하기 때문이다. 선사 시대에 우리 조상들이 잠재적 위협이 다가오는 상황에서 이런저런 가능성을 모두 따졌다면 인간은 지구상에 살아남지 못했을 것이다.

다행히 인간의 뇌는 앞서 살펴보았듯 효율적으로 작동한다. 과거의 경험을 바탕으로 미래에 일어날 일을 추측한다. 이러한 사고방식을 따르면 시간과 에너지를 아낄 수 있다. 하지만 부작용도 존재한다. 때로는 사실이 아닌 이야기를 사실인 양 믿는 함정에 빠질 수도 있다.

마이클 폴란Michael Pollan은그의 흥미로운 책 『마음을 바꾸는 법 How to Change Your Mind』에서 이렇게 말한다.

"우리의 뇌는 마치 인공지능 프로그램처럼 경험을 다룬다. 끊임없이 현재의 데이터를 과거의 언어로 번역한다. 현재 상황과 관련된 과거의 경험을 떠올려 그 경험을 근거로 미래를 예측하고 미래의 상황에 대처하는 방식을 결정한다."[24]

다시 말해 뇌가 과거에 일어난 일을 떠올려 미래에 무슨 일이 일어날지 추측한다는 뜻이다. 그러니 과거에 어떤 일이 잘 안 되었다면, 뇌는 불확실성을 제거하기 위해 미래에도 그 일이 잘 안 될 거라고 우리를 설득한다. 당연히 좋은 일도 있었을 텐데, 우리의 뇌는 자기 보호를 위해 긍정적인 사건보다 부정적인 사건을 더 먼저 떠올린다.

그렇다. 뇌가 우리의 이익에 반하는 방식으로 작동하는 것이다.

그렇다면 뇌가 좋아하는 지름길을 거부하고 사고방식을 바꾸면 어떻게 될까? 부정적 기대를 버리고 모든 게 멋질 거라고 기대하는 어린아이의 렌즈를 쓰면 어떨까? 기대하는 감각을 최대한 끌어내 나에게 유리하게 활용하면 어떨까?

몇 년 전, 네 아이를 키우고 빡빡한 강연 일정을 소화하느라 바쁜 어느 날이었다. 문득 내게 가장 중요한 사람을 떠올리고 찬양하고 싶었다. 그 사람은 바로 내 아내였다.

누구나 궁금할 것이다. '나와 평생을 함께하고 내 본모습을 알게 되더라도 나를 사랑해줄 사람을 찾을 수 있을까?' 나도 마찬가지였다. 나는 오랜 시간 나를 사랑해줄 사람이 있을지 걱정하며 살았다. 어릴 때는 내 몸을 뒤덮은 흉터와 절뚝거리는 다리, 손가락이 없는 손을 사랑할 사람이 없을 것 같아 정말 두려웠다. 화재 사고 이후 10년 넘게 나를 따라다닌 현실적인 두려움이었다.

나는 대학생 때 베스를 처음 만난 순간 사랑에 빠졌다. 베스는 눈부시게 아름다웠고 함께하면 정말 즐거운 사람이었다. 3년 동안 친구로 지내면서 데이트 신청을 여러 번 했다가 거절당했다. 그런 일을 겪은 후 베스는 드디어 우리가 친구 이상의 관계가 될 수 있다는 사실을 깨달았다. 운명의 장난이었는지는 모르겠지만 내가 아내에게 자주 일깨우는 사실이 있다. 첫 데이트를 할 때 먼저 데이트 신청을 한 사람은 베스였다는 사실이다.

다시 인생을 아이처럼 살 수 있다면

물론 미모에도 끌렸지만 가장 마음을 빼앗긴 건 베스의 심성이었다. 베스는 가식이 없었고 남을 함부로 판단하지 않았다. 겸손하고 목적의식이 있으며 성실했다. 나는 베스가 나를 배우자로 선택했고 지금도 나를 사랑한다는 사실이 여전히 놀랍고 감사하다.

그러나 자신이 얼마나 큰 행운을 누리고 있는지 잘 알다가도 살다 보면 그 사실을 잊어버리곤 한다. 삶에 치여 마음으로는 잘 아는 소중한 것들을 소홀히 여기게 된다. 그래서 2017년 1월 1일, 나는 새 일기장의 첫 페이지를 열고 '사랑하는 베스에게'라고 적었다.

그날부터 1년 동안 매일 밤 베스에게 바치는 일기를 썼다. 우리의 삶이 얼마나 행복한지 잊어버리거나 잘못된 일에 연연해 소중한 감정을 잃지 않기 위해서였다. 그렇게 나는 베스가 한 놀라운 말과 행동, 베스가 내게 주는 것들을 매일 기록했다. 바쁜 일상을 이어가는 와중에도 우리가 얼마나 운이 좋은지, 베스가 얼마나 눈부신 사람인지 하루도 빠짐없이 포착해 기록하고 싶었다. 더는 그녀를 당연시하고 싶지 않았다.

그렇게 베스 몰래 매일 저녁 베스가 한 아름다운 말과 행동, 베스와 함께한 일을 적었다. 칸막이가 된 현관에 앉아 커피를 마신 일, 반려견과 함께 동네를 산책한 일, 특별한 행사가 있어 외출할 때 드레스를 입고 계단을 내려오는 베스의 눈부신 모습을 기록했다. 아이들이 운동이나 악기 연습, 시험공부를 하도록 유도하는 베스의 사소한 행동, 바구니마다 가득 찼던 빨랫감이 매일 마법처럼 깨끗하게 세탁되고 개켜져 서랍에 넣어져 있는 일 등을 빠짐없이 적었다.

부부 사이의 은밀한 일을 적을 때도 있었고, 가족이나 친구와 겪은 유쾌한 순간을 적을 때도 있었다. 핵심은 잊어버리거나 놓치지 않도록 베스의 훌륭한 점을 기록하는 것이었다.

이 일기를 쓸수록 나는 점점 더 베스의 친절한 행동에 주목하게 되었다. 이제껏 내 시야를 가려 가장 중요한 걸 보지 못하게 한 일상의 암막이 걷히니 아내가 우리 가족의 삶을 개선하기 위해 얼마나 노력하는지 상세히 보이기 시작했다. 심지어 매우 감탄스러운 방식으로. 베스를 위한 선물이었지만 결국 나를 위한 선물이 되었다.

좋은 면을 찾으려 들면 좋은 면만 보인다

12월 25일, 일기를 쓰기 시작한 지 360일째 되던 날이었다. 나는 아이들이 신이 나서 새 장난감을 갖고 노는 동안 아내에게 서툴게 포장한 선물을 건넸다. 베스는 포장을 풀어 흠집이 나고 커피 얼룩이 묻은 낡은 일기장을 꺼냈다. 일기장 안에는 내가 직접 쓴 일기뿐 아니라 반쪽짜리 영화표, 식당 영수증, 같이 여행을 갔다가 남겨둔 반쪽짜리 비행기표, 출장 가는 나를 위해 베스가 내 가방에 숨겨둔 짧은 사랑 편지 등이 끼워져 있었다.

베스는 함께한 지난 1년의 흔적이 고스란히 담긴 수백 건의 기록을 천천히 읽었다. 성탄절 음악이 조용히 흐르고 아이들은 여전히 장난감을 갖고 노느라 여념이 없었다. 베스의 눈에 눈물이 차오르고 입가에 아름다운 미소가 번졌다.

"존, 정말… 멋진 선물이네. 그런데 왜? 왜 이런 선물을 준비한 거야?"

나는 아내의 손을 잡고 소파 옆자리에 앉았다. 감정이 복받쳐 올라 갈라진 목소리가 나왔다.

"베스, 그동안 내가 당신을 너무 당연하게 여겼다는 걸 깨달았어. 더는 당신과의 소중한 시간을 그냥 흘려보내고 싶지 않아. 이제는 당신이 매일 나와 아이들을 위해 얼마나 애쓰는지가 보여. 사랑해. 이렇게라도 이런 내 마음을 전하고 싶었어."

베스는 나를 꼭 껴안았다. 처음 하는 사랑. 처음 사는 삶. 성탄절 아침, 첫 경험의 기쁨이 거실을 가득 채웠다.

부부 관계는 어렵다. 그것만도 어려운데 아이 넷을 키워야 한다. 아무 날이나 저녁 먹을 때쯤 와보면 우리 가족의 일상이 얼마나 정신없이 흘러가는지 알 수 있을 것이다. 공과금을 내고, 설거지를 하고, 세탁된 옷을 개켜 넣고, 숙제를 시키고, 아이들의 각종 연습 일정을 짜야 한다.

가족의 일상은 늘 완벽할 수 없다. 어수선한 건 물론이고 때론 일처럼 힘들게 느껴질 때도 많다. 또한 인생을 함께할 반려자로 선택한 사람이 점점 조력자 정도로만 여겨질 수도 있다. 물론 제 역할을 다하지 않거나 내가 원하는 방식대로 일 처리를 하지 않는 골칫거리로까지 여겨지진 않겠지만. 그러다 보면 꿈꾸고 희망하고 기도하고 얻고자 노력한 삶이지만 갈수록 고되고 단조롭게 느껴진다.

매일 밤 일기를 쓸 때마다 나는 베스가 아름다웠던 순간을 적극적으로 찾았다. 베스가 내게 힘이 되었거나 다정했던 순간, 공감 능력이나 인내심을 발휘했던 순간들을 말이다. 베스의 좋은 면, 아름다운 면을 기대하며 찾았다. 기대감을 끌어내니 처음부터 이미 존재했던 베스의 장점이 모두 눈에 띄기 시작했다.

물론 배우자가 제 임무를 다하지 않거나 속상한 일을 저지를 때도 있다. 그리고 그런 면은 찾으려 들면 꼭 찾아지게 마련이다. 우리 대부분은 단점을 찾는 데는 도사이기 때문이다. 그러나 단점을 찾는 대신 다른 것을 찾을 수도 있다. 배우자가 내 기대를 뛰어넘고도 남을 만큼의 노력을 있는 힘껏 기울이는 순간을 찾을 수도 있다.

같은 날 같은 경험을 하고 같은 집안일을 해도, 똑같이 정신없는 상황에서도, 관점에 따라 전혀 다른 결과가 나온다. 어떤 관점은 부부 관계에서 사랑과 기쁨을 고갈시키고 어떤 관점은 사랑과 기쁨을 극대화한다.

좋은 면을 찾으려 들면 좋은 면이 보인다.

나쁜 면을 찾으려 들면 나쁜 면이 보인다.

긍정적 태도는 연인이나 부부 관계를 완전히 바꿔놓는다. 게다가 상대에게서 좋은 면을 찾고 상대의 행동을 관찰하고 최선의 결과를 기대하며 그 과정을 기록하는 것은 삶의 다른 모든 면에서도 효과를 발휘한다. 직장에서 긍정적 기대를 실천하면 어떤 일이 벌어질까? 그것을 아이들과의 관계에 적용하면 어떨까? 아침에 자동차로 출근할 때는 또 어떨까? 그렇게 하면 오전에 잡혀 있는 회의도 달라질 수 있을까?

물론 기대감의 강력한 힘을 끌어내고 최악이 아니라 최선을 기대하는 습관을 들이려면 상당한 노력을 기울여야 한다. 그러나 최선을 찾고 기대하고 주시하고 기록하고 나누다 보면, 누구나 뿌리부터 바뀌는 경험을 하게 된다. 다시 말하지만 기대는 우리가 사는 세상을 형성한다.

놀라운 일을 기대하라. 아름다움을 기대하라. 멋진 일을 기대하라. 기쁨을 기대하라. 그리하면 보이는 것과 이후에 일어날 일이 극적으로 달라질 것이다.

잠든 기대감을 흔들어 깨우자. 그리고 앞으로 펼쳐질 모험을 즐기자.

Chapter 6

삶은 기다릴수록
즐겁다

↻

아이들을 재우는 일은 시간이 오래 걸리는 고단한 일과다. 우리 집에서 이 일과는 먼저 아이들을 욕조에 몰아넣었다가 욕조에서 내보내는 것으로 시작한다. 그런 뒤 한 명씩 물기를 닦고 잠옷을 입고 양치를 하고 머리를 빗게 한 다음, 대충 방을 정리하고 다음 날 아침에 입을 옷을 꺼내놓고 읽을 책을 고른다. 드디어 침대에 올라가면 책을 읽어주거나 재미있는 이야기를 들려준 뒤 아이와 함께 기도한다.

다시 인생을 아이처럼 살 수 있다면

즐거운 기다림은 삶을 빛내주는 등불이 된다

최근에 헨리를 재울 때의 일이다. 헨리는 어떻게든 자는 시간을 늦추려고 애를 쓰며 "이야기 하나만 더 들려주세요"를 반복했다. 그 말을 몇 번 더 받아준 뒤에야 나는 몸을 숙여 헨리의 이마에 입을 맞추고 일어나 불을 끈 뒤 방 밖으로 걸음을 옮겼다. 복도를 몇 걸음 걸었을 때 헨리의 목소리가 들렸다.

"아빠?"

나는 헨리가 잠들기를 바라면서 못 들은 척했다. 매정한 아빠라고 욕해도 어쩔 수 없다. 나는 그저 빨리 남은 세 아이를 마저 재우고 아내와 오붓한 시간을 보내고 싶었을 뿐이다.

"아빠?"

헨리가 아까보다 더 큰 목소리로 나를 불렀다.

나는 어린 아들과 잠시 시간을 더 보내고 싶은 마음과 죄책감이 뒤섞여 결국 발길을 돌렸다.

"왜 그래, 아들?"

헨리는 나를 올려다보며 말했다.

"아빠, 내 생일이 되려면 며칠 남았어요?"

헨리의 생일은 12월 7일이다. 그리고 이 대화를 한 날은 크리스마스가 2주 지난 날이었다. 나는 이렇게 말하고 싶었다. '헨리, 네 생일은 남아도 아직 한참 남았어! 이제 그만 자.' 그러나 나는 헨리의 방으로 들어가 다시 침대에 앉아 헨리의 머리를 넘겨주며 말했다.

"좋은 질문이네. 네 생일은 340일쯤 남았어."

나는 분명 헨리가 꽤 실망할 거라 생각했다. 헨리는 잠시 생각에 잠겼다. 작은 머리로 열심히 날짜 계산을 하는 게 보였다. 헨리는 다시 나를 돌아보며 말했다.

"신난다. 내일 생일 카운트다운 달력 만들어도 돼요?"

이것이 바로 즐거운 기다림의 힘이다.

아이들은 중요한 날을 손꼽아 기다린다. 다음 명절, 다음 주말, 다음 휴가, 다음 파자마 파티를 고대한다. 꼭 중요한 날만 열정적으로 기다리는 건 아니다. 오븐 앞에 앉아 초콜릿 쿠키 반죽이 잘 구워진 쿠키로 변하는 모습을 유리문으로 들여다본다. 다음 날 아침에 친구와 수영장에 가기로 한 날은 수영복을 입고 잔다. 생일이 340일 남았다는 걸 알았을 때는 열정과 환희에 가득 차 날짜를 센다.

아이들은 본능적으로 무언가를 학수고대하는 게 얼마나 달콤한 일인지 안다. 물론 아이만 그런 경험을 하는 건 아니다. 신부가 식장에 들어서서 걸어올 때 신랑의 얼굴을 본 적 있는가? 손주를 처음으로 품에 안은 사람의 표정을 본 적 있는가? 올림픽 금메달을 받기 위해 단상의 꼭대기에 올라선 선수의 미소를 본 적 있는가? 15개월간의 임무를 마치고 드디어 가족과 재회를 앞둔 군인들을 본 적 있는가?

다시 인생을 아이처럼 살 수 있다면

즐거운 기다림을 할 때 발산되는 환희의 감정은 삶의 아름다운 일부분이다. 연구에 따르면, 일정 시간 무언가를 기대하고 나면 실제 그 일에서 더 큰 기쁨을 느낀다고 한다. 카네기멜런 대학교의 경제학 및 심리학 교수이자 행동경제학 및 의사결정 연구 센터의 관장인 조지 로웬스타인George Loewenstein은 '기대의 힘'을 주제로 실험을 했다. 로웬스타인 교수는 참가자들에게 다음과 같은 질문을 던졌다. '좋아하는 사람에게 입맞춤을 받을 수 있다면 오늘 받고 싶은가, 사흘 뒤에 받고 싶은가?'

여러분은 어느 쪽을 택하겠는가? 참가자의 대다수는 사흘 뒤를 선택했다.[25] 설레는 시간을 즐기고 싶었기 때문이다. 즐거운 기다림이 무엇인지 안 것이다.

기대감이 클수록 실제 만족도도 높다

기대감은 인생을 가치 있게 만드는 요소 중 하나다. 그날 밤, 나는 헨리의 방을 나서면서 30년 전의 카운트다운을 떠올렸다. 병원에서 보낸 다섯 달 동안 나를 버티게 해준 건 즐거운 기다림이었다. 입원해 있는 동안 엄마는 매일 늦은 오후에, 아빠는 저녁나절쯤 나를 찾아왔다. 그 시간 동안에는 가족끼리 대화를 나누거나 텔레비전을 보거나 함께 앉아 있을 수 있었다. 그러나 면회 시간은 정해져 있었기 때문에 가족과 밤새 함께할 수는 없었다. 게다가 같은 병실에 있는 나머지 다섯 아이도 부모님의 손길이 필요한 나이였기에 우리는 늘 가슴 아픈 이별을 해야 했다.

시계가 천천히 오후 8시를 향해 움직이면 간호사가 병실에 들어와 면회 시간이 곧 끝난다고 알려주었다. 나는 가지 말라고 간청하고 돌아오라고 애원하다 결국 울며 잠이 들었다. 아홉 살 어린 나이에 말할 수 없이 고통스러운 아픔과 불안에 시달리며 삭막한 병원 침대에 묶인 채 매일 홀로 밤을 맞아야 했다. 밤만 되면 마치 부모님에게 버림을 받은 기분이 들었다.

그러던 어느 날, 면회 시간이 끝날 때쯤 엄마는 내게 "우리는 지금 산을 오르고 있고 곧 정상에 다다를 거야"라고 말했다. 곧 병실을 떠날 테니 이렇게 작별 인사를 할 필요가 없는 날이 올 거라고도 했다. 나는 물었다.

"그게 언젠데요, 엄마? 며칠 남았어요?"

엄마는 아빠와 눈을 마주쳤다. 한 달 넘게 병원을 들락거리며 온갖 화상 치료를 접하고 내가 어떤 고비를 넘겨야 하는지 배운 부모님은 앞으로도 피부 이식술을 십수 번 더 받아야 한다는 사실을 알고 있었다. 수술을 받고 나면 일주일의 회복 기간을 거친 뒤 다음 수술을 받아야 했다. 아빠는 벽에 걸린 달력으로 걸어갔다. 그러고는 잠시 날짜 계산을 하더니 달력을 넘기고 펜을 꺼내 5월 26일에 큼지막한 X자 표시를 하고 그 밑에 크게 '집'이라고 적었다. 그런 뒤 운명의 그날까지 며칠이 남았는지 세어보았다. 그날 이후로 나는 면회 시간이 끝날 때마다 물었다.

"몇 번만 더 작별 인사를 하면 같이 집에 갈 수 있어요?"

카운트다운은 114일부터 시작되었다. 그다음 날은 113일이었다. 밤마다 우리는 숫자가 하나씩 줄어드는 달력을 봤다. 집에 갈 꿈의 날이 점점 가까워지고 있었다. 카운트다운을 시작했다고 혼자 남는 불안이나 육체적 고통이 줄어들지는 않았다. 그러나 앞날에 대한 전망이 크게 달라졌다. 나아지리라는 목표와 꿈, 기대가 생겼다. 병실을 떠나 집에 갈 수 있다. 가족과 함께 있을 수 있다. 정상으로 돌아갈 수 있다. 이 기대감은 희망이 되었다.

5월 말 토요일 아침, 아빠는 마지막으로 내 병실에 들어섰다. 고생한 의료진에게 감사의 의미를 담아 전해줄 라이프 세이버스 사탕과 샴페인이 가득 든 휠체어도 함께였다. 축하해야 할 순간이었다. 눈물과 포옹, 건배, 웃음이 병실을 가득 채웠다.

마지막으로 병실을 떠날 때 우리 가족은 놀라지 않았다. 이미 기대하고 있었기 때문이다. 물론 즐겁게 기다린다고 해서 지금 겪고 있는 고통이나 고난이 쉬워지지는 않는다. 그러나 기다리면 보상이 따를 것이며 싸울 가치가 있다는 확신이 생길 것이다.

기대감

**"지금부터 계속 내리막길이라고 믿을 것인가,
아니면 멋진 모험이 기다리고 있다고 믿을 것인가?"**

당신 앞에 두 개의 길이 있다.

하나는 내리막길이다.

정확히는 모르지만 이 길을 내려가면

불경기와 정리해고, 질병, 실망이 기다리고 있을 것 같다.

좋은 시절은 이제 끝났다.

좋았던 시절로 다시 돌아가고 싶은 마음뿐이다.

다른 길에는 저 멀리 웅장한 산이 보인다.

정상에 올라가면 장대한 경치를 볼 수 있을 듯하다.

험한 길을 통과해야 하지만 끝까지 갈 수 있다는 믿음이 있다.

희망이 주는 무한한 힘을 원동력으로 삼으면

다시 인생을 아이처럼 살 수 있다면

목적지까지 가는 길이 힘들더라도 고생한 보람이 있을 것이다.

어떤 길을 갈지는 당신의 선택에 달렸다.

모험을 찾는 자에게는 모험이 기다린다.

평범한 삶은 없다. 글러브를 끼고 기대감의 힘을 끌어내라.

3부

몰입

"

매 순간 완전히 몰입하는
집중력을 길러라

"

몰

입

사방에 널린 생의 선물을
음미할 수 있도록
주변 세상에 완전히 집중하고 몰두하는 감각.

Chapter 1

중요한 순간을
놓치지 마라

↺

"놓쳤어요, 아빠."

토요일 아침에 다섯 살 난 아들 잭이 슬픈 말을 내 귀에 속삭였다. 나는 정신없이 이어진 일주일간의 강연 일정을 소화하고 전날 밤늦게 집에 돌아와 여독이 풀리지 않은 상태였다. 일주일 동안 여덟 개 주를 돌며 십수 번 넘게 강연을 한 터였다. 시차로 녹초가 되어서 자고 싶은 마음만 굴뚝같았다.

잭의 속삭임이 커지자 옆에 누운 아내가 뒤척였다.

"아빠, 일어나요! 놓쳤다고요!"

뭘 놓쳤다는 걸까? 야구 경기를 놓쳤나? 잭의 생일을 잊어버렸나? 아니다. 다 아니었다. 내가 놓친 건 그보다 훨씬 단순하지만 못지않게 중요한 일이었다.

결혼하고 16년 동안 베스와 나는 이사를 세 번 했다. 운 좋게도 매번 앞마당에 커다란 목련나무가 있는 집에 살았다. 나는 출장을 자주 다닌다. 벚꽃이 만발한 워싱턴에도 가봤고, 샌프란시스코 북쪽의 미국삼나무를 감탄하며 올려다본 적도 있다. 코스타리카 열대 우림 속을 걸어보기도 했고, 하와이의 야자나무 아래에서 쉬어보기도 했다. 콜로라도 산속 사시나무의 마법 같은 속삭임을 들어보기도 했다. 그래도 나는 목련나무가 제일 좋다. 특히 활짝 핀 목련꽃 아래서 가족과 함께 즐기는 시간은 무엇과도 바꿀 수 없다.

우리 집 목련나무는 봄소식을 전하는 공식 전령사다. 봄이 되면 눈부시게 아름다운 흰색, 분홍색, 자주색 꽃봉오리를 피워내고 꽃향기를 퍼트리면서 생명력을 발산한다. 잭이 나를 깨운 날 아침 나는 일주일 만에 아내와 침대에 나란히 누워 있었다. 아이들은 그새 좀 더 자랐고 베스는 좀 더 지쳐 있었다. 겨우내 잠들어 있던 앞마당의 목련나무는 이미 잠에서 깨어나 꽃봉오리를 활짝 피우고는 꽃잎을 떨어뜨렸다.

가장 소중한 것은 지금 여기, 이 순간에 존재한다

목련나무의 소생은 우리 집 아이들이 해마다 흥분하며 맞이하는

다시 인생을 아이처럼 살 수 있다면

연례행사다. 우리는 봄마다 새 생명의 탄생을 상징하는 자연의 완벽한 쇼를 구경한다. 그야말로 눈부신 장관이다. 그런데 그 장관을 모두 놓친 것이다. 직업상 출장을 자주 다닐 수밖에 없다 보니 가끔 놓치는 것들이 있다. 아마 공감하는 독자들이 많을 것이다.

어떨 때는 아무 데도 가지 않았는데 무언가를 놓치고 있는 듯한 기분이 들기도 한다. 몸은 여기 있지만 마음은 다른 데 가 있는 듯한 느낌, 주변에서는 삶이 바삐 돌아가고 있는데 나는 그 삶의 일부가 아닌 듯한 느낌이 들 때가 있다.

공원의 일상적인 풍경을 떠올려보자. 아이들은 공원에서 신나게 논다. 새로 친구를 사귀거나, 모래밭에서 놀거나, 그네를 타고 높이 날거나, 가상 놀이에 몰두한다. 좀 시끄럽고 더러워지기도 하지만 끊임없이 웃고 달리며 친구들과 어울린다. 현재를 만끽한다.

반면 공원의 옆쪽 벤치에 앉아 있는 어른들은 모두 고개를 숙인 채 화면을 두드리거나 엄지손가락으로 스마트폰 화면을 옆으로 밀거나 스크롤을 내리고 있다. 반사된 빛 때문에 짜증이 난 듯 해를 흘끗 올려다보고는 애써 화면을 보겠다며 스마트폰을 이리저리 기울이는 사람도 종종 보인다. 그들의 마음은 멀리 다른 곳에 가 있다.

공원에서만 그러는 건 아니다. 가족끼리 식사하는 자리나 모퉁이의 작은 식당에서, 혹은 공항 터미널이나 팀 회의에서도 비슷한 광경을 볼 수 있다. 몸이 있는 곳과 온정신을 쏟고 있는 곳 사이에 커다란 간극이 존재한다. 우리는 이미 수시로 알림이 울리는 소셜미디어, 이메일, 문자 메시지, 인터넷 뉴스, 모바일 게임에 중독되어 있다. 그래서인지 안 그러면 큰일이라도 나는 듯 늘 휴대폰을 손에 든 채 화면을 확인하고 답을 보낸다. 그러면서 정작 그 순간에 하고 있는 일과 함께 있는 사람을 놓친다.

인간은 동시에 여러 곳에 존재하도록 만들어지지 않았다. 지금 이 순간 발 딛고 선 곳에만 존재하도록 만들어졌다. 그 일을 가장 잘하는 건 아이들이다. 우리도 어릴 때는 그 아이들처럼 시간 개념이 없었다. 아이들에게는 오직 지금 이 순간뿐이다. 그래서 아이들은 지금 당장 하고 있는 일에 완전히 몰입한다. 옆에서 세상이 무너지고 있어도 좋아하는 일에 온정신을 쏟는다. 레고 블록을 쌓고 책을 보고 색칠 놀이를 하고 진흙을 판다. 눈앞에 펼쳐진 세상에 완전히 몰입하는 것은 아이들의 타고난 재능이다.

어른들은 어떨까? 어른들은 현재에 반쯤만 존재한다. 회의할 때는 말할 것도 없고 뭘 먹을 때나 텔레비전을 볼 때도 음식과 프로그램에 집중하지 않는다. 손에 든 전자기기에 한눈을 팔거나, 내일 일을 걱정하거나, 어제 일로 속앓이를 한다. 현재를 그냥 재생하지 않고 끊임없이 되감기를 하거나 앞으로 감기를 한다. 눈앞의 현재에 몰두하기는커녕 현재에 존재하지조차 않는다.

감탄하는 삶을 살기 위해서는 깨어나야 한다. 공원에 비치는 햇

　　　　　　　　다시 인생을 아이처럼 살 수 있다면

빛, 직장에서 하는 아이디어 회의, 퇴근하는 길을 비롯해 매 순간의 경험이 의미가 있으려면 온전히 그 순간에 집중해야 한다. 그래야만 비로소 삶의 진수를 놓치지 않을 수 있다.

사다리에 오르려 했던 그 이유를 잊지 마라

20대 후반에 몇 년 동안 시간제 병원 목사로 일한 적이 있다. 당시 한 환자를 방문한 기억이 아직도 선명히 남아 있다. 그 환자는 울혈성 심부전을 앓고 있는 노신사였다. 그날 나는 그의 침대 맡에 앉아 야구와 나빠진 건강, 지나온 인생에 대한 감회를 주제로 이런저런 이야기를 나누었다.

그는 얼굴에서 젊음이 푸릇푸릇 묻어나는 내게 인생의 조언을 해주었다.

"존, 몇 년 전이었다면 그동안 내가 이룬 것들에 대해 모두 들려줬을 겁니다. 내가 일군 사업과 성공, 그동안 쏟은 노력과 벌어들인 돈 이야기만 했을 거예요."

그는 잠시 말을 멈추고 기침을 했다. 숨쉬기가 힘들어 말을 하는 데도 엄청난 노력을 기울여야 했다.

"하지만 성공을 좇다 보니 소홀히 하는 게 생겼어요. 일에 너무 많은 시간을 할애해 정작 가족에게 신경 쓸 시간이 없었죠. 다 가족을 위해서 그런 거라고 생각했는데 그만 길을 잃고 말았습니다. 정말 중요한 걸 무시했기 때문이죠. 더 나은 삶을 살려고 애쓰다 오히려 삶을 잃고 말았습니다. 결국 아내가 떠났고 아이들과는 서먹해졌어요."

병실 가득 그의 외로움이 느껴졌다. 무어라 해줄 말이 없었다. 그는 숨을 깊이 들이마신 뒤 한숨을 내쉬었다.

"존, 나는 평생 죽기 살기로 사다리를 올라갔어요."

잠시 말을 멈춘 그는 창밖을 내다보며 말을 이었다.

"하지만 꼭대기에 도달해보니, 망할 사다리가 내가 꿈꾸던 벽이 아니라 엉뚱한 벽에 기대고 있더군요."

그의 마지막 말과 허탈한 목소리를 평생 잊지 못할 것이다. 아, 오해는 하지 마라. 나도 사다리에 오르는 걸 좋아한다. 나는 여러 기업과 협력해 기업의 매출과 수익성을 높이기 위한 강연을 한다. 우연한 삶을 지양하고 원대한 목표를 좇아 영향력 있는 삶을 살라고 독려하는 강연 말이다.

사다리를 올라가는 게 문제가 아니다. 문제는 더 높이 오르려 애쓰다 애초에 사다리를 오르기 시작한 이유와 현재 위치를 망각한다는 데 있다. 다음 발판, 다음 단계, 다음 목표에 너무 집중한 나머지 지금 이 순간의 축복을 보지 못하는 게 문제다.

거듭 강조하지만 사다리를 치우라는 뜻이 아니다. 하루하루를 어떻게 보내고 있는지, 내가 올라가려는 곳이 정확히 어디인지 관심

다시 인생을 아이처럼 살 수 있다면

을 기울이라는 뜻이다. 진정한 성공은 무엇이고, 지금 이 순간 가장 효과적으로 몰입하는 방법은 무엇인지 깊이 생각해봐야 한다. 우리에게 정말 중요한 건 지금 이 순간이다. 충분히 높이 올라가지 못할까 봐, 지금 하는 일에 실패하거나 꼭대기에서 떨어질까 봐 두려워하지 마라. 정말 두려워해야 할 것은 중요하지도 않은 일에서만 성공하는 삶이다.

몰입의 감각을 일깨워 더는 중요한 것을 놓치지 말아야 한다. 지금 이 순간을 온전히 사는 법, 사랑하는 사람과 일, 삶과 소통하는 법을 다시 배워야 한다. 시간은 유한하다. 그래서 시간을 어떻게 쓸지 결정하는 일은 매우 중요하다. 세상을 얻는 대가로 가장 중요한 것을 잃는 것보다 더 고통스러운 일은 없기 때문이다.

Chapter 2

더 나은 내일보다
행복한 오늘을 살아라

↺

젊은 사업가들을 대상으로 한 강연을 막 마친 뒤였다. 강연장을 떠나는 열정적인 참석자들과 담소를 나누고 있는데 젊은 여자가 다가왔다. 그녀는 스테파니라고 자신의 이름을 밝힌 뒤 최근에 겪고 있는 어려움을 털어놓았다.

"늘 스트레스를 받아요. 무슨 사건이 도화선이 됐는지는 모르겠는데 언제부턴가 매일 매일 세상을 어깨에 짊어지고 걷는 기분이에요."

스테파니는 고통스러운 표정으로 눈길을 돌리더니 말을 이었다.

"숨이 막혀 죽을 것 같아요."

내가 더 이야기해보라고 하자 스테파니는 자신의 일상을 설명하기 시작했다. 그녀는 새벽같이 일어나 오전 7시 15분에 회의를 하고, 점심 먹을 시간이 20분밖에 없어 도시락을 싸서 다닌다고 했다. 오후에는 더 많은 회의를 한다. 회의가 일찍 끝나면 오후 6시에 귀가하지만 일주일에 며칠은 8시까지 회의가 이어진다. 집에 오면 식구들은 이미 저녁 식사를 끝낸 뒤라 혼자 대충 저녁을 먹는다. 몇 시간 더 일을 한 뒤 다음 날 할 일을 목록으로 만든다. 그런 뒤 소셜 미디어를 잠시 확인하고는 자정쯤 잠자리에 든다.

듣기만 해도 지치는 일과였다. 스트레스를 받는 게 당연했고, 숨이 막히지 않는 게 이상할 정도였다. 그런데 그녀의 일과 설명 중 빼먹은 부분이 하나 있다. 스테파니가 오후와 저녁에 하는 회의는 예산 책정이나 영업 상담을 위한 회의가 아니다. 특별 활동과 운동 연습을 위한 모임에서 진행하는 회의다.

저녁을 먹고 나서 한 일도 IT 회사의 데이터 분석이 아니라 교과목 숙제였다. 스테파니는 승진의 사다리를 오르고 있는 기업의 임원이 아니다. 그녀는 사다리의 첫 번째 발판에 오르기 위해 집중하고 있는 고등학교 2학년생이었다. 왜 그렇게 바쁘냐고 묻자 스테파니는 스포츠를 두 개 하는 데다 여덟 개의 클럽에 가입해 활동하고 있다고 했다.

나는 스테파니에게 참여하고 있는 활동이 재미있느냐고 물었다.

"아뇨, 별로요."

"그럼 왜 그걸 다 하고 있죠?"

"좋은 대학에 가고 싶으니까요. 운이 좋으면 아이비리그에 갈 수도 있고요."

"왜 가고 싶은데요?"

스테파니는 당황한 표정으로 나를 바라보았다. 왜 답이 뻔한 질문을 하느냐는 표정이었다.

"어떤 대학을 졸업했느냐에 따라 취업 기회가 달라지니까요."

"그래서 그다음에는요?"

스테파니는 이번에도 당연한 걸 묻는다는 듯 다시 나를 빤히 바라보았다. 그리고 이렇게 말하는 것 같았다. 연봉이 높은 회사에 취직해 최고의 자리에 도달할 때까지 승진과 연봉 인상, 포상을 위해 고군분투하는 게 인생 아닌가요? 기회가 보이면 저돌적으로 달려들고 매번 성과를 올리고 경주에서 이기는 게 인생 아닌가요?

알 수 없는 미래를 위해 오늘을 희생하지 마라

그럴지도 모른다. 그러나 사다리를 쉬지 않고 오르기만 하면 대부분은 진이 빠지고 실망과 환멸을 느낀다. 열심히 사다리를 오르려 했던 이유는 잊어버리고 사다리를 올라야 한다는 사실에만 맹목적으로 매달리게 된다. 주객이 전도되는 것이다. 그러다간 결국 앞

다시 인생을 아이처럼 살 수 있다면

서 소개한 노신사처럼 무엇을 위해 그리 달려왔는지 후회하고 낙담하며 인생을 끝마치게 될 수도 있다.

세계적인 기업에 입사해 높은 연봉을 받는 게 나쁘다는 뜻이 아니다. 특별 활동은 유익하다. 그뿐만 아니라 좋은 성적을 받고 좋은 대학에 들어가서 고등교육을 받는 것도 중요하다. 일류 대학에 다니면 흥미로운 연구를 접하기 쉽고 훌륭한 동문과 인맥을 쌓을 수 있다.

그러나 내가 만난 최고의 임원들은 대부분 초라한 시작을 성공의 비결로 손꼽았다. 《포춘》 선정 100대 기업의 대표 중 아이비리그 출신이 몇 명인 줄 아는가?[26] 겨우 14명이다.

스테파니는 아직 운전도 할 수 없고 선거권도 3년 뒤에나 생기는 열다섯 살의 소녀다. 그런데 아직 어린 스테파니의 삶은 현대 사회에 급속도로 퍼지고 있는 현상을 상징적으로 보여준다. 명문대학에 들어가거나 취업을 위해 젊음이라는 놀라운 선물을 희생시켜야 한다는 잘못된 생각을 따르는 현상 말이다.

사람들은 좋은 대학이 완벽한 직장을 보장해주길 바란다. 완벽한 직장에 취업하면 완벽한 경력을 쌓을 것이고, 완벽한 경력을 쌓으면 완벽한 삶을 살 것이라 기대한다. 그러나 완벽한 내일이라는 막연한 목표를 위해 오늘 내가 진정으로 좋아하는 것을 희생하면 어떻게 될까? 지금 이 순간에 몰입해 사는 기쁨과 매일 감탄하는 삶을 살 기회가 사라진다. 그래도 괜찮은가?

물론 돈과 음식과 집은 꼭 필요하다. 이 세상에 뭔가 작은 기여라도 하기 위해 자신의 재능을 발휘하고, 나아가 보람되고 의미 있는 일을 하려면 노력이 필요한 것은 사실이다. 그러나 지나치게 앞만 보고 산다면 오늘을 감탄하며 사는 법을 잊어버리게 된다. 게다가 더 심각한 것은 이 문제가 고등학교 때 처음 시작되는 게 아니라는 점이다.

지난 몇십 년 사이 미국의 유소년 스포츠 업계에서 일어난 일을 살펴보자. 유소년 스포츠는 수십억 달러 규모의 산업으로 성장해 전미 미식축구 연맹을 능가할 정도다. 뒤뜰에서 동네 아이들과 즐기던 공놀이가 이제는 산업이 되어버렸다. 네 살 아이는 축구 클리닉에 보내고, 일곱 살 아이는 원정 경기를 다니는 스포츠 팀에 보낸다. 그러다 열 살이 되면 과사용으로 손상된 인대를 고치는 토미 존 수술을 시키는 지경이니 말이다.

사이드라인 밖에 접이식 의자를 놓고 앉은 부모들은 시간과 돈이 너무 많이 든다며 불평을 늘어놓는다. 느긋한 주말이 사라지고 가족과 함께하는 일정을 포기해야 한다고 투덜댄다. 그러나 누가 아이들을 등록시켰는가? 한 아이에게 운동을 가르치는 데 쏟아붓는 연간 비용이 만 달러나 든다. 그 돈은 누가 대고 있는가?

많은 부모가 터무니없이 막대한 시간과 자원을 유소년 스포츠에

다시 인생을 아이처럼 살 수 있다면

투자한다. 아이가 최대한 많은 걸 누리게 하고 싶은 마음이 그 이면에 자리하고 있다. 혹은 아이가 힘들게 배운 운동 기술로 장학금을 받고 체육 특기생으로 대학에 입학할지 모른다는 희망 때문이기도 하다.

그러나 고교 운동선수 중 장학금을 받아 대학에 입학하는 학생은 2퍼센트에 불과하다. 부모들은 아이가 지칠 정도로 일정표와 자유 시간을 특별 활동으로 가득 채우면서 어느 목표를 향해 가는지가 중요하다고 가르친다. 미래를 위해 오늘의 행복을 희생하라고 한다. 그러나 오늘을 희생한 아이의 미래에 정말 행복이 기다리고 있을까? 아이의 미래는 어떤 모습일까?

만난 적은 없지만 스테파니 부모님의 삶이 어떨지 한번 상상해보자. 아이들을 보살피고 맞벌이를 하려면 해가 뜰 때부터 질 때까지 잠시도 쉴 틈이 없을 것이다. 아침에 잠에서 깨자마자 급한 메시지가 없나 휴대폰을 확인한 뒤 점심 도시락을 싸고 아침을 준비해 아이들을 등교시킨다.

직장에서는 회의와 이메일, 전화 회의가 끝도 없이 이어져 애초에 그 직장을 선택한 이유였던 진짜 '일'은 할 시간조차 없다. 전화 회의를 한 번 더 마무리한 후에야 겨우 퇴근한다. 저녁을 포장해 집에 도착해서는 아이들을 식탁으로 불러 모은다. 빨리 식사를 해치우고는 숙제를 시키고 재운다. 그런 뒤 업무 이메일과 소셜미디어를 확인하며 건성으로 텔레비전을 보다가 지쳐서 쓰러지듯 침대에 눕는다.

조금 과장하긴 했지만 대체로 이런 모습일 게 뻔하다. 우리는 눈앞에 펼쳐지고 있는 지금 이 순간에 온 신경을 집중해 현재를 최대한 만끽하는 능력을 잃어버렸다. 오롯이 현재를 살지 않고 대부분 알 수 없는 어떤 미래를 염원하며 산다.

몇 년 전에 열흘 동안 가족 여행을 간 적이 있다. 일에서 완전히 손을 떼고 전자기기도 모두 꺼둔 채 아이들과 해변에서 실컷 놀았다. 어느 날은 저녁을 먹고 큰아들 잭과 '워War' 카드 게임을 치열하게 했다. 그날 잭이 나를 보며 말했다.

"아빠랑 같이 있으니까 진짜 좋아요."

나는 놀라서 멍하니 잭을 바라보았다. 단순히 내가 잦은 출장을 다니고 사무실에서 일하느라 자주 못 본다는 뜻이 아니었다. 아빠가 자신에게 전념하는 게 좋다는 뜻이었다. 열흘 동안 나는 노트북이나 휴대폰을 보지 않았고, 해야 할 일들을 신경 쓰느라 딴생각을 하지도 않았다. 오로지 잭과 나, 둘에게만 집중했다.

그 순간 정신이 번쩍 들었다. 그리고 이런 깨달음이 찾아왔다. 어딘가에 도달하는 게 중요한 게 아니라 그곳에 가기까지의 모든 순간을 제대로 경험하는 게 진정한 성공이지 않을까? 그런 의미에서 조금 다른 질문을 던져보려 한다.

'더는 못 견디겠나요?'

더는 버틸 수 없다면 흐름을 바꾸어야 한다

내가 진행하는 팟캐스트 〈영감이 있는 삶을 살라〉에 초대 손님으로 나온 톰 호어Tom Hoar 신부가 내게 한 질문이다. 톰은 알코올 중독자의 재활을 돕는 데 평생을 헌신한 사람이다. 그는 중독자가 새로운 길을 걸을 준비가 정말로 되었는지 확인하기 위해 이 질문을 던진다고 했다.

'더는 못 견디겠나요?'

톰은 아니라고 답하는 사람은 친절하게 나중에 다시 오라며 돌려보냈다. 그렇다고 답하는 사람은 재활의 길을 걷도록 곁에서 돕는다. 놀랍게도 그가 도운 사람 중 70퍼센트가 재활원을 떠난 뒤에도 술을 입에 대지 않았다고 한다.

질문에 어떤 답을 하느냐가 핵심이다. 톰은 알코올 중독이 얼마나 벗어나기 어려운지 누구보다 잘 안다. 성직자의 소명을 받들었음에도 톰은 왠지 모를 부족함을 느꼈고 그 기분을 숨기려고 혼자 있을 때 술의 힘을 빌렸다. 어느 날 밤 소방서의 당직 신부였던 톰은 다시 술을 마시기 시작했다. 그때 전화벨이 울렸다. 소방서에서 어떤 가족과 상담을 해달라는 전화였다. 상담 도중에 입에서 술 냄새가 난다는 말을 들었지만 적당히 받아넘겼다.

그날 밤 집에 돌아온 톰은 거울에 비친 자기 모습을 가만히 바라보았다. 눈 밑에는 짙은 다크서클이 내려앉은 상태였고 머리는 부스스했다. 톰은 취기가 가시지 않아 여전히 달음박질치는 심장 박동을 느끼며 빈 술병을 바라보았다. 문득 술병 밑바닥에서는 자신이 그토록 바라는 것은 영영 찾을 수 없으리라는 깨달음이 찾아왔다. 그는 거울에 비친 자신의 눈을 가만히 응시하며 물었다.

"젠장, 너 지금 뭐 하고 있는 거야?"

그날을 마지막으로 톰은 술을 입에 대지 않았다. 드디어 더는 못 견디겠는 순간이 온 것이다. 변화는 지금의 삶을 더는 버티지 못할 때 그리고 더 나은 삶을 갈망할 때 찾아온다. 중독으로는 욕구를 채울 수 없다는 사실을 깨달아야 비로소 변화가 시작된다.

사실 현대인들은 강력한 중독과 씨름하고 있다. 그것은 바로 중요하지 않은 일에 매달려 사는 중독이다. 전자기기를 통해 일과 언론, 소셜미디어에 매여 사느라 눈앞의 기적 같은 순간을 놓치고 있다. 혹시 당신도 더는 못 견디겠는가?

내일 처리해도 아무 문제없는 요청에 밤이고 낮이고 응해야 하는 삶, 사소한 일에 신경 쓰느라 일상을 박탈당하는 삶, 드디어 긴장을 풀고 가족과 오붓한 시간을 즐길 휴가만 손꼽아 기다렸는데 휴가지에서도 일해야 하는 삶, 더 나은 내일을 위해 앞만 보고 달리느라 오늘이 얼마나 행복한지 잊어버리는 삶을 더는 못 견디겠는가?

다시 인생을 아이처럼 살 수 있다면

'그렇다'고 답했다면 늘 시급한 일에 매여 사는 쳇바퀴 같은 삶에서 벗어나야 한다. 한 번에 하나씩만 집중하는 법을 배워야 한다.

Chapter 3

지금 이 순간에
몰입하라

↻

아내와 나는 형편없는 요금을 받는 우버 기사가 된 듯한 기분을 자주 느낀다. 특별 활동과 운동 연습, 놀이 약속, 학교 행사 일정에 맞춰 네 아이를 데려다주려면 세인트루이스 곳곳을 차로 누비고 다녀야 한다.

그중 내가 제일 좋아하는 시간은 아침에 아이들을 학교에 데려다주는 시간이다. 네 아이 모두 자기 자리에 안전벨트를 하고 앉으면 라디오도 다 꺼놓은 채 해돋이를 보며 차를 몬다. 아이들의 하루 일정과 계획, 친구, 일상에 관해 이야기를 나누며 오롯이 아이들에게 집중할 수 있는 시간이다.

네 아이가 깔깔 웃으며 새가 지저귀듯 신나게 수다를 떠는 날도 있고, 너무 조용해서 아이들이 잘 있는지 자꾸 뒤를 돌아보게 되는 날도 있다. 신나게 떠드는 날이든 조용히 있는 날이든 아이들이 학교에 도착하면 어김없이 하는 특이한 행동이 하나 있다. 차가 멈추고 문이 열리면 아이들은 차에서 내려 문을 닫는다. 그리고 가방을 메고 뒤로 돌아 달린다.

달린다.

학교 반대쪽으로 달리는 게 아니다. 학교를 향해 질주한다. 선생님과 예고 없는 쪽지 시험과 철자 시험이 기다리는 거대한 벽돌 건물을 향해서 말이다. 도대체 왜 달려갈까? 학교에서 얼마나 멋지고 놀랍고 흥미로운 일이 일어나기에 저렇게 빨리 들어가고 싶어 하는 걸까?

한 번에 한 가지 일만 하라

여러분의 일상은 어떤지 묻고 싶다. 이처럼 열정적인 순간이 있는지 말이다. 최근에 약속 시간에 늦었거나 탑승 시간을 놓칠 것 같아서가 아니라 순전히 기대감 때문에 달린 적이 있는지 묻고 싶다. 너무 신나고 좋아서 마구 달린 기억이 있는가?

생각해보니 최근엔 그런 기억이 하나도 없다. 그런 기억은 까마득하다. 사실 학교의 일과에는 아이들이 열정적으로 뛰어 들어가게 하는 요인이 존재한다. 바로 출석을 확인하고 쪽지 시험을 보고 수업을 듣고 나면 울리는 종소리다. 학교 종은 중요하다.

첫 번째 종이 울리면 홈룸 시간이 끝나고 과학이나 영어, 사회 수업을 들으러 이동한다. 종이 또 울리면 다른 수업을 받기 위해 교실을 옮긴다. 수업이 끝나면 쉬는 시간을 알리는 종이 울린다. 쉬는 시간이 끝나는 종이 울리면 수학이나 체육 수업을 들으러 간다. 수업이 끝나면 점심시간과 쉬는 시간을 알리는 종이 울린다. 잠시 휴식을 즐길 시간이다. 이처럼 학교 일과는 집중과 놀이, 휴식이 교차하도록 짧은 단위로 나누어져 있다.

교사들은 아이들이 한 번에 몇 시간씩 책상에 앉아 있을 수도 없고 그래서도 안 된다는 걸 잘 알고 있다. 그래서 집중적으로 공부하는 시간, 쉬는 시간, 충전을 위해 휴식을 취하고 신나게 노는 시간이 구분되도록 일과를 나누어놓는다. 아이들은 공부하고, 놀고, 쉬고를 반복한다. 아이들은 쉬면서 공부하지 않는다. 놀면서 먹으려 하지도 않는다. 한 가지 일에 완전히 몰입한 뒤 그 일이 끝나면 다음 일을 한다.

지극히 쉬운 일이지만 어른들의 현실은 전혀 다르다. 여러분이 나와 비슷하다면 아마 이메일을 확인하면서 점심을 먹을 것이다. 출근길에 운전하면서 전화 회의를 하거나 아이가 야구 연습을 하는 동안 밀린 보고서를 읽기도 할 터다. 그리고 따로 시간을 내서 쉬었

다시 인생을 아이처럼 살 수 있다면

던 게 언제인지 기억조차 나지 않을 것이다.

그런데 이렇게 한번 생각해보자. 우리 어른들이 스트레스를 받는 건 할 일이 너무 많아서가 아니라 그 일들을 온종일 하려고 애쓰기 때문이 아닐까? 어릴 때 그랬듯 한 번에 한 가지 일만 하고 그 일이 끝난 뒤 다음 일, 다음 단계, 다음 순간으로 넘어가면 생각보다 스트레스를 덜 받을 수 있다. 몰입감, 즉 한 가지 일에 완전히 집중하고 몰두하는 감각을 되살릴 수 있다.

일상의 기쁨을 가장 많이 앗아가는 건 눈앞의 일에 집중하지 않는 행위다. 잠시 멈춰 위의 문장을 다시 읽어보라. 문장이 가슴 깊이 새겨지도록 천천히 음미하라.

'일상의 기쁨을 가장 많이 앗아가는 건 눈앞의 일에 집중하지 않는 행위다.'

다중 작업을 하는 이유를 모르는 건 아니다. 대부분의 사람이 직장이나 가정, 일상에서 해야 할 일이 점점 늘어나고 있다고 느낀다. 그러나 하루는 여전히 24시간이다. 할 일은 많은데 그 일을 할 시간은 한정되어 있다. 그러니 여러 가지 일을 동시에 하는 게 낫다고 생각한다. 안 그러면 일을 다 끝내지 못할 테니 말이다.

그러나 우리의 뇌는 다중 작업을 하도록 설계되어 있지 않다. 다중 작업은 뇌 작동에 심각한 결과를 초래한다.

뇌도 휴식이 필요하다

스테파니처럼 스트레스를 받고 숨이 막히는 건 뇌가 제발 좀 쉬라고 애원하고 있기 때문이다. 스탠퍼드 대학교의 신경과학자 대니얼 레비틴Daniel Levitin은 현대인들에게 일상이 된 '과제 전환'이 이루어질 때 뇌에서 어떤 일이 벌어지는지 연구했다. 연구 결과, 뇌는 두 과제 사이를 수시로 오가야 하는 상황에 놓이면 에너지(산화된 포도당)를 훨씬 빨리 소모해 말 그대로 에너지가 고갈된다.[27] 기진맥진하고 에너지가 모두 빠져나간 듯한 느낌이 드는 데는 생리학적 이유가 있다. 뇌가 쉬고 싶어 한다는 신호다.

런던 대학교 연구진의 실험에 따르면 인지 과제를 수행하면서 다중 작업을 한 실험 참가자들은 지능지수가 크게 떨어졌다. 마리화나를 피우거나 하룻밤 잠을 자지 않았을 때만큼 지능이 감소했다.[28] 맙소사, 정말 놀라운 결과 아닌가? 그런데도 우리는 크나큰 착각을 하고 있다. 뛰어난 사람들은 누구나 다중 작업을 한다고 생각한다. 이렇게 바쁜 세상에 살면서 어떻게 한 번에 한 가지 일만 하느냐며 말이다.

그러나 뇌는 걸러야 할 정보가 끊임없이 주입되면 에너지가 완전히 고갈된다. 다중 작업을 하면 제대로 쉴 수도 없다. 조사 결과, 놀랍게도 응답자의 88퍼센트가 텔레비전을 보면서 다른 전자기기의 화면을 틀어놓는다고 답했다.[29]

다시 인생을 아이처럼 살 수 있다면

나도 마찬가지다. 평일 밤에는 보통 텔레비전을 켜놓고 업무 이메일에 답을 보낸다. 그러나 이럴 때 뇌는 쉬지 못한다. 서로 다른 두 과제를 오가며 어느 과제에 집중할지 판단해야 하므로 뇌는 더 지친다. 아무 생각 없이 멍하게 있어도 모자랄 판에 이미 지친 뇌에 스트레스를 더 얹어주는 셈이다.

　이제 이런 어리석은 행동을 멈춰야 한다. 죽을 듯 애쓰고 기어오르고 대응하는 삶을 멈추고 일상을 즐기던 시절로 돌아가고 싶지 않은가? 어릴 때처럼 매 순간에 완전히 몰입해 하루가 길고 힘든 고투의 시간이 아니라 음미할 순간들의 모음이 된다면 정말 멋질 것 같지 않은가? 이런 의미에서 우리는 아이들에게 지금 이 순간, 현재에 몰입하는 것을 배워야 한다. 우리가 아이들에게 배워야 할 새로운 삶의 방식은 다음과 같다.

　　첫째, 일할 때는 일한다.
　　둘째, 놀 때는 논다.
　　셋째, 쉴 때는 신발을 벗어 두 발을 올려놓고 뇌를 쉬게 한다.

　앞서도 말했지만, 아이들은 학교로 뛰어 들어간다. 우리도 매일 흥분으로 가득 차고 활기 넘치는 하루를 시작할 수 있다. 어린 시절의 삶의 방식을 다시 배우기만 하면 된다.

한 번에 모든 일을 다 하려 하지 말자. 한 번 잡은 일에는 깊이 몰두하는 연습을 하자. 그리고 한 번에 한 가지 일만 하자.

다시 인생을 아이처럼 살 수 있다면

Chapter 4

당신은
왜 일하고 있는가

↺

병원에 입원해 있는 동안 내 하루는 고통스러운 몇 가지 일과로 나뉘었다. 붕대를 교체하는 잔혹한 90분. 언어 치료 30분. 작업 치료 60분. 이 세 가지 일과가 끝나면 가장 고통스러운 60분간의 물리 치료가 기다리고 있었다.

심각한 부상에서 회복한 경험이 있는 독자라면 물리 치료가 얼마나 견디기 어려운 일인지 알 것이다. 나는 부상의 범위가 넓어 몸에 있는 모든 관절을 재활해야 했다. 물리 치료는 내가 다시 온전한 삶을 살 수 있게 해준 매우 중요한 치료였다. 그러나 그러기까지 극한의 고통을 견뎌야 했다.

치료사들은 나를 휠체어에 태워 치료실로 데려갔다. 그러고는 바닥에 깔린 노란색 치료 매트로 나를 옮겨 치료한 뒤 치료실에서 멀리 떨어진 청소 도구실에서 마지막 치료를 했다. 치료사들이 나를 그곳으로 데려간 건 다른 환자들이 내 비명을 듣고 놀라지 않게 하기 위해서였다.

물리 치료는 퇴원하고 나서도 1년 넘게 이어졌다. 부모님이나 부모님과 친한 분들이 병원의 물리 치료 건물에 나를 내려주고는 한 시간 뒤에 데리러 왔다. 치료사들이 내 진을 다 빼놓고 다음 희생자(물론 환자다)를 물색하러 가고 나면 드디어 내가 고대하던 순간이 찾아왔다. 고통스러운 치료를 견딜 수 있었던 건 그 순간이 있었기 때문이다. 바로 내 친구 스콧을 만나는 순간이었다.

붕대로 칭칭 감은 아홉 살 소년의 베프가 된 주차원

스콧은 병원의 주차원이었다. 나는 치료가 끝나면 붕대로 몸을 칭칭 감고 찍찍이로 휠체어에 몸을 고정한 채 물리 치료를 받느라 눈이 충혈되어 있었다. 그런 모습을 하고 자신을 데리러 올 차를 기다리는 아홉 살 소년을 보았을 때 스콧은 평소보다 더 관심을 기울여야겠다고 마음먹었다.

스콧은 나이가 아주 많았음에도(열아홉 살은 아홉 살짜리에게는 엄청 많은 나이다) 일하는 틈틈이 나와 놀아주었다. 스콧과 나는 구급차가 들락거리는 진입로에서 휠체어 옆으로 의자를 옮겨 앉아 망을 봤다. 우리는 구급차를 물리쳐야 할 적으로 설정하고는 매복해 있다가 공격할 기회를 노렸다. 스콧은 병장이라 중위인 내 명령을 따랐다. 늘 의사와 간호사, 물리 치료사의 지시를 따라야 하는 어린 소년에게는 더없이 신나는 반전이었다.

나를 태울 차가 도착하면 스콧은 놀이를 하나 더 했다. 스콧은 자기 무전기를 써보게 해주었다. 그 놀이는 나를 늘 행복하게 만들어주었다.

스콧은 내 얼굴 가까이에 무전기를 대고 말하기 버튼을 눌렀다.

"자, 통신 시작됐어. 해봐!"

그러면 나는 열의를 불태우며 외쳤다.

"본부 나와라. 본부 나와라. 여기는 조니. 지원 병력을 보내라. 적이 다가온다. 통신 끝."

무전을 받은 경비원이 화난 목소리로 "꼬마야, 무전기 꺼!"라고 야단을 치면 같이 배꼽이 빠지도록 웃었다. 그러면 어느새 나는 눈물이 마르고 얼굴 가득 환한 미소가 번졌다. 스콧은 그런 내 휠체어를 밀어 부모님의 차에 태워주고는 또 만날 날을 기다리겠다고 인사했다. 지금 생각해보면 그리 대단한 일은 아니었다. 그저 작은 친절을 베푼 것뿐이었다. 그러나 살아남으려 발버둥을 치는 어린아이에게 스콧의 친절은 큰 변화를 불러왔다.

스콧은 주말에 쓸 용돈을 벌기 위해 일하는 대학생이었다. 그러나 그 어린 나이에도 돈을 버는 게 일의 전부가 아니라는 걸 알았다. 어떤 일이든 최선을 다해 완수하면 훌륭한 일이 될 수 있고, 사소한 행동으로도 큰 변화를 이끌어낼 수 있다는 사실을 알고 있었다.

나는 일은 무엇이든 어떤 분야든 모두 중요하고 신성하다고 믿는다. 그러나 잡무에 휩쓸리다 보면 정작 삶에 꼭 필요해 관심을 기울여야 하는 일은 소홀히 하게 된다. 가끔은 일상적인 일에 관심을 끄고 삶에 진정한 변화를 불러오는 일에 집중해야 한다. 자부심을 높여주는 일 말이다.

어릴 때 학교에서 무언가를 만들고는 신이 나서 집에 가져온 기억이 있는가? 가방에서 직접 만든 작품을 꺼내 부모님에게 보여주며 뭐라고 말했는가?

"내가 만든 것 좀 보세요!"

우리 아이들도 학교나 식탁에서 무언가를 만들 때마다 늘 그 말을 한다. 함박미소를 머금고 자기가 그린 그림을 건네며 무슨 그림인지 열심히 설명한다. 그러고는 내가 칭찬을 하면 뿌듯함으로 온 얼굴이 환해진다. 아이들은 자기 작품에 자랑스레 제 이름을 적는다. 최근에 이렇게 깊은 만족감을 느끼며 퇴근한 적이 있는지 생각해보자. 서류를 완성하고 맨 밑에 자기 이름을 입력한 뒤 상사나 비서, 동료에게 달려간다. 그러고는 서류를 책상에 탁 내려놓으며 주

먹을 불끈 쥐고 흔들며 이렇게 말한 적이 있는가?

"짜잔! 엑셀 스프레드시트는 이렇게 만드는 거지!"

"피타고라스 정리는 이렇게 가르치는 거라고, 친구!"

"오후 근무조와 환자 인수인계는 이렇게 하는 겁니다!"

왜 이렇게 하면 안 되는 건가? 왜 이런 말은 흔히 하는 말이 아니라 웃기는 말이어야 하나?

2017년 갤럽 여론 조사에 따르면 직장에서 열정적으로 일하고 있으며 일이 진척되면 신이 난다고, 즉 업무에 몰입하고 있다고 답한 사람은 응답자의 33퍼센트에 불과했다.[30] 이 통계는 점점 더 많은 시간을 일하는 데 쏟고 있음에도 대부분 일에 몰입하지 못하고 있다는 것으로 해석된다. 다시 말해 일하는 시간은 늘었지만 성취도는 줄었다는 뜻이다. 이는 감탄하는 삶은커녕 에너지가 고갈된 삶을 초래할 뿐이다.

바쁜 일 대신 중요한 일을 하라

마틴 루서 킹 주니어는 일의 신성한 가치와 관련해 의미 있는 연설을 했다. 각자가 하는 일이 얼마나 큰 의미를 지니고 있는지 상기시키는 연설이었다.

평생 할 일을 발견했다면 최선을 다해서 하세요. 산 자와 죽은 자, 뱃속의 아기를 통틀어 누구도 그보다 더 잘할 수 없을 만큼 그 일을 잘 해내세요. 어떤 일을 하든 절대 하찮게 여기지 마세요. 무슨 일이든 인류의 발전에 보탬이 된다면 그 일은 우주적 의미를 지닙니다. 도로 청소부가 되었다면 라파엘로가 그림을 그리듯, 미켈란젤로가 대리석을 조각하듯, 베토벤이 곡을 만들듯, 셰익스피어가 시를 쓰듯 거리를 청소하세요. 하늘과 땅의 모든 존재가 "빗자루질을 아주 잘한 위대한 도로 청소부였다"고 인정할 만큼 있는 힘을 다해 거리를 청소하세요. [31]

무슨 일을 하든 아주 잘 해낸다면 그 일은 우주적 의미를 지닌다. 얼마나 멋진 말인가. 여러분은 지금 하는 일을 그렇게 하고 있나? 영업을 할 때, 건물을 관리할 때, 중간 관리자로서 일할 때 라파엘로가 그림을 그리듯 하고 있나?

그렇지 않다면 왜 그러지 못하는가? 다른 일에 정신이 팔려 정작 지금 하는 일에 내재된 즐거움과 영향력을 누리지 못하는 사람들이 있다. 이런 사람들은 자신이 하는 일의 소명을 받들어 그 일에 완전히 몰입하지 못한다. 다른 종류의 일, 즉 타인의 선망을 받고 명성을 높이는 일에 집착하면서 스테파니가 그랬듯 의미보다 사회적 지위를 추구한다. 그러나 연구에 따르면, 직업 만족도를 가장 잘 보여주는 지표는 일의 종류가 아니라 그 일이 중요하다는 확신이었다.

다시 인생을 아이처럼 살 수 있다면

미시간 대학교의 연구진이 최근 조사한 연구 결과를 발표했다. 자신이 하는 일이 치료의 일부라고 생각하는 병원 청소부는 단순히 청소만 하러 다니는 청소부보다 자기 일에 훨씬 열정적이었다. 자신이 병을 치료하는 과정에서 중요한 역할을 한다고 믿는 청소부는 매일 의미 있는 일을 한다는 생각으로 출근했다.[32]

관점이 달라진다고 하는 일이 달라지지는 않는다. 그러나 자신이 하는 일의 가치와 영향력을 알면 일의 만족도가 높아진다. 반면에 그저 공과금을 내고 먹고살기 위해 하는 일이라고 생각하면 그 일은 고역으로 느껴진다.

화상 치료를 받을 때 내가 입원한 병원의 의료진과 청소부와 주차원은 모두 자신이 맡은 일을 잘 알고 있었으며, 잘할 뿐 아니라 그 일을 사명으로 받아들였다. 자기가 하는 일이 매우 중요하다는 걸 인지한 것이다. 내가 살아남은 건 그 덕분이었다.

이는 의료계에 한정된 것이어선 안 된다. 모든 업계에서 일의 근본적인 의미를 다시 되새겨야 한다. 우리가 매일 하는 일로 타인의 삶을 바꿀 수 있다는 진리는 여전히 유효하다. 이처럼 의미 있는 일에 몰두하려면 '가치가 낮은 쓰레기' 같은 일에 집중하는 시간을 줄여야 한다.

'가치가 낮은 쓰레기'는 내 친구인 줄리엣 펀트Juliet Funt가 쓰는 표현이다. 줄리엣은 '화이트스페이스 앳 워크Whitespace at Work'의 대표인데, 이곳은 직장에서 시간을 잘 활용해 일에서 즐거움과 만족감을 더 많이 얻을 수 있도록 돕는 일을 하는 회사다.

화이트스페이스, 즉 여백은 '다음 활동으로 넘어가기 전에 잠시 취하는 전략적 휴식'이다. 줄리엣은 걸려온 전화에 즉시 회신을 하고 답 메일을 보내고 회의에 참석하는 등 외부의 요청에 끊임없이 응하기만 하며 하루를 보낼 필요가 없다고 주장한다. 그보다는 잠시 멈춰 여백의 시간을 가질 것을 권한다. 그러면 변화를 불러오는 일, 깊이 몰입할 수 있는 진정으로 중요한 일에 다시 집중할 수 있다고 조언한다.

나는 그녀의 조언을 들은 뒤로 여백이 있는 삶을 실천하고 있다. 업무를 전환할 때가 되면 잠시 일을 멈추고 바깥과 통하는 사무실의 유리문을 연다. 그러고는 불어오는 산들바람을 느끼고 나뭇잎이 바스락거리는 소리를 들으며 대다수가 직장에서는 좀처럼 하지 않는 '생각'을 한다.

아마 다들 이상하다고 생각할 터다. 처음에는 나도 불안했다. '이러다 직원이 들어오면 어쩌지? 내가 생각하느라… 시간을 허비하고 있는 걸 보면… 안 되는데.' 그러나 생각이 흘러가는 대로 두면 얼마나 큰 힘이 생기는지 곧 깨달았다.

애초에 지금 하는 일을 분석할 여유가 없다면 어떻게 그 일을 더 잘할 방법을 떠올리겠는가! 그래서 이제 나는 생각할 여유 시간을

다시 인생을 아이처럼 살 수 있다면

갖는다. 타인에게 영향을 미칠 더 나은 방법을 구상하거나, 팟캐스트에 출연시킬 멋진 초대 손님을 고르거나, 사람들을 더 잘 이끌고 더 좋은 글을 쓰고 더 바람직한 꿈을 꾸는 법을 고민하는 일에 죄책감 없이 충분히 시간을 투자한다.

사실 일을 할 때는 그냥 계속 바쁘게 움직이기보다는 효율과 생산성을 높이는 것을 목표로 삼아야 한다. 우리는 흔히 활동성과 생산성을 비슷하거나 심지어 같다고 생각한다. 그러나 이 둘은 완전히 다르다. 활동성이 높은 사람은 계속 바쁘게 일한다. 단 회신해야 할 전화나 참석해야 할 회의를 하나씩 처리하거나 이메일에 즉시 답을 하는 등 '가치가 낮은 쓰레기' 일만 하느라 바쁘다.

반면 생산성이 높은 사람은 중요한 일에서 가시적인 성과를 낸다. 대부분 활동성을 높이느라 허비하는 날이 너무 많을 것이다. 그러나 진정으로 훌륭한 결과와 깊은 만족감을 얻으려면 생산성을 높여야 한다. 중요한 것은 활동성이 아니라 '생산성'이다.

실제로 많은 기업에서 직원들이 중요한 일에 몰입하도록 돕고 있다. 2008년 인텔은 '조용한 화요일'이라는 프로그램을 시험 운영했다. 일정 수의 직원을 대상으로 매주 화요일 오전 네 시간 동안은 이메일 알림을 끄고, 전화는 음성 사서함으로 돌려놓고, 문을 닫게 하는 프로그램이었다.

그 시간 동안 해당 직원들은 고도의 집중력과 창의성을 요하는 과제에 몰두할 수 있었다. 창의적인 일을 하지 않는 직원들도 끊임없이 들어오는 요청에 응할 때보다 여백의 시간을 가졌을 때 업무 일정을 더 잘 통제할 수 있었다고 답했다. 결국 인텔은 이 프로그램을 전 직원에게 확대했다.[33]

베이스캠프BaseCamp의 대표이자 『리워크Rework』의 저자인 제이슨 프라이드Jason Fried도 직원들에게 여백의 시간을 확보해주려 노력한다. 그는 여백의 시간이 없으면 그가 말하는 '깊이 있는 일'에 접근할 기회가 절대 생기지 않는다고 믿는다. 제이슨은 여백의 시간을 가질 때의 마음 상태가 렘수면 상태와 비슷하다고 말한다.

"여백의 시간을 가질 때 좋은 생각이 떠오르지만 그 상태가 되려면 시간이 걸립니다. 바로 그 상태로 바뀌지는 않죠. 게다가 도중에 방해를 받으면 그때마다 다시 처음부터 시작해야 합니다."[34]

완전히 몰입해서 한 일은 자긍심이 느껴지고 그 일의 결과물을 냉장고에 붙여놓고 싶어진다. 몸과 마음을 다 바쳐서 한 일, 깊이 있고 의미 있게 느껴지는 창의적인 일은 스스로도 자랑스럽다. 활동성만 높이는 잡무가 끊임없이 쏟아지면 주의가 분산되어 그런 중요한 일을 할 수 있는 마음 상태가 되기 어렵다.

쏟아지는 잡무의 악순환에서 벗어나야만 내가 하는 일이 중요하다는 확신을 가질 수 있으며 뿌듯함에 온 얼굴이 환해지는 일을 할 수 있다. 냉장고에 붙여둘 가치가 있는 그런 일 말이다.

다시 인생을 아이처럼 살 수 있다면

자기 이름을 걸 수 있다는 것

이쯤에서 내가 사랑하는 브라이언 버피니Brian Buffini라는 남자의 이야기를 들려주려 한다. 브라이언의 가문은 5대째 페인트 업체를 운영했다. 고등학교에 다니면서 브라이언은 할아버지 밑에서 일하기 시작했다. 할아버지는 엄격한 업무 감독이었다. 그리고 사업을 키우려면 최대한의 능력을 발휘해 지금 하는 일을 완수해야 한다는 사실을 잘 아는 분이었다. 무슨 일이든 다음 일로 넘어가기 전에 제대로 최선을 다해 마무리해야만 평판이 높아지고 단골 고객을 확보할 수 있다고 믿었다.

퇴근할 때쯤 직원들이 그날의 작업을 끝냈다고 보고하면, 브라이언의 할아버지는 작업실에서 결과물을 둘러본 뒤 단순하지만 비범하고 강렬한 질문을 던졌다.

"이 일에 자네 이름을 걸 수 있나?"

바닥은 쓸었나? 보호 테이프는 조심해서 제거했나? 쓰레기는 버렸나? 버피니의 이름을 당당히 걸 수 있을 만큼 완벽히 마무리했나? 5대째 가업을 이어온 우리 가문의 명성이 달린 문제였다. 만일 버피니의 이름을 걸 수 있을 만큼 완벽한 작업이 이루어지지 않았다면, 직원들은 일을 마칠 수 없었다. 버피니 가문의 이름은 최고의 기준을 통과한 결과물에만 새길 수 있었기 때문이다.

브라이언은 고집스럽게 탁월함을 추구하는 할아버지의 헌신을 가슴 깊이 새긴 채 열아홉 살에 단돈 백 달러를 들고 미국으로 이민을 왔다. 할아버지의 철학은 그가 미국에서 자리를 잡는 데 큰 도움이 되었다. 브라이언은 인맥이나 자본이 전무한 상태에서 시작해 미국 최고의 부동산 중개인으로 성장했다. 성공의 비결을 묻는 중개인이 너무 많아지자 브라이언은 새로운 정점에 오르는 법을 체계적으로 지도하기 시작했다. 브라이언이 창립한 코칭 회사는 지금까지 300만 명 이상의 중개인에게 사업을 한 단계 발전시키는 전략을 가르쳤다.

그의 전략은 '내 이름을 걸고 하겠다'는 마음가짐에서 시작한다. 자기 이름을 건다는 건 곧 고객에게 내놓을 상품의 품질에 집중한다는 뜻이다. 고객의 앞날에 완벽하게 어울리는 집을 찾을 방법을 끊임없이 고민한다는 뜻이다. 무엇을 하든 최고의 결과를 내놓으려 노력하고 사소한 일에도 최선을 다한다는 뜻이다. 이와 같은 헌신은 타인의 삶을 바꿔놓는다. 일 자체를 신성하게 만들고 그 일이 끝나고 나서도 계속 이어지는 파문을 일으킨다.

몇 년 전 베스와 저녁을 먹으러 갔다가 이 파문이 얼마나 오래 지속될 수 있는지 새삼 깨달은 적이 있다. 제일 좋아하는 식당에 간 그날, 베스와 나는 베스의 옛 동료를 우연히 만났다. 베스가 동료와 수다를 떠는 동안 나는 동료의 남편인 스콧과 인사를 나눴다.

스콧은 재미있다는 듯한 표정을 지으며 물었다.

다시 인생을 아이처럼 살 수 있다면

"혹시 세인트존스 병원에서 치료받은 적 있어요?"

나는 놀란 표정으로 그를 바라보았다.

"있는데요. 왜 그러시죠?"

나이가 지긋해 보이는 스콧은 미소를 지으며 이야기를 들려주었다.

"오래전에 거기에서 주차원으로 일한 적이 있어요."

순간 심장이 덜컹 내려앉았다. 스콧은 눈빛이 달라진 나를 보며 말을 이었다.

"몇 년 동안 도운 수천 명의 환자 중에 지난 30년 동안 한 번도 잊어본 적 없는 아이가 있어요. '조니'라는 어린 남자애였죠."

스콧은 나를 바라보며 물었다.

"혹시, 당신인가요?"

나는 고개를 끄덕이며 말했다.

"맞습니다. 다시 만나 반갑다, 스콧 병장."

우리는 웃음을 터트리며 껴안았다. 놀랍게도 30년 전의 그 끈끈한 유대감이 고스란히 되살아났다. 나는 무전기를 갖고 논 그 시간 덕분에 물리 치료의 고통을 극복하고 동심을 잃지 않을 수 있었다고 고백했다. 덕분에 회복 기간이 길어지면서 생겨난 우울감을 잠시 걷어내고 고된 치료와 통증은 물론이고 다음 날 또다시 그 힘든 치료를 받아야 하는 현실을 잠시나마 잊을 수 있었다고 말했다.

나는 그의 이름을 한 번도 잊은 적이 없었다. 그의 친절도.

그날 밤 스콧과 헤어지고 나서 스콧이 내 삶에 얼마나 큰 영향을 미쳤는지 또 한번 베스에게 말했다. 그러면서 스콧이 내 욕구를 포착하고 채워줄 수 있었던 이유를 비로소 깨달았다. 스콧은 바쁘기만 하고 가치는 낮은 잡무나 할 일 목록에 연연하지 않았다. 활동성이 가장 높은 직원은 아니었던 셈이다. 그 대신 현재에 완전히 몰입해 관심을 기울여야 할 신성한 일을 알아보았다.

할 일 목록과 중요하지 않은 일은 잠시 제쳐두고 지금 이 순간에 깊이 몰두해 신성한 일을 발견할 준비가 되면 어떤 힘이 생길까? 상황이 아무리 끔찍해도 희망을 품고, 웃고, 무전기로 지원 병력을 요청해도 된다는 사실을 깨우쳐주어야 할 어린 소년을 알아보는 눈이 생긴다.

단, 그런 발견을 하려면 여유가 있어야 한다. 바쁜 일은 잠시 놓아두고 대신 중요한 일에 집중하라. 그리고 그 일에 모든 것을 쏟아부었다면 이제 그만 손을 떼고 냉장고에 붙일 자석을 준비해야 한다. 왜 그래야 하는지 궁금한가? 일이 인생의 전부가 아니기 때문이다. 인생에는 다른 할 일이 있다. 수업이 끝나는 종소리를 놓치지 않는다면 말이다.

일할 때는 일을 하고, 모든 것을 쏟아 붓자. 용감하게 앞장서고 과감하게 사다리를 올리자. 강력한 영향력을 미치고, 화끈한 성공

다시 인생을 아이처럼 살 수 있다면

의 맛을 맛보아라.

그러나 종이 울리고 근무시간이 끝나면 다른 것을 할 시간임을 인지해야 한다. 컴퓨터를 끄고 전화기를 치우고 책상에서 일어나 출구로 달려가라. 이제 놀 시간이다.

어른에게도
쉬는 시간이 필요하다

↺

하와이에 도착하니 이미 밤이었다. 그래서 다음 날 아침 일어나자마자 침대에서 뛰어내려 호텔의 커튼부터 걷었다. 창밖으로 아름다운 바다가 펼쳐졌다. 하루만 있다 가는 일정이었지만 몸이 근질근질했다. 내가 사는 미주리에는 하와이의 해변이 없지 않은가. 얼른 산책하러 나가 바닷물에 발가락이라도 담그고 싶었다.

나는 아쉬운 마음을 달래며 아침 회의를 하러 회의실로 향했다. 콘퍼런스를 앞두고 만반의 준비를 하기 위해 며칠 전에 도착한 주최 측 담당자들을 만나기 위해서였다. 나는 신나는 발걸음으로 회의실에 들어서며 물었다.

"안녕하세요! 물은 어때요? 해변이 참 멋져 보이던데 실제로도 그런가요?"

담당자들은 당황한 표정으로 나를 빤히 바라보았다. 누구나 인정하는 낙원에 와 있으면서도 신발과 재킷을 벗고 모래사장에 들어간 사람은 아무도 없었다. 서둘러 회의 준비를 하느라 다들 너무 바빴다. 엎어지면 코 닿을 데 있는 태평양을 창밖으로 내다보는 사람조차 않았다.

극적인 도약은 일할 때가 아니라 놀 때 일어난다

콘퍼런스는 일정이 빡빡하다. 각각의 날짜에 끼워 넣어야 할 일정이 차고 넘친다. 하지만 학교는 다르다. 하루 시간표 중에 아이들에게 가장 중요한 시간이 언제인 줄 아는가? 힌트를 주자면 수학이나 과학 시간은 아니다. 읽기나 쓰기 시간도 아니다. 바로 쉬는 시간이다. 쉬는 시간은 중요하다. 열심히 놀고 나면 수업 때 훨씬 효과적으로 공부할 수 있기 때문이다.

텍사스주의 한 학교는 이 사실을 직접 체험했다. 미국에서는 많은 아이가 주의력 결핍 과다 행동 장애(이하 ADHD)를 앓는데 발병 시기가 점점 어려지고 있다. 대부분의 미국 학교에서 ADHD로 수업 시간에 집중하지 못하는 학생들을 관리하느라 애를 먹고 있는데 이 학교 역시 예외는 아니었다.

이 문제를 개선하고자 학교 측은 일과에 쉬는 시간을 늘려 학습 결과를 개선하는 시범 프로그램을 시행하기로 했다. 초등학생은 45분 수업이 끝날 때마다 15분간 밖에서 자유롭게 놀게 하는 핀란드의 학제를 참고했다. 원래 20분만 쉬었던 유치원생과 1학년생들에게 매일 네 번 15분씩 쉬게 하고 점심시간도 따로 주었다.

교사들은 처음에는 수업 시간이 줄어들어 계획대로 진도를 나가지 못할까 봐 걱정했다. 그러나 프로그램을 시행한 지 반년쯤 지나자 한 1학년 교사는 예정보다 진도를 '훨씬 앞서가고 있다'고 보고했다. 어떻게 그럴 수 있었을까? 수업 시간이 줄었는데도 뒤처지기는커녕 어떻게 더 빨리 진도를 나갈 수 있었던 걸까?

그럴 만한 이유가 있었다. 학생들의 집중력이 높아졌기 때문이다. 학생들은 덜 꼼지락거렸고 교사와 눈도 더 잘 마주쳤다. 수업 시간의 생산성이 훨씬 높아진 것이다. 이 프로그램을 개발한 전문가에 따르면 쉬는 시간의 횟수가 늘어나자 여러모로 긍정적 변화가 관찰되었다. 주의 집중력과 학업 성취도, 출석률이 높아졌고 행동 장애는 줄었으며 창의성과 사회성이 향상되었다.[35] 구름사다리에서 좀 더 놀게 했을 뿐인데 나쁘지 않은 결과다.

미국 소아과학회의 쉬는 시간 관련 지침을 작성한 오하이오 주립대학교의 소아의학 교수인 밥 머리Bob Murray는 이렇게 말한다.

"아이가 과제에 계속 집중하길 바란다면 즉 습득한 정보를 기억에 잘 저장하길 원한다면 주기적으로 쉬는 시간을 줘야 합니다."[36]

아이들은 놀아야 잠재력을 최대한 발휘할 수 있다.

어른도 마찬가지다.

직업적으로 극적인 도약을 하는 경우는 대부분 평소보다 열심히 일할 때가 아니라 잠시 그 일에서 벗어나 놀 때다. 휴식을 취하면 뇌가 문제를 해결할 새로운 접근법을 찾는 데 필요한 상태로 변한다. 몇 가지 예를 들어보자.

전기 기술자인 조르주 드 메스트랄George de Mestral은 어느 날 잠시 일을 멈추고는 개를 데리고 숲에서 산책을 했다. 집에 돌아온 조르주는 자신의 바지와 개의 털에 잔뜩 붙은 작은 녹색 씨앗을 떼어내느라 애를 먹었다. 그 씨앗은 풀로 붙인 듯 섬유에 단단히 들러붙어 좀처럼 떨어지지 않았다.

평소 사물의 작동원리를 분석하는 취미가 있었던 조르주는 씨앗을 하나 떼어내 현미경으로 관찰했다. 씨앗은 매우 작은 갈고리 모양의 가시로 둘러싸여 있었다. 이 갈고리가 지나가는 생명체의 섬유나 털에 박혀 떨어지지 않은 것이다. 조르주가 이날의 발견을 바탕으로 발명한 것이 바로 찍찍이인 벨크로다.

알렉산더 플레밍Alexander Fleming은 각종 감염을 일으키는 박테리아인 포도상구균을 연구하다 몇 주 동안 가족 여행을 떠났다. 여행을 마치고 돌아오니 실험실의 배양 접시에 웬 곰팡이가 자라나 있었고, 그 곰팡이의 주변에 있던 포도상구균은 모두 죽어 있었다. 플레밍은 후에 이 곰팡이에 페니실린이라는 이름을 붙였다. 이 우연한 발견으로 항생제라는 새로운 차원의 약이 개발되었고 덕분에 수백만 명의 생명을 구할 수 있었다. 이 일로 플레밍은 노벨상을 받았다.

노벨상 수상자인 올리버 스미시스Oliver Smithies는 놀기 좋아하는 과학자로 유명하다. 데이비드 앱스타인은 그의 책에서 스미시스의 창의적 습관을 설명했다.

"올리버 스미시스는 그의 표현을 빌리자면 '토요일 아침 실험'을 하는 동안 늘 중대한 발견을 했다. 그 시간에는 아무도 없이 혼자 놀았다. 그는 '토요일은 이성적이지 않아도 되는 시간입니다'라고 말했다."[37]

노는 시간은 직업이나 나이를 막론하고 누구에게나 필요하다. 놀면서 좋아하는 활동에 몰입하다 보면 자기비판을 멈추고 마음 편히 즐기는 상태, 즉 창의성이 자유롭게 흐르는 상태가 된다. 획기적인 발견이 이루어지는 건 바로 그때다.

아이처럼 자유롭게, 아이처럼 몰입해서

우리 회사의 회의실에는 내 친구 러셀 어윈Russell Irwin이 만든 아름다운 작품이 걸려 있다. 작품명은 〈이글거리는 불길Ablaze〉이다.

다시 인생을 아이처럼 살 수 있다면

몇 년 전 나는 그에게 내가 지나온 여정과 인간의 무한한 잠재력을 상징하는 작품을 의뢰했다. 살면서 역경에 부딪혀 상처받고 멍들더라도 그 경험은 절대 헛되지 않으며 최고의 순간은 아직 오지 않았다는 진리를 반영한 작품을 갖고 싶었다. 러셀과 나는 몇 차례 만나 작품의 방향을 두고 대화를 나눴다. 그리고 몇 달 뒤 완성작을 본 순간 나는 작품에서 눈을 떼지 못했다.

예상보다 훨씬 웅장했다. 러셀의 작품은 멀리서 언뜻 보면 빛을 발산하는 태양을 유화 물감으로 그린 듯 보인다. 그것만으로도 대단히 아름답지만 자세히 보면 첫눈에는 놓치기 쉬운 복합성과 아름다움, 고통, 구원의 메시지가 보인다.

이 작품은 유화가 아니라 수천 조각의 색종이를 풀로 꼼꼼히 붙인 뒤 그 위에 또 다른 색종이를 덧붙인 그림이다. 러셀은 풀이 다 마른 뒤 마스크를 쓰고 벨트식 사포 연삭기로 겹겹의 종이를 제거하는 방식을 썼다. 지저분하고 시끄럽고 지루한 과정이었다. 그러나 전문가의 세심한 손길을 받고 나자 다른 그림에서는 절대 볼 수 없는 이미지가 드러났다.

러셀의 그림은 가까이에서 보면 무질서하고, 마구 찢기고, 망가져 보인다. 하나의 완성된 형태로 보이지 않는다. 그러나 한 걸음 물러나서 보면 눈부시게 아름다운 이미지가 모습을 드러낸다. 지금은 내 사무실 벽을 아름답게 장식하고 있다. 나는 이 놀라운 작품을 보면서 어떻게 이런 신선한 작법을 생각해냈느냐고 러셀에게 물었다.

러셀은 웃으며 사연을 들려주었다. 영감이 떠오르지 않아 붓이 좀처럼 나가지 않던 어느 날, 러셀은 우울한 기분으로 작업실을 나섰다. 집에 도착하니 열두 살짜리 딸 애슐리가 주방 식탁에 앉아 판지를 찢어 풀을 발라 큰 종이에 붙이고 있었다. 러셀은 조각나고 짓이겨지고 끈적거리는 종잇조각들이 모여 아름다운 작품으로 탄생하는 모습을 뒤로 물러나 지켜보았다.

"이렇게 하는 건 어디서 배웠니?"

러셀이 새로운 기법에 감탄하며 어디서 배운 건지 묻자 애슐리는 의아한 표정으로 러셀을 쳐다보며 답했다.

"배운 거 아니에요. 그냥 내 마음대로 하는 건데."

그러고는 다시 신선하고 독창적이고 새로운 작품을 만드는 창작 활동에 몰두했다.

수업 시간에 배운 게 아니었다. 교과서에서 배운 것도 아니었다. 애슐리는 실험적 놀이라는 바로 그 행위를 통해 완전히 새로운 걸 창조해냈다. 애슐리 스스로 터득하고 찾아낸 것이었다. 그리고 아빠의 작업을 극적으로 뒤바꿔놓을 기법이었다. 무엇보다 애슐리는 그 순간에 즐겁게 몰입했다.

다시 인생을 아이처럼 살 수 있다면

최고들은 '재미'에 집중한다

어떤 과제에 목적의식 없이 시간 가는 줄 모르고 몰입하면 흐름을 타게 된다. 악기를 연습하거나 스포츠를 할 때 혹은 아이들이 자기가 만든 상상 게임에 몰입했을 때 발생하는 현상이다. 흐름은 하나의 대상에 레이저처럼 초점이 맞춰지는 상태를 뜻한다. 이 상태가 되면 자기 자신을 주시하고 충동을 억제하는 전전두엽피질이 일시적으로 작동을 멈춘다. 타인의 시선에 신경 쓰는 뇌의 귀찮은 기능이 꺼지는 것이다. 그래서 흐름을 타면 자신에게 관대해지고 더 과감한 행동을 취할 수 있다. 당연히 창의성도 높아진다.[38]

그러나 흐름을 타려면 하고 있는 일에 푹 빠져야 한다. 이메일이나 문자 메시지, 전화의 방해를 계속 받으면서 흐름을 탈 수는 없다. 흐름을 타면 바로 제이슨 프라이드Jason Fried가 그의 직원들에게 장려했던 '깊이 있는 일'을 할 수 있다. 마음을 온통 빼앗기는 창의적인 일은 사실 놀이와 그리 다르지 않다. 저명한 심리학자 장 피아제Jean Piaget는 이렇게 말했다.

"놀이는 '새로운 것은 어떻게 생겨나는가?'라는 질문의 답이다."

감탄하는 삶을 살려면 놀이의 진정한 의미를 다시 되새겨야 한다. 왜 창밖을 내다보고, 어서 오라고 손짓하는 바다의 부름에 응하고, 모래사장에 발을 디뎌야 하는지 깨달아야 한다. 영화관에 가거나 보드게임을 하거나 주말에 파티에 가는 것만이 놀이가 아니다.

재미와 탐구, 해방감을 줄 수 있다면 무엇이든 놀이가 된다. 또한 놀이는 푹 빠져 시간 가는 줄 모르는 행위다.

놀이는 리더십을 좌우하는 매우 중요한 요소이기도 하다. 역사학자 도리스 컨스 굿윈Doris Kearns Goodwin은 이와 관련해 좋은 사례를 들었다. 굿윈은 이 시대의 가장 권위 있는 대통령 전기 작가로 손꼽힌다. 가장 최근의 책에서 굿윈은 전직 대통령 네 명의 리더십 유형을 분석했다. 네 대통령은 모범적인 리더십을 발휘한 것 외에도 공통점이 하나 있었다. 바로 놀이의 중요성을 인지하고 있었다는 점이다.

에이브러햄 링컨도 놀이를 매우 즐겼다. 굿윈이 이전에 저술한 링컨의 전기에는 링컨이 연극을 얼마나 사랑했는지 지켜본 비서관의 진술이 기록되어 있다.

"대통령 임기 중 가장 힘든 시기에, 연극에 몰입하는 시간처럼 링컨에게 큰 휴식과 회복을 선사한 시간은 없었습니다. 링컨 대통령은 연극을 보며 평소와 다른 생각을 할 수 있었고, 그로 인해 가장 확실한 위안을 얻었습니다."[39]

휴식과 회복과 위안을 얻을 수 있다니, 구미가 당기지 않는가? 주말을 꼭 온천에서 보내야 휴식과 회복과 위안을 얻을 수 있는 건 아니다. 무슨 놀이를 하든 놀 시간을 따로 내기만 하면 된다.

시어도어 루스벨트도 그 점을 알고 있었다. 잘 알려져 있다시피

다시 인생을 아이처럼 살 수 있다면

그는 매일 오후에 수영을 했다. 그와 12촌 지간인 또 다른 전직 미국 대통령 프랭클린 델러노 루스벨트는 파티를 열었다. 이들은 여러분이나 내가 상상도 못 할 막중한 책임을 진 미국의 가장 중요한 지도자였다. 그러나 가장 힘든 시기에도 재미를 위한 시간을 확보했다. 아니 가장 힘든 시기였기에 특히 더 그 시간을 즐겼다.

굿윈은 그의 책에 이렇게 밝혔다.

"링컨은 남북 전쟁 때 툭하면 극장에 갔고, 프랭클린 루스벨트는 2차 세계대전이 벌어지고 있는 와중에도 읽은 책에 관한 이야기와 잡담만 할 수 있는 칵테일 파티를 밤마다 즐겼다. 그리고 시어도어 루스벨트는 매일 오후에 두 시간씩 운동을 했다. 그런데도 놀이를 일과에 포함할 여유가 없다고 한다면 그건 핑계에 불과하다. 사람들은 사회가 더 복잡해졌다고 생각한다. 그러나 그건 우리가 그렇게 만들었기 때문이다."[40]

그러니 이제 삶을 조금 덜 복잡하고 훨씬 즐겁게 만들 때가 됐다. 일에서 잠시 손을 떼고 당당히 휴식을 취하자. 책을 읽거나 그림을 그리거나 스포츠 경기를 관람해도 좋다. 등산을 하거나 달리기를 하거나 아이들과 게임을 해도 좋다. 휴식을 취한다고 게으름을 피우거나 삶을 소홀히 하는 것은 아니다. 오히려 지금 하는 일을 즐기면서 더 잘할 수 있게 될 것이다.

드라이브를 하든 테니스를 치든 연을 날리든 줄넘기를 하든 무엇을 해도 좋다. 고생한 뇌를 잠쉬 쉴 수 있게 해주어라. 놀면 창의성, 타인과 소통하는 능력, 흐름을 타는 능력이 높아진다. 또한 굉장히 중요한 일을 할 기회가 생긴다.

바로 아무것도 안 하는 것 말이다.

다시 인생을 아이처럼 살 수 있다면

Chapter 6

아무것도 하지 않을
자유

↺

    저녁을 먹을 때쯤 패트릭이 보이지 않았다. 식구들 모두 주방으로 모였는데 패트릭만 보이지 않았다. 위층을 향해 "패트릭!" 하고 불렀지만 아무 답도 없었다. 아무리 침착한 부모라도 그럴 땐 가만히 있기 어렵다. 결국 나는 소리를 질렀다. 그리고 잠시 후 더 크게 소리를 질렀다. 내가 낼 수 있는 제일 엄한 목소리로 외쳤는데도 효과가 없었다. 하는 수 없이 패트릭을 데리러 위층으로 올라갔다. 그러나 패트릭은 위층에 없었다. 집 안을 샅샅이 뒤져본 뒤 집 밖으로 나갔다.

    뒤뜰에 가니 옥외용 안락의자에 패트릭이 앉아 있었다. 막상 아이를 찾고 보니 아이를 찾으면서 치밀었던 화가 가라앉았다. 나는 아이 옆에 앉아 어깨에 팔을 두르고 물었다.

"뭐 하니, 패트릭?"

패트릭은 나를 돌아보지도 않고 입가에 흐뭇한 미소를 띤 채 답했다.

"아무것도 안 해요."

그 모습을 보며 나는 문득 할 일을 하나씩 처리하며 일상을 이어가는 데만 급급했던 나를 돌아보았다. 일을 처리하는 데 바빠 현재에 머무는 단순하지만 선물 같은 순간을 놓칠 때가 종종 있다는 사실을 새삼 깨달았다. 패트릭은 현재에 머물렀다. 학교에서 열심히 공부했고 조금 있으면 또 다른 활동을 해야 하니 잠시 쉬어도 되는 시간이었다.

패트릭과 달리 나는 그런 여유를 제대로 누리지 못하고 있었다. 여러분은 어떤가? 한낮에 휴대폰을 멀리 던져둔 채 아무 할 일 없이 앉아 있어본 적이 있는가? 끝내야 할 일이나 할 일 목록, 다음 회의 준비를 걱정하지 않고 마음 편히 있던 적이 있는가?

자연이 인간에게 주는 것들

미시간 대학교의 연구진은 끊임없는 다중 작업이 초래하는 정신적 피로를 지적하면서 뇌가 쉴 수 있는 건 이른바 '가벼운 도취' 상

다시 인생을 아이처럼 살 수 있다면

태일 때라고 주장했다.[41] 가벼운 도취는 저녁노을이나 지평선 너머를 바라볼 때의 뇌의 상태다. 모닥불이 타오르거나 빗줄기가 떨어지는 모습에 매료될 때 뇌는 명상을 할 때처럼 일종의 최면 상태에 빠진다. 실내에서는 가벼운 도취에 빠지기 어렵지만 자연에서는 무수히 많은 기회가 있다.

미풍에 나부끼는 나뭇잎을 바라보라.

흘러가는 구름을 올려다보라.

바위 사이로 흐르는 개울물을 보라.

사실 자연이 제공하는 건 뇌가 쉴 기회뿐만이 아니다. 자연의 치료 효과에 관한 연구에 정통한 의사들은 실제로 자연을 치료법으로 처방하기 시작했다. 신경과학자인 올리버 색스Oliver Sacks는 정원과 음악은 가장 중요한 비약물성 치료제라고 말한다.

"자연이 어떻게 뇌를 안정시키고 체계화하는지 정확히는 모르지만 환자들을 통해 자연과 정원의 회복 및 치유 효과를 직접 목격했다. 심지어 신경 장애가 심각한 환자들에게도 효과가 있었다. 많은 경우 정원과 자연은 어떤 약물보다 효과가 크다."[42]

맑은 공기나 산들바람, 새가 지저귀는 소리는 인간에게 생명력을 불어넣는다. 실제로 우울증을 앓는 사람이 자연을 접하면 기분이 좋아지고 스트레스가 줄어드는 것으로 밝혀졌다. 자연 인류학자이자 산림 치유(일본식 산림욕)를 지지하는 요시후미 미야자키Yoshifumi

Miyazaki는 도시 환경과는 대조적인 숲에서 산책하면 다음의 이점이 있다고 밝혔다.

> 첫째, 스트레스를 유발하는 코르티솔 수치가 12퍼센트 감소한다.
>
> 둘째, 투쟁-도피 반응을 관장하는 교감신경의 활성도가 7퍼센트 감소한다.
>
> 셋째, 혈압이 1.4퍼센트 낮아진다.
>
> 넷째, 심장 박동 수가 6퍼센트 감소한다.

단순히 밖으로 나가기만 해도 생명력과 회복력을 높일 수 있다고 한다.[43] '산림욕'은 일반적인 산책과는 다르다. 몰입의 기술을 실천해 오감을 활짝 열고 주변 환경을 생생히 경험하는 행위다. 후각을 깨워 솔잎 향을 들이마셔라. 나뭇잎을 간지럽히며 속삭이는 바람 소리를 들어라. 그늘진 나무 아래 자라난 짙은 녹색의 이끼를 바라보라. 신발을 벗고 발바닥에 차갑게 닿는 진흙의 촉감을 느껴라. 발가락만 살짝 담그지는 마라. 흙 속 깊이 들어가라.

산림 치유가 세계적으로 널리 인기를 얻고 있지만, 공원에서 20분 산책을 하거나 그냥 벤치에 앉아 있기만 해도 기분이 좋아진다.[44] 하루 중 주기적으로 휴식을 취하면 에너지가 충전되어 인간관계를 맺고 일을 하고 세상과 마주할 때 온전히 집중할 수 있다.

다시 인생을 아이처럼 살 수 있다면

휴식은 삶에서 진정으로 중요한 것에 집중하게 도와준다

나는 출장이 잦을 때는 일주일에 도시 세 곳을 다녀오기도 한다. 저녁은 되도록 집에서 가족과 함께 먹으려 하는데, 그러려면 이른 아침에 비행기를 타야 해서 새벽 4시에 일어나야 한다. 그럴 때는 수면이 부족해 바리스타가 제조해주는 갈색 음료의 힘을 빌린다.

나뿐만이 아니다. 하루 수면 시간이 여섯 시간 이하인 미국인이 33퍼센트에 달한다. 어떤 사람들은 짧은 수면 시간을 영광의 훈장으로 여긴다. 물론 중요한 할 일이 많기 때문일 것이다. 다들 중요한 사람들이니 말이다. 중책을 맡지 않은 사람이나 잘 시간이 충분하다. 하지만 정말 그럴까?

연구에 따르면 이는 잘못된 생각이다. 우선 수면과 휴식의 회복력을 모르는 사람은 없을 터다. 게다가 하루에 여섯 시간도 채 못 자는 사람은 제때 잠자리에 드는 사람보다 30퍼센트나 덜 행복하다고 한다. 그러니 제발 밤마다 아이들에게만 외치지 말고 본인부터 얼른 자라!

무엇보다 잠을 충분히 자면 일에 더 잘 몰입할 수 있다. 연구 결과 하루 수면 시간이 여섯 시간이 안 되는 사람은 직장에서 탈진할 가능성이 큰 것으로 드러났다.[45] 하루에 여섯 시간 이상 자면 30퍼센트 더 행복해지고 직업 만족도 역시 더 높아진다. 이 정도면 괜찮은 거래 아닌가?

사람들은 흔히 본인이 직면한 문제가 너무 복잡해 그럴 여유가 없다고 생각한다. 물론 그럴 때도 있긴 하다. 그러나 야외에서 20분 쉬고 수면 시간을 조금만 늘리면 놀라운 변화를 경험할 수 있다. 간단히 말해 휴식을 취하면 더 행복해지고 일을 더 잘하고 몰입력도 더 높아진다. 가령 60~90분간 낮잠을 자면 기억 검사에서 여덟 시간 잤을 때만큼 높은 점수를 받을 수 있다. 글로벌 회계 법인인 언스트 앤드 영이 2006년에 실시한 조사에 따르면, 직원들의 휴가가 열 시간 늘어날 때마다 연말 실적이 8퍼센트 높아졌다. 또한 휴가가 늘어나면 직원들의 이직률도 낮아졌다.[46]

미국인들이 휴가를 잘 쓰지 않는다는 사실은 굳이 말하지 않아도 알 것이다. 평균 휴가 기간이 열흘밖에 안 되는데도 55퍼센트는 그 휴가조차 다 쓰지 않는다. 휴가 때는 무엇을 할 수 있나? 쉰다. 논다. 야외로 나간다. 새로운 곳을 탐방해 첫 경험의 기쁨을 다시 일상에 불어넣는다. 그럼에도 생산성을 유지하고 조금이라도 일을 더 하겠다는 이유로 이 기회를 포기하는 사람이 너무 많다.

감탄하는 삶을 살려면 휴식의 중요성을 깨달아야 한다. 휴식을 취하면 더 행복해지고, 직장에서 에너지가 덜 소진되며, 타인과 더 원활히 소통할 수 있다. 그뿐만이 아니다. 이 모든 장점보다 더 가치 있는 장점이 하나 더 있다. 휴식은 진정으로 중요한 것이 무엇인지 상기시켜준다.

다시 인생을 아이처럼 살 수 있다면

리셋, 회복력과 생명력을 높여주는 잠시 멈춤의 힘

그런 의미에서 안식일을 되살려야 한다. 쉬는 법을 배우려면 특정 종교를 믿어야 한다는 뜻이 아니다. 그러나 나는 여러 종교에서 기본적으로 실천하는 휴식의 의식이 세속의 삶에도 간절히 필요하다고 믿는다. 정기적으로 예배를 보는 미국인이 줄어들고 있다. 또한 기술이 발전하며 언제 어디서든 연중무휴로 일할 수 있게 되면서 일주일에 한 번조차 쉬기 힘들어졌다. 회복을 위한 시간을 내라고 일깨워줄 문화적 장치가 사라져버린 것이다.

10여 년 전 신문에서 주디스 슐레비츠Judith Shulevitz의 글을 읽고 깊이 감동해 기사를 스크랩한 적이 있다. 팟캐스트 〈영감이 있는 삶을 살라〉를 시작했을 때 그 글이 떠올랐다. 나는 청취자들에게 지혜를 전해주길 바라는 마음에서 그녀를 초대 손님으로 모셨다. 전통적인 유대인 가정에서 자란 주디스는 어릴 때부터 어김없이 안식일을 지켜야 했다.

금요일 일몰에서 토요일 일몰까지 모든 일과를 멈추는 안식일은 중요한 일을 할 수 있도록 시간을 비워주었다. 그들은 안식일에는 일하지 않았다. 그리고 온 가족이 모였다. 지역 주민들과 하나가 되었다.

안식일은 유대교 신자들이 6일 동안의 천지창조 후 7일째 휴식을 취한 하느님의 본을 따르기 위한 시간이었다. 한때는 기독교도

사이에서도 이 개념이 널리 퍼졌다. 신성한 주일을 모두 지킬 수 있도록 법으로 일요일에는 상점과 은행, 박물관의 문을 닫게 했다.

오늘날에는 어떤가? 대부분의 가게들이 일요일에 문을 열고, 만일 문을 열지 않으면 사람들이 짜증을 낸다. 일요일은 일주일 내내 쌓인 수많은 일을 처리하는 시간으로 활용한다. 밀린 빨래를 하거나 장을 보거나 아이의 축구 경기를 쫓아다닌다. 혹은 다음 주에 할 일을 몇 시간 미리 하기도 한다.

주디스도 그런 때가 있었다고 고백했다. 자라면서 신앙뿐 아니라 유대교의 전통에서도 멀어졌다. 주중에는 열심히 일하고 주말에는 이런저런 활동을 하느라 바빴다. 잠시 멈춰 긴장을 풀고 친구들과 함께 식사를 즐기고 편히 앉아 책을 읽을 시간 따위는 전혀 없었다.

주디스는 결국 신앙을 되찾았고 다시 안식일 전통을 따르기 시작했다. 안식일에 행해야 하는 '잠시 멈춤'은 그녀의 회복력과 생명력을 놀라우리만큼 높여주었다. 이를 경험한 주디스는 안식일의 전도사가 되었다. 주디스에게 안식일이 중요한 이유는 단순히 종교적 행위이기 때문만이 아니다. 일과 잠시 거리를 둘 시간을 확보해 애초에 우리가 왜 그렇게 열심히 일하는지 돌아볼 수 있게 해주는 기회이기 때문이다. 주디스는 이렇게 묻는다.

"왜 신은 멈추는 걸 그렇게 중요시했을까? 무언가를 만들었을 때 그것이 의미를 지니려면 만들기를 멈추고 왜 그것을 만들었는지 상

다시 인생을 아이처럼 살 수 있다면

기해야 함을 인간에게 보여주기 위해서다. (…) 잊지 않으려면 멈춰야 한다."[47]

멈춤에는 힘이 있다.

열심히 정리하고 준비하고 생산하는 활동을 잠시 멈추고, '나는 왜 이 일을 하고 있지?'라고 자신에게 물어본 적 있는가? 이 문제를 해결할 최신 기술은 없을까? 물론 있다. 해결책으로 할 일이 하나 더 늘어나긴 했지만 말이다. 요즘에는 명상할 시간을 알려주고 마음챙김에 관한 강의를 제공하는 애플리케이션이 있다. 그러나 안타깝게도 이런 해결책은 또 다른 문제를 낳기 일쑤다. 할 일 목록에 완수해야 할 과제가 하나 더 늘어나기 때문이다.

그보다는 진정으로 멈춘다는 것이 무엇을 의미하는지 알아야 한다. 앉아서 구름을 올려다보라. 아무것도 하지 마라. 아무것도! 낮잠을 자거나 생각에 푹 잠겨라. 『하루를 낭비하는 기술The Art of the Wasted Day』의 저자 퍼트리샤 햄플Patricia Hampl이 다음과 같이 묘사한 행위에 능숙해져라.

"경이감이라는 헛된 음악을 즐기고 아무 이유 없이 창밖을 내다보며 세상이 흘러가게 두는 것. 시간만 허비할 뿐 아무것도 하지 않지만 역설적으로 이 시간 동안 '모든 것'이 충전된다. 야심이 사라지고 남은 평화가 찾아든다."[48]

'야심이 사라지고 남은 평화.' 휴식을 취하면 바로 이것을 얻을 수 있다. 쉼 없는 노력을 멈추면 느긋하게 아무것도 안 하는 공백의 시간을 누릴 수 있다.

할 일의 목록을 잊자. 해결해야 할 문제도 잊어버리자. 생산성에 연연하지 말자. 그러면 장담하건대 자신이 그렇게 열심히 사는 진짜 이유가 떠오를 것이다. 바로 그것을 할 일 목록에 적어야 한다. 그런 다음 편안히 앉아 아무것도 하지 않을 자유를 스스로에게 허락하라.

Chapter 7

사랑할 수 있는 기회를
놓치지 마라

↺

"이름이 미치인가, 미첼인가?"

"친구들은 미치라고 불러요."

"그럼 미치라고 부르겠네. 이번 학기가 끝날 때쯤에는 나를 친구라고 생각해주길 바라니까."

브렌다이스 대학교 1학년생이었던 미치 앨봄Mitch Albom은 모리 슈워츠Morrie Schwartz 교수에게 깊은 감명을 받아 이후 매 학기 그의 수업을 들었다. 교수가 미치에게 자신을 '코치'라고 불러달라고 할 만큼 두 사람은 가까운 사이가 되었다.

졸업할 때 미치는 교수에게 감사의 뜻으로 가죽으로 된 서류 가방을 선물했다. 모리 교수는 미치를 안아주고는 마지막 숙제를 냈다.

"계속 연락하겠다고 약속하게."

미치는 그렇게 하겠다고 약속했다. 그러고는 20년 가까이 그 약속을 어겼다. 졸업 후 미치 앨봄은 기자로 상을 탔고, ESPN 방송에서 매일 라디오 방송을 진행했으며, 작가로 활동했다. 그러던 어느 금요일 밤 미치는 소파에 앉아 텔레비전을 틀었다가 우연히 시사 프로그램인 〈나이트라인〉을 보게 되었다. 진행자인 테드 코펠Ted Koppel은 언뜻 평범해 보이지만 루게릭병을 앓으면서도 지극히 긍정적이고 너그럽고 생기가 넘치는 교수의 사연을 소개했다.

20년 만에 지켜진 약속

미치는 진행자가 교수의 이름을 공개하는 순간 북받치는 감정을 주체할 수 없었다. 모리 슈워츠 교수였다. 다음 날 아침 미치는 옛 친구의 연락처를 찾아내 전화를 걸었다. 모리 교수가 전화를 받자 미치는 어색하게 말했다.

"저를 기억하실지 모르겠네요. 미치 앨봄입니다."

모리는 루게릭병으로 죽어가고 있었지만 여전히 생기를 발산하며 다정하게 답했다.

"코치라고 부르라니까."

다음 주 화요일 미치는 미시간주에서 비행기를 타고 그가 가장

다시 인생을 아이처럼 살 수 있다면

좋아한 선생님이 사는 매사추세츠주 뉴턴으로 날아갔다. 오랜 시간 대화를 나누며 서로 못 본 18년의 공백을 메워나갔다. 미치는 모리 교수에게 다음 주에 또 와도 되는지 물었다.

이번에는 약속을 지켰다.

미치는 몇 주 동안 화요일마다 모리를 찾아갔다. 모리 교수는 생의 마지막 나날을 보내면서도 예전 못지않게 미치에게 큰 영감을 주었다. 매주 오가는 비용이 만만치 않기도 했고, 만날 때마다 받은 충만한 삶에 관한 가르침을 다른 사람들에게도 전하면 좋겠다는 생각이 떠올랐다. 미치는 모리 교수에게 두 사람의 대화를 책으로 내도 되는지 물었다. 모리 교수는 사람들이 자신의 삶과 죽음에 관심이 있을 것 같지는 않지만 그러라고 했다.

언론계의 인맥을 동원하고 설득력 있는 근거를 댔음에도 루게릭병으로 죽어가는 늙은 교수의 어둡고 비극적인 이야기를 출간하겠다고 나서는 출판사는 좀처럼 나타나지 않았다. 그러다 드디어 더블데이라는 출판사가 위험을 감수하고 2만 부를 출간했다.

나는 이 책이 세상에 나오는 일이 그렇게 어려웠다는 이야기를 듣고 깜짝 놀랐다. 첫 출간 이후 20년 동안 『모리와 함께한 화요일』은 45개국의 언어로 번역되어 1,400만 부 넘게 팔렸기 때문이다.

미치는 모리 교수가 찾아오는 사람마다 지극히 친절하게 대하는 걸 보고는 어떻게 그럴 수 있는지 물었다.

"코치님은 어떻게 그렇게 배려심과 인내심이 크시고, 누구와 있든 그 순간에 완전히 집중하실 수 있나요? 죽음을 앞두고 있는데도 어떻게 그렇게 모두에게 계속 베푸실 수 있죠?"

모리는 미치를 돌아보며 답했다.

"다른 이들에게 받으면, 내가 죽어간다는 느낌이 든다네."

오랜 침묵이 흘렀다. 숨을 쉬는 단순한 행위를 하는데도 굉장한 노력을 기울여야 했다. 모리는 한참 만에 말을 이었다.

"하지만 베풀면 살아 있는 기분이 들지."

이는 코치가 전한 마지막 가르침이었고 이 가르침은 미치 앨봄의 인생행로를 극적으로 바꿔놓았다. 『모리와 함께한 화요일』로 뜻밖에도 어마어마한 성공을 거둔 미치는 '살아 있으면 베풀라'는 모리의 조언대로 현재 십수 개의 자선 단체를 적극적으로 지원하며 아이티의 고아원을 운영하고 있다. 미치와 그의 아내 재닌Janine은 자식이 없지만 해브 페이스Have Faith 아이티 고아원의 고아 40여 명을 자식처럼 아끼며 보살폈다. 부부는 사랑과 애정을 듬뿍 줄 수 있는 아이들이 생긴 것을 축복으로 여겼다. 그러나 그중 한 명 때문에 인생이 완전히 바뀔 줄은 미처 예상하지 못했다.

그 아이는 바로 시카Chika였다.

시카는 온나라에 리히터 규모 7에 달하는 지진이 덮쳐 30만 명이 죽고 150만 명이 집을 잃은 사건이 터지기 사흘 전에 태어났다. 시

다시 인생을 아이처럼 살 수 있다면

카와 그녀의 엄마도 난민이 되었다. 1년 뒤 시카의 엄마는 아이를 낳다 세상을 떠났고 시카는 고모와 살게 되었다. 이후 세 살이 되었을 때 아이티의 고아원에 맡겨진 시카는 미치와 재닌의 보호를 받았다.

시카는 강렬하게 빛나는 눈동자와 입가에 늘 미소가 어려 있는 인상적인 아이였다. 언제나 기쁨이 넘치는 시카의 웃음은 주변 사람들까지 행복하게 만들었다. 그러나 다섯 살이 되면서 시카에게 걱정스러운 증상이 나타나기 시작했다. 아이티의 병원에 데려가 MRI 촬영을 했지만 의료진은 아이티의 의료 기술로는 진단과 치료가 불가능한 질병이라며 미국에서의 치료를 권했다.

미치와 재닌 부부는 시카를 미시간의 병원으로 옮겼고 곧 시카의 병을 진단받았다. 수술로는 치료할 수 없고 회복이 불가능한 산재적 내재성 뇌교종Diffuse Intrinsic Pontine Glioma(이하DIPG),이라는 난치성 뇌종양이었다. DIPG는 뇌간에 심신을 공격적으로 약화시키는 종양이 생기는 병이다. 매년 수백 명의 아이가 이 병에 걸리고 있으며 현재로서는 치료법이 없다.

그들은 차마 시카를 아이티로 보내 죽게 내버려둘 수 없었다. 그렇게 시카를 집으로 데려왔고, 함께 살며 6주 동안 방사선 치료를 받게 했다. 그러나 이 작은 소녀의 존재와 사랑이 자신들의 삶을 영영 바꾸리라고는 상상도 하지 못했다.[49]

진짜 중요한 일이 무엇인지 너무 늦지 않게 깨달아야 한다

태어나서 아이티를 한 번도 떠나본 적 없는 시카에게 미국에서의 삶은 하나부터 열까지 모두 기적과 같았다. 시카는 수도꼭지에서 나오는 온수와 승강기도 신기해했고, 병원에서 치료를 받을 때도 한없이 즐거운 순간들을 찾아냈다. 그렇게 하루하루를 즐겁게 살았지만 시간이 갈수록 시카는 점점 걸을 수 없게 되었다. 미치는 그런 시카를 매번 안아서 옮겨주었다.

그러다 탈장 증세를 보이자 의사는 이렇게 물었다.

"요즘 뭘 많이 들어 올리시나 봐요?"

미치는 웃으며 말했다.

"네."

미치는 그 일을 그만하라는 의사의 충고를 듣지 않았다. 그의 삶에서 시카를 안아 옮겨주는 것보다 더 보람된 일은 없었기 때문이다. 하루는 시카와 색칠 놀이를 하다 시계를 보니 출근해야 할 시간이었다. 미치는 서둘러 일어나 출근 준비를 하고 시카에게 작별의 입맞춤을 했다. 시카는 놀란 표정으로 미치를 올려다보았다.

"어디 가요?"

이제 일곱 살이 된 시카가 물었다.

"일하러 가지."

"가지 말아요."

"내 일인걸."

"아니에요. 아빠의 일은 나를 안아주는 거예요."

미치는 자기 삶에 너무나 많은 선물을 준 시카를 가만히 내려다 보았다. 그러고는 시카가 한 말을 되새겼다. 진정으로 중요한 것이 무엇인지 곰곰이 생각했다. 미치는 서류 가방을 내려놓고 시카 옆에 앉아 다시 색칠 놀이를 했다.

모리와 다시 만나기 전까지 미치는 정신적으로 다소 불안한 삶을 살았다. 늘 목표 지향적이고 의욕이 넘쳤다.

"시간은 출세의 대가로 당연히 헌납해야 하는 것인 줄 알았어요."[50]

그런 미치에게 모리는 삶의 진정한 의미를 일깨워주었다. 그런데 시카가 진정으로 중요한 일에 대한 특강을 또 한번 해준 것이다. 미치와 재닌은 시카에게 남은 마지막 몇 주 동안 진짜 일에 몰입했다. 있는 힘껏 다정하게 시카를 안아주고, 안아 흔들어주고, 먹여주고, 사랑했다. 시카가 말을 못하게 됐을 때부터는 옆에 누워 동화책을 읽어주거나 함께 인형 놀이를 했다.

결국 용감한 이 어린 소녀는 이승에서 마지막 숨을 거두었다. 마지막 순간 미치와 재닌은 미어질 듯한 슬픔에 눈물을 흘렸다. 그러나 화를 내지는 않았다. 미치는 내게 이렇게 말했다.

"어떻게 화가 나겠어요? 자식을 잃은 게 아니라 자식이 생긴 걸요."

　12개월밖에 못 산다고 했지만 시카는 그보다 훨씬 긴 23개월을 살다 갔다. 그 시간 동안 시카는 앨봄 부부의 삶을 바꿔놓았다. 삶의 목적과 생의 기쁨을 깨닫고 누군가를 한 번도 경험해보지 못한 방식으로 사랑할 기회를 주었다. 그 시간 동안 부부는 자신들에게 주어진 진짜 일이 무엇인지 알았다. 바로 시카를 마음껏 사랑하고 시카에게 삶의 기회를 주는 일이었다. 부부는 두 팔 벌려 그 일을 받아들였다. 시카와 함께하는 것만으로도 행복했던 23개월 동안 그 일에 깊이 몰입했다. 그 일로 그들의 삶은 완전히 달라졌다.

　그러는 동안 미치는 여러 번 마감일과 기회를 놓쳤고 돈을 벌지 못했다. 그러나 아무리 큰 손해를 입더라도 시카와 함께하는 시간은 절대 양보하지 않았다. 미치는 모리 슈워츠의 가르침을 실천했다. 시카에게 헌신했고 어느 때보다 활기가 넘쳤다.

　우리는 가끔 진짜 중요한 일과 아닌 일을 혼동한다. 매일 아침 직장에 출근해서 하는 일이 중요할까? 돈을 벌고, 대차 대조표를 맞추고, 영업 목표를 달성하는 것이 가장 중요한 일일까? 아니면 가족과 친구들을 사랑하고 지역 사회에 베푸는 것이 진짜 중요한 일일까? 일하든 놀든 쉬든 그냥 있든, 매 순간 있는 힘을 다해 몰입하고 기쁨과 사랑을 전파하는 것이 가장 중요하지 않을까?

　여러분 인생에서 가장 중요한 일은 무엇인가? 그 일에 충분한 애

　　　　　　　　　다시 인생을 아이처럼 살 수 있다면

정과 관심을 쏟고 있는가? 부디 사랑하는 사람이 심각한 병에 걸린 뒤에야 얼마나 많은 것을 놓쳤는지 깨닫는 일은 없길 바란다. 어떤 날이든, 어떤 순간이든, 누구와 어떤 식의 소통을 하든, 시간 가는 줄 모르고 깊이 몰입할 줄 아는 것은 삶이 주는 경이로운 선물이다.

그 선물을 너무 늦게 깨닫지는 마라.

Chapter 8

어떤 것을
선택할 것인가

↺

살다 보면 누구나 일에 파묻힐 때가 있다. 회계사에게는 세금 신고 기간일 테고, 농부에게는 씨를 뿌리고 수확하는 시기일 테고, 소아과 의사에게는 대기실이 아픈 아이들로 가득 차는 독감 유행철일 것이다. 그리고 작가는 책을 출간하기 전후 몇 주가 가장 바쁠 터다.

나는 『온 파이어』를 출간할 때가 제일 바빴다. 라디오와 텔레비전, 인터넷 방송에 수십 회 출연해 인터뷰하고 15일 동안 매일 전국의 도시를 순회하며 강연하는 투어 일정이 잡혔다. 바쁜 시기를 앞두고 베스와 나는 그동안 달라질 일상을 받아들이기로 했다. 잦

다시 인생을 아이처럼 살 수 있다면

은 출장으로 가정생활에 온전히 집중할 수 없는 현실을 받아들였다. 그러는 과정에서 우리 부부가 받을 스트레스도 각오했다.

무엇이든 제때 그 일을 해야 한다

그렇게 2주간의 투어가 한창 진행 중일 때였다. 집에 돌아왔다가 18시간 뒤에 또 다른 도시로 출장을 떠나는 일정이었다. 오랜만에 집에 온 나는 아내와 아이들을 데리고 교회에 갔다. 아이들에게 아침을 차려주고 함께 기도하며 경건한 시간을 보내기도 했다. 그러고는 베스와 칸막이가 된 현관에 앉아 담소를 나누었고, 아들들과 농구를 한 뒤 집에 들어가 샤워하고 다음 주 일정을 미리 준비했다.

여행 가방에 셔츠를 몇 벌 챙겨 넣고 있는데 경쾌한 발걸음 소리가 들렸다. 고개를 돌리니 네 살 된 딸아이 그레이스가 몇 미터 앞에 서 있는 게 보였다. 뒤로 올려 묶은 금발머리 위에 큼지막한 분홍색 나비 모양 리본을 매달고 파란 눈을 반짝이며 서 있었다. 그레이스는 쾌활하고 아름다운 미소를 지으며 질문을 던졌다.

"아빠, 나랑 차 한 잔 하지 않을래요?"

비행기가 출발하기까지 90분도 채 안 남은 시각이었다. 마저 짐을 싸야 했다. 옷도 갈아입어야 했다. 서류도 챙기고 해야 할 일도 있었다. 아이와 차를 마실 때가 아니었다.

그래서 내가 어떻게 했을 것 같은가?

"미안하지만 그레이스, 지금은 시간이 없어. 다음에 아빠 돌아오면 그때 마시도록 하자!"

몸을 숙이고 아이의 눈을 바라보며 미소 띤 얼굴로 이렇게 말했을 것 같은가? 천만의 말씀이다. 나는 감정이 듬뿍 담긴 예쁜 파란 눈을 바라보며 아이의 작은 손을 잡고 큰소리로 외쳤다.

"좋지!"

짐을 쌀 시간에 크래커를 먹으며 차를 따르는 시늉을 했다. 리더십에 관한 글을 쓸 시간에 공주님에 관한 대화를 나누었다. 다음 주에 할 일을 미리 준비할 시간에 평범하고 특별한 선물 같은 순간을 누렸다. 진정한 성공과 한결같은 행복, 내면의 평화를 얻는 비결은 지금이 무엇을 할 시간인지 아는 것이다.

요즘처럼 우리의 관심을 늘 사로잡는 첨단 기기가 없었던 19세기 말, 저명한 철학자 윌리엄 제임스William James는 이런 글을 썼다.

"내가 관심을 기울이겠다고 동의한 것만이 내 경험이다. 관심을 기울일 대상을 선별하지 않은 경험은 완전한 혼돈일 뿐이다."[51]

'내가 관심을 기울이겠다고 동의한 것만이 내 경험이다.' 참으로 현명하고 철학적인 표현이다. 그렇다. 우리는 점점 쌓이는 이메일에 관심을 기울일 수 있다. 텔레비전 뉴스에 관심을 기울일 수 있다. 할 일 목록이나 빨랫감, 잡무에 관심을 기울일 수 있다.

혹은 중요한 일에 관심을 기울일 수도 있다. 지금 이 순간을 음미

다시 인생을 아이처럼 살 수 있다면

할 수도 있다. 아이들이 노는 순간, 지평선 위로 태양이 빼꼼히 고개를 내미는 순간, 여름날 아침에 현관에 앉아 머그잔에 담긴 커피를 홀짝이는 순간을 즐길 수도 있다. 오랜 친구를 만나 아무 이야기를 나누거나 말없이 가만히 앉아 느긋하게 보낼 수도 있다.

감탄하는 삶을 살려면 무엇에 집중해야 할지 잊지 말아야 한다. 관심을 기울일 대상을 의식적으로 고르지 않으면 경험은 대혼돈의 상태로 산산조각이 난다.

일하고 놀아라. 그리고 쉬어라. 이 모든 것을 반복하라. 이 새로운 멈춤의 습관이 당신의 삶을 어떻게 바꿔낼지 기대된다.

몰입

"사소한 일에 신경 쓸 시간인가,
차를 마시고 중요한 일에 관심을 기울일 시간인가."

손바닥만 한 기계에 매여 중요하지 않은 것들에 시선을 고정한 채

좀비처럼 기계적으로 인생을 흘려보내지 마라.

손에 든 걸 내려놓고

눈을 크게 뜨고 마음을 활짝 열어라.

밖으로 나가라.

크게 숨을 들이마셔라.

그리고 자신에게 물어라.

무엇을 할 시간인가?

일할 시간인가?

놀 시간인가?

쉴 시간인가?

다시 인생을 아이처럼 살 수 있다면

진정으로 원하는 목표를 향해 사다리를 오르고 있다는 확신이 들면

그 일에 온 힘을 다해 몰입하라.

인간관계를 맺을 때나, 일할 때나, 놀 때나, 쉬는 동안에도

높이 오르고, 깊이 파고들고, 집중하라.

인생에는 음미할 것이 너무도 많다.

관심을 기울이기만 하면 된다.

당신이 관심을 기울이겠다고 동의한 것만이 당신의 경험이다.

선택은 당신의 몫이다.

현명한 선택을 하라.

그러면 언제나 같은 자리에서 당신을 기다려온

생의 기쁨을 재발견할 것이다.

당신이 진짜 할 일은 완전히 몰입하는 삶을 사는 것이다.

이제 그 삶을 실천에 옮겨라.

4부

소속감

"

"타인을 진심으로
받아들여라"

"

소
속
감

나 자신이 가치 있고, 어딘가에 속하며,
퍼즐에 없어서는 안 될 조각이라는 확신이
들 때 느껴지는 위안과 평화, 기쁨의 감각.

Chapter 1

나 자신을
받아들이는 태도

↺

"너희 아빠, 무슨 문제 있어?"

심장이 쿵 내려앉았다.

개학 날 수십 명의 부모와 함께 아이들이 학교 건물에서 나오길 목 빼고 기다리고 있을 때였다. 우리 아들들은 각각 5학년, 3학년, 1학년이었고 학기 첫 날을 맞는데 이미 능숙했다. 다 아는 교사들이었고 일과가 어떻게 흘러가는지도 알았다. 친구들도 있었다. 그러니 각자 알아서 했다.

그러나 막내인 그레이스는 유치원 신입생이었다. 무사태평한 유아기가 끝나고 안전한 가정의 품을 떠나 하루를 꼬박 보내야 하는

가혹한 학교의 세계에 입성한 것이다. 이제 전보다 하루가 길어질 뿐 아니라 친구 관계도 넓어질 터였다.

너희 아빠, 무슨 문제 있어?

아이들 사이로 그레이스의 모습이 보이자 가슴이 벅차올랐다. 기특하게도 벌써 친구를 사귄 모양이었다. 그레이스는 북새통 속에 친구와 팔짱을 낀 채 깡충깡충 뛰며 학교 건물에서 나왔다. 내가 손을 흔들자 그레이스는 같이 손을 흔들며 새 친구를 내 쪽으로 데려왔다. 그레이스는 함박웃음을 지으며 나를 껴안고는 내게 책가방을 건넸다. 그런 뒤 마치 경매사처럼 빠른 속도로 첫날에 있었던 일들을 시시콜콜 쏟아내기 시작했다. 퉁명스럽게 '괜찮았어'나 '좋았어'라고 말하고는 놀러가버렸던 오빠들과는 달라도 너무 달랐다.

그레이스의 친구는 처음 보는 내가 낯설었는지 멀찌감치 떨어져서 있었다. 그레이스가 계속 수다를 떠는 동안 그레이스의 친구는 나를 빤히 쳐다보며 노골적인 호기심을 드러냈다. 미간을 찡그린 채 눈동자를 재빨리 굴리며 내 두 손을 이리저리 살펴보는 그 친구의 얼굴에는 고뇌에 찬 당혹감이 서렸다.

그레이스의 친구는 아이답게 직설적으로 나를 가리키며 그레이스에게 큰 목소리로 물었다.

"너희 아빠, 무슨 문제 있어?"

다시 인생을 아이처럼 살 수 있다면

나는 어린 소녀가 뭘 묻는지 바로 알았다. 그러나 그레이스는 아니었다. 그레이스는 얼굴의 흉터와 이상하게 구부러진 손에 너무 익숙해 있었다. 그래서 나에게 무슨 문제가 있을 수도 있다는 생각을 한 번도 해보지 못했을 터였다. 그레이스에게 나는 그냥 아빠였고 처음부터 늘 이 모습이었다. 그레이스는 혼란스럽다는 듯한 표정으로 친구를 돌아보며 말했다.

"그게 무슨 말이야?"

친구는 말했다.

"손이 강아지 발 같잖아."

그날 운동장에서 다섯 살 난 그레이스는 친구의 질문을 듣고는 나를 가만히 올려다보았다. 큼지막한 흰색 리본으로 묶은 금발 머리를 늘어뜨리고 분홍 테 안경을 쓴 채 파란 눈동자를 반짝거리면서. 그러나 그레이스의 얼굴에는 수치심이나 당혹감, 분노의 기미가 조금도 보이지 않았다. 그레이스는 새로 사귄 친구를 돌아보며 이렇게 답했다.

"아무 문제없어. 그냥 어릴 때 불이 나서 화상을 입었대. 그런데 지금은 괜찮아. 다 나았어."

그레이스의 친구는 내 손과 얼굴을 차례로 바라보았다. 그 아이의 얼굴에서 의심이 서서히 사라졌다. 찌푸려졌던 인상도 부드럽게 펴졌다. 이해가 된 표정이었다. 친구는 다정하게 웃으며 말했다.

"다 나았다니 다행이다."

그러고는 내게 제 책가방을 건네고는 그레이스와 함께 놀러 뛰어
갔다. 아이들이란! 손가락질하고 빤히 쳐다보고 멍하니 바라보는
게 예의가 아니라는 걸 모른다. 하지만 솔직하다. 눈치 없고 잔인하
지만 멋지게 솔직하다. '너희 아빠, 무슨 문제 있어? 쟤는 피부색이
왜 저래? 엄마 뱃살은 부드럽고 물렁물렁한 베개 같아!' 이런 속마
음을 거리낌 없이 내뱉는다.

물론 분위기가 어색해질 때도 있다. 그러나 아이들의 솔직함은
중요한 대화를 쉽게 이끌어낸다. 처음에 한 섣부른 판단은 곧 이해
로 바뀐다. 아이들은 '우리는 누구이며 각자 왜 다른지 어디에서 온
존재'인지 거침없이 묻는다. 답을 얻고 불분명한 부분이 확실해지
고 이상해 보이는 면이 설명되고 나면 더는 문제 삼지 않는다. 더는
그 문제에 연연하지 않고 중요한 다른 문제로 넘어간다.

소통하고, 놀고, 살고, 사랑하는 문제에 집중한다.

아이들에게 배울 수 있는 가장 큰 가르침은 바로 타인을, 나아가
자기 자신을 받아들이는 태도다. 아이라고 다름을 알아보지 못하는
건 아니다. 아이들은 오히려 다름을 직시한다. 무시하지 않고 피하
지 않는다.

관계를 맺고, 질문하고, 이해하려 노력한다.

마음을 닫아 스스로를 고립시키지 않는다. 세상이 내놓는 것을

다시 인생을 아이처럼 살 수 있다면

기꺼이 직시하겠다는 태도로 두 팔 벌려 세상과 마주한다. 친구를 사귀고, 사랑을 불러들이고 퍼트리며, 세상을 잠재적 놀이 친구로 가득한 크고 아름다운 놀이터라고 생각한다. 그렇게 아이들은 온 세상에 소속감을 느낀다.

나는 다름에 이미 익숙해져 있다. 그래서 내가 왜 이렇게 됐는지 묻는 사람들이 전혀 불편하지 않다. 오히려 질문하지 않으면 신경이 쓰인다. 어른들은 예의를 차리고 타인의 기분을 상하게 하기 싫어 다름을 외면하거나 무시한다.

그러면 어떻게 될까? 벽이 쌓인다. 외면하고 무시하고 지레짐작할 때마다 존재해서는 안 될 벽에 벽돌이 하나씩 더 추가된다. 이제 우리가 모두 어떻게 연결되어 있는지 본능적으로 알았던 아이의 마음을 되찾아야 한다.

의자를 당겨 앉고 마음을 열어라

서던캘리포니아 대학교에서 강연할 때 오기라는 남자를 만날 기회가 있었다. 오기 니에토Augie Nieto는 10년 넘게 루게릭병을 앓으며 잔혹한 현실을 감당했다. 루게릭병의 특성상 모든 걸 잃는다는 사실을 알게 된 오기는 47세에 진단을 받고, 그 직후 스스로 목숨을 끊으려 했다.

그러나 자살 시도는 실패로 돌아갔다. 이 일을 계기로 오기의 마음은 완전히 바뀌었다. 병에 굴복하지 않을 뿐 아니라 루게릭병에 걸렸음에도 충만한 삶을 산 최고의 모범 사례가 되겠다는 의지가 불타올랐다. 오기는 같은 병을 앓은 모리 슈워츠처럼 불굴의 정신을 갖추고 있었으며 템트처럼 세상에 기여하고 싶은 욕구가 강했다.

한 시간 가까이 이어진 강연을 끝낸 뒤 오기를 만난 나는 이 잔인한 병과 싸우면서 무엇이 가장 힘든지 물었다. 오기는 이렇게 답했다.

"나는…"

오기는 전동 휠체어에 앉은 채로 꼼짝도 하지 못했다. 이제는 오른발의 엄지발가락을 제외하고는 어떤 근육도 움직일 수 없었다. 그래도 본인이 직접 설계에 참여한 기술을 이용해 엄지발가락으로 글자를 입력할 수는 있었다.

"사람들에게…"

루게릭병 진단을 받기 전까지 오기는 피트니스 업계의 선구적 지도자였다. 회사를 매각하기는 했지만 유명한 피트니스 기구 전문 회사 라이프 피트니스를 창립하고 대규모로 성장시켰다. 오기에게 피트니스는 단순히 생계를 위한 일이 아니라 인생 그 자체였다. 오기는 건강한 인간의 전형이었으며 세계적 수준의 운동선수였다.

"무시…"

1분이 넘게 지났는데도 아직 한 문장을 다 입력하지 못했다.

다시 인생을 아이처럼 살 수 있다면

오기에게는 정신적 노력과 체력을 모두 쏟아야 하는 고된 작업이었다.

"당하는…"

오기는 가끔 나를 곁눈질하며 내가 집중하고 있는지 확인했다. 내가 자기 말에 귀를 기울여줘 기쁘다는 신호도 보냈다.

"게…"

그때 한 남자가 강연을 잘 들었다는 인사를 하러 다가왔다. 나는 그에게 오기를 만난 적 있는지 물었다. 남자는 처음 본다면서 오기와 악수를 하려고 손을 내밀었다. 그 상황에서 오기는 빤히 바라볼 수밖에 없었다. 어색한 침묵이 흘렀고, 남자는 오기를 가리키며 예의상 '좋아 보인다'는 인사를 하고는 자리를 떠났다. 남자가 강연장을 나갈 때 오기가 드디어 문장을 완성했다.

"싫습니다."

건강했던 시절로 시간을 되돌리거나 현실을 바꿀 수는 없었지만, 오기는 주변 사람들에게 한 가지 바라는 게 있었다.

"나는 사람들에게 무시당하는 게 싫습니다."

오기에게 제일 끔찍한 건 점점 심해지는 병세나 이제는 기정사실이 된 죽음이 아니었다. 어떤 공간에 있든 오기를 외면하거나 무시하거나 안타까워하는 사람들의 태도였다.

우리는 누구나 남이 내 존재를 알아주기를 바란다. 인간은 사회적 동물이다. 부족을 이루고 산 조상의 피를 이어받았기에 본능적으로 타인과 소통하고 함께 인생을 살아가려 하는 게 인간이다. 그런데 왜 묻지 않을까? 왜 손을 내밀고 마음을 열고 진정으로 소통하려 하지 않을까? 인생의 좋은 일과 나쁜 일, 아름다운 일을 왜 타인과 공유하지 않을까?

나를 드러내기 싫어서다. 타인과 교감하려면 타인을 배척하지 말고 받아들여야 한다. 경계를 풀어야 한다. 아무리 자신을 숨기려 해도 우리는 모두 본질적으로 세상에 속해 있다는 사실을 깨달아야 한다. 그러니 자리를 피하기보다는 의자를 당겨 앉으면 어떨까? 마음의 문을 닫기보다는 활짝 열면 어떨까?

이제 그동안 쌓아온 벽을 허물어라. 자신의 본모습을 더는 숨기지 마라. 함께 인생을 헤쳐나갈 수 있도록 서로를 온전히 바라보고 서로의 존재를 찬양하라.

다시 인생을 아이처럼 살 수 있다면

Chapter 2

기쁨에는
전염성이 있다

↻

2018년 2월 첫째 주, 바쁜 일정을 소화하고 있을 때였다. 세인트루이스에서 마이애미로 갔다가 샌디에이고를 거쳐 다시 동부로 날아가 미시시피주 잭슨에 늦은 밤 도착했다. 마지막 일정을 위해 비행기에 탈 준비를 하고 있는데, 친한 동네 친구인 팀에게서 문자 메시지가 왔다. 팀은 자신이 속한 전국 영업 팀의 주간 회의 때 재무 고문에게 안타까운 사연을 들었다고 했다. 이웃의 여덟 살짜리 아들이 몇 주 전 끔찍한 교통사고를 당했는데, 머리를 심하게 다쳐 생존 가능성이 희박하다는 사연이었다.

그 아이의 부모는 사고가 나고 얼마 안 돼서 지인이 준 『온 파이어』를 읽었다고 했다. 내 이야기와 절망적인 확률을 뚫고 기적이 일어난다는 사실에 깊이 감동했다는 것이다. 팀은 나더러 아이의 부모에게 연락해 용기를 줄 수 있는지 물었다. 나는 팀에게 편지와 위문품을 보낼 수 있도록 부모의 우편 주소를 알아봐달라고 답 문자를 보내고는 전원을 껐다.

네 시간 뒤 비행기가 착륙하고 휴대폰의 전원을 켰다. 팀이 말한 부모의 이름과 연락처, 커티스라는 이름의 아들이 치료를 받는 병원의 주소를 자세히 입력한 메시지가 와 있었다. 문제 메시지를 본 순간 나는 너무 놀라 휴대폰 화면을 멍하니 바라보았다. 아이가 입원한 병원은 바로 미시시피주 잭슨에 있는 잭슨 기념 병원이었다.

소름이 돋았다.

잭슨은 내가 그날 생전 처음으로 막 발을 디딘 도시였다. 그 순간 나는 이번 여행이 단순히 강연을 위한 출장이 아님을 깨달았다. 커티스의 가족을 직접 만나라는 계시였다. 늦은 시간이었지만 나는 아이의 부모에게 연락해 다음 날 아침에 병문안하러 가기로 약속을 잡았다.

소속감, 혼자가 아니라는 것이 우리를 안아주고 치유해준다

다음 날 병원에 도착한 나는 승강기를 타고 커터스curtis가 입원해 있는 층에 내려 병실로 걸어가다 아이의 부모인 에이드리엔과 브래

다시 인생을 아이처럼 살 수 있다면

드 부부와 마주쳤다. 부부는 이른 아침에 수술을 받으러 들어간 커티스가 돌아오길 초조하게 기다리고 있었다.

우리는 자리에 앉아 이야기를 나눴다. 커티스는 주말을 할아버지와 보내다 심각한 차 사고를 당했다. 차량이 너무 심하게 파손되어 차 안을 제대로 볼 수 없었던 구조대는 할아버지만 구해냈다. 할아버지가 손자의 상태를 물은 뒤에야 차 안에 한 사람이 더 있다는 사실을 안 것이다. 구조대원들은 차량을 절단해 커티스를 빼낸 뒤 헬리콥터에 태워 잭슨 병원으로 이송했다.

의료진은 커티스가 그날 밤을 넘기지 못할 것으로 예상했다. 다음 날 아침 일찍 병원에 도착한 부모는 커티스가 아직 살아 있는 것만으로도 기뻐했다. 그리고 희박한 확률을 깨고 아들이 살아나주기를 간절히 기도했다. 이후 3주 동안 커티스는 사투를 벌였다. 뇌부종의 범위가 넓어 여전히 위독한 상태였다. 생명 징후나 의식적인 움직임이 전혀 관찰되지 않았다.

나는 커티스의 예후를 물어보았다. 브래드는 깊이 숨을 들이마시고는 지금까지 버틴 것만으로도 놀랍다면서 장담할 수 있는 건 아무것도 없다고 한 의료진의 말을 전했다. 의료진은 커티스가 살아난다 해도 뇌 손상으로 인한 후유증이 남을 거라고 했다. 인지 지능이 크게 저하되고 말을 하지도, 앞을 보지도 못하리라 예상했다. 부부에게 얼마나 암울한 소식이었을지 짐작이 가고도 남았다. 그러나 에이드리엔은 이렇게 말했다.

"의사들이 뭐라고 하든 상관없어요. 저는 그냥 제 아들을 집으로
데려갈 수만 있으면 좋겠어요. 어떤 상태든 이전과 얼마나 달라지
든 내 아들을 계속 사랑할 수만 있으면 돼요."

눈물이 차올랐다. 부부가 얼마나 힘들지 감히 상상할 수조차 없
었다. 그때, 승강기 문이 열리고 의사, 간호사와 함께 수송 담당자
몇 명이 바퀴 달린 들것을 밀고 나왔다.

커티스의 수술이 드디어 끝났다. 의료진은 잠시 멈춰 서서 브래
드와 에이드리엔에게 아들을 보여주었다. 침대가 하도 커서 커티스
의 작은 몸을 집어삼킨 듯 보였다. 더는 손상되지 않도록 두개골을
보호해주는 파란색 헬멧 아래로 옅은 색 머리카락이 삐져나와 있었
다. 커티스의 몸과 튜브로 연결되어 커티스의 생명을 연장해주는
기계들이 들것 뒤를 따라갔다.

브래드와 에이드리엔은 아들을 잠시 살핀 뒤 의료진이 지나갈 수
있도록 길을 피해주었다. 의료진과 커티스가 중환자실로 들어가자
바로 이중문이 닫혔다. 우리는 허탈한 표정으로 중환자실 문을 잠시
응시했다. 자식이 시야에서 사라지는데 아무것도 하지 못하고 바라
만 봐야 하는 그 심정은 겪어보지 않은 사람은 절대 모른다.

나는 에이드리엔과 브래드를 돌아보며 말했다.

"사랑스러운 아이네요. 얼마나 집에 데려가고 싶으시겠어요. 형

다시 인생을 아이처럼 살 수 있다면

제자매도 커티스가 많이 보고 싶겠어요."

내 말에 부부가 서로 눈짓을 주고받았다.

"다른 애들은 아직 안 왔어요."

브래드가 말했다.

"커티스의 변한 모습을 보고 어떤 반응을 보일지 몰라 아직 안 보여줬습니다. 겁을 먹을까 봐 걱정되더라고요. 커티스도 지금 모습을 아이들에게 보이기 싫을 것 같기도 하고요."

나는 고개를 끄덕였다. 무엇을 걱정하는지 알 것 같았다. 그러나 나는 형제자매가 곁에 있는 게 얼마나 큰 힘이 되는지 누구보다 잘 안다. 아홉 살 때 다섯 달을 병원 침대에 갇혀 지내는 동안 통증과 슬픔, 두려움이 아무리 심해도 버틸 수 있었던 건 매주 일요일 온 가족이 나를 찾아온다는 희망 덕분이었다. 나는 일주일 내내 그날을 손꼽아 기다렸다.

회복 초기에는 체온을 낮추려고 몸속에 투입되는 수액 때문에 눈이 퉁퉁 부어 떠지지 않았다. 그래서 귀에 온 신경을 집중해 형, 누나들, 동생들이 복도로 걸어오는 소리를 애타게 기다렸다. 내게는 다섯 명의 형제자매가 있다. 사고가 나기 전까지는 나만의 방, 나만의 공간을 갖는 게 소원이었다. 나 혼자 조용하고 평화로운 시간을 갖는 게 좋았기 때문이다. 그러나 사고 후에는 예전의 삶이 너무나 그리웠다. 식구들의 시끌벅적한 소리가 가득한 일상, 어수선하지만 아름다운 일상을 간절히 되찾고 싶었다.

부기가 가라앉고 눈을 뜬 순간 제일 먼저 보인 것은 형제자매의 웃는 얼굴이었다. 그 얼굴은 내가 얼마나 큰 사랑을 받고 있는지 일깨워주었다. 병문안만 허락되다 몇 달 뒤 온 가족이 병원 구내식당의 테이블에 둘러앉아 늦은 아침을 먹을 수 있게 되었을 때는 예전의 일상을 조금이라도 되찾은 것 같았다. 마치 새 생명을 얻은 기분이었다. 그만큼 평범한 일상은 나에게 매우 중요했다. 내가 누구고 왜 사투를 벌이고 있는지 상기시켜주었기 때문이다.

다들 조심스러워 내 몸에 손 대기를 꺼렸지만 짐 형은 병실에 들어설 때마다 나를 꼭 안아주었다. 케이디 누나와 에이미 누나, 수전은 통증을 줄여주려고 번갈아가며 내 등을 문질렀다. 내가 휠체어에 앉아 꼼짝하지 못하고 있을 때 두 살짜리 여동생 로라는 중환자실 복도를 달려 내 무릎 위로 기어 올라왔다. 그러지 말라고 타이르는 간호사의 말을 무시하고 내 몸에 바싹 달라붙었다.

오해는 하지 말길 바란다. 내가 화상을 입기 전에는 우리도 여느 형제자매처럼 허구한 날 싸웠다. 몸싸움을 벌이고 소리치고 토라지고 놀리고 고자질했다. 그리고 내가 퇴원한 바로 그날 예전의 일상으로 돌아갔다.

그러나 내가 화상 치료를 받은 몇 달 동안은 경쟁과 다툼은 제쳐두고 모두 하나가 되었다. 토닥이고 등을 문지르고 포옹하고 웃는

다시 인생을 아이처럼 살 수 있다면

다고 통증이 사라지지는 않았다. 하지만 형제자매의 방문은 우리가 이 시련을 '함께' 극복하고 있다는 사실을 매주 한 번은 꼭 상기시 켜주었다.

온몸으로 소속감을 느끼게 해준 것이다. 내가 살아남은 건 형과 누나들, 동생들이 내게 안겨준 소속감 때문이었다.

우리를 자라게 하고 낫게 하는 포옹 치료의 마법

형과 누나들, 동생들의 병문안이 내게 그토록 강한 생명력을 불 어넣은 이유는 무엇일까? 나는 왜 그들 덕분에 한 주를 버틸 힘을 얻었을까? 우리는 왜 타인과의 관계를 통해 목적의식과 기쁨, 삶의 의미뿐 아니라 포기하지 않고 계속 앞으로 나아갈 용기와 의지를 얻는 걸까?

인간은 사회적 동물이며 뇌도 그에 따라 설계되어 있다. 누가 물 을 마시는 걸 보면 거울신경세포 때문에 나도 목이 마른 느낌이 든 다. 이와 관련해 UCLA 의과 대학원의 정신과 임상 교수이자 『마 음을 여는 기술』의 저자인 대니얼 시겔 박사Dr. Daniel Siegel는 "우리 는 타인의 마음을 감지하는 능력을 타고났다"고 말한다.[52] 거울신 경세포 덕분에 타인과 쉽게 실시간으로 공감할 수 있다는 뜻이다.

신경과학자들에 따르면 거울신경세포는 초기 인류의 생존율을 높여줬다. 우리 조상들은 스스로를 지키고 먹을 것을 찾고 보금자리를 확보하기 위해 부족을 필요로 했다. 거울신경세포가 발달한 건 부족민끼리 상호 의존해야 생존할 수 있었기 때문이다. 가령 어떤 부족민이 부족의 안위를 위협하는 존재를 발견했다고 해보자. 그러면 위협을 직접 보지 못한 나머지 부족민들도 위협을 처음 발견한 부족민이 느끼는 공포를 곧 알아차리고 안전한 곳으로 피했을 것이다.

다시 말해 거울신경세포는 감정이 전염되게 해준다. 내 기분이 같은 공간에 있는 다른 모든 사람에게 영향을 미칠 수 있다는 뜻이다. 내가 화가 난 채로 집에 들어서면 말 한마디 하지 않아도 아이들은 내 기분을 눈치챈다. 내가 불안과 스트레스가 가득하고 기진맥진한 상태로 비행기에서 내리면 그 기분은 동료들에게 고스란히 전달된다. 내가 삶을 향한 열정이 샘솟는 상태로 강당에 들어서면 관객들은 강연이 시작되기도 전에 내 기분을 알아차린다.

이는 하버드 대학교의 사회학자인 니컬러스 크리스태키스Nicolas A. Christakis와 캘리포니아 대학교 샌디에이고의 정치학자인 제임스 파울러James H. Fowler의 연구로도 증명되었다. 친구가 행복하면 나 자신도 행복해질 가능성이 15퍼센트 높아졌다.[53]

지금 여러분의 곁에 있는 사람이 어떤 기분일지 궁금하지 않은가? 타인과의 소통은 중요하다. 그것도 아주 많이 중요하다.

내 형과 누나들, 동생들은 병실에 들어서자마자 나를 둘러싼 걱정과 부정적 생각, 두려움을 모두 쫓아내고 그 자리에 기쁨을 채워 넣었다. 당시 내 몸에는 각종 튜브가 연결되어 있었고 병실에는 함부로 만지면 안 되는 기계 버튼이 가득했다. 그런 상황에서 부모님은 나이가 제각각인 다섯 아이를 관리하느라 힘들었을 터다. 그럼에도 나는 형제자매를 데려온 부모님이 정말 고마웠다. 형과 누나들, 동생들은 내 사기를 북돋아주었다. 그들 덕분에 나는 강한 소속감을 느꼈고 병실에 갇혀 사는 외로움을 떨쳐버릴 수 있었다.

사람들은 대부분 보호복과 장갑을 착용하고 조심스럽게 접근했다. 나를 아프게 하거나 치명적일 수도 있는 감염을 일으킬까 봐 두려워했다. 그러나 형제자매들은 달려와 나를 껴안았다. 그렇게 나를 치유했다. 애정이 담긴 신체 접촉을 하면 기분만 좋아지는 게 아니다. 상처도 치유된다. 애정 어린 신체 접촉은 면역 체계를 활성화하고, 스트레스 호르몬인 코르티솔 수치를 낮춘다. 또한 유대감을 관장하는 호르몬인 옥시토신 수치를 높이는 것으로 드러났다. 처음부터 이 사실이 과학적으로 밝혀진 것은 아니었다.

원래 조산아는 신생아 집중치료시설의 인큐베이터에서만 치료를 받았다. 그러나 1988년에 시행된 연구에 따르면, 같은 양의 영양분을 섭취해도 하루에 15분씩 마사지를 받은 아기는 인큐베이터에 계속 혼자 있었던 아기보다 체중이 47퍼센트 빨리 늘어났다. 또한 신체 접촉을 받은 아기는 받지 않은 아기보다 6일 먼저 퇴원했다.[54]

왜 그럴까? 이 문제 역시 우리 조상들의 환경에서 원인을 찾을 수 있다. 어릴 때 부모와의 신체 접촉을 하지 못하면 우리 몸은 혼자라고 생각한다. 그러면 우리 몸은 스스로를 보호하기 위해 대사 속도를 늦춘다. 혼자라는 건 보호해줄 사람이 없다는 뜻이다. 이는 다음 식사를 언제 하게 될지 모른다는 것으로도 연결된다. 그러니 대사가 느려지고, 대사가 느려지니 장기적으로 성장도 느려진다.

이런 이유로 안아주지 않은 아기는 잘 크지 못한다. 고아의 영아 사망률이 30~40퍼센트에 달하는 이유를 분석하던 학자들은 성장 호르몬의 분비를 촉진하려면 일정 수준 이상의 신체 접촉이 필요하다는 사실을 밝혀냈다.

한결같고 애정 어린 신체 접촉이 아이에게 얼마나 중요한지 밝혀진 이후로는, 다섯 살이 안 된 아이들은 보육 기관보다는 위탁 가정에서 키우려고 노력한다. 기관에서는 아이들을 일일이 껴안거나 안고 흔들어줄 인력이 모자라기 때문이다. 같은 이유로 최근 병원에서는 신생아 집중치료실에서 지친 부모 대신 아기를 안아줄 '포옹 자원봉사자'를 구하기도 한다.

신체 접촉은 유아기를 한참 지나서도 강력한 영향력을 발휘한다. 교사가 학생을 응원하는 신체 접촉을 하면 그 학생이 수업 시간에 자발적으로 참여할 가능성이 두 배 높아진다. 사랑하는 사람에게 부드러운 마사지를 받으면 우울감이 줄어든다. 경기 중에 팀원끼리

하이파이브만 해도 연대 의식이 커져 우승할 가능성이 높아진다. 연구에 따르면 가장 좋은 성적을 거둔 프로 스포츠 팀은 경기 도중 선수들끼리 가장 많은 신체 접촉을 한 것으로 나타났다.[55]

왜 그럴까? 신체 접촉은 소속감을 더 잘 느끼게 해주기 때문이다. 나는 커티스의 형제자매가 병문안을 와도 될지 걱정하는 브래드와 에이드리엔에게 내가 살아남은 건 껴안거나 손을 잡는 행위와 형제자매의 사랑 덕분이었다고 말해주었다. 그러니 커티스의 형제자매들도 병문안을 오게 하라고 말해주었다. 부부는 조언해줘서 고맙다고 인사했다. 우리는 연락처를 교환하고 작별의 포옹을 나눈 뒤 계속 연락하기로 약속했다.

커티스에게 기적을 선사한 가족의 사랑

다음 주말 브래드의 문자 메시지가 도착했다.

"주말에 귀찮게 해드려 죄송하지만 보여드리고 싶은 동영상이 있어서요."

얼른 재생 버튼을 눌렀다. 파란색 헬멧을 쓴 채 거대한 병원 침대에 누운 커티스가 일어나 앉아보라는 말에 몸을 약간씩 들썩이고 있었다. 뇌 손상의 후유증은 확연해 보였다. 여전히 말을 하지 못했고, 볼 수 없었으며, 미소도 짓지 않았다. 그러나 부모의 설명을 듣고 있는 건 확실했다. 커티스는 스스로 움직이고 있었다.

카메라 뒤에서 브래드가 말하는 소리가 들렸다.

"커티스, 동생들이 보러 왔단다."

네 살짜리 남동생과 여섯 살짜리 여동생은 커티스가 누워 있는 침대 바로 옆에 섰다. 앞이 안 보이는 커티스는 동생들을 향해 오른손을 뻗었다. 남동생의 몸을 만지고 얼굴을 더듬었다. 앞머리와 코를 차례로 만지고 나자 누군지 알겠다는 듯 커티스의 얼굴에 희미한 미소가 떠올랐다.

커티스는 남동생의 얼굴을 몇 번이고 위아래로 쓰다듬으며 미소를 지었다. 그러는 내내 평화와 위안, 교감이 커티스의 표정에 나타났다. 감정이 복받친 커티스는 동생의 얼굴을 쓰다듬던 손길을 멈추고 흐르는 눈물을 닦았다.

화면에는 나오지 않았지만 함께 있는 부부의 울음소리가 들렸다. 순수하고 즉흥적이며 조건 없는 사랑이 격하게 흘러넘치는 순간이었다. 눈물을 닦고 마음을 가라앉힌 커티스는 오른쪽으로 고개를 돌렸다. 보이지는 않지만 마음속에 생생히 살아 있는 형상을 떠올리며 동생에게 격하게 손을 흔들었다. 동생도 수줍게 손을 흔들었다.

커티스는 흔들던 손을 내밀어 동생의 목을 잡고 가까이 끌어당겨 10초 동안 꼭 끌어안았다. 그러고는 동생의 머리에 입을 맞추고 깊은 숨을 내쉬었다. 마치 '그래, 바로 이게 필요했어. 이제 싸워보자'

다시 인생을 아이처럼 살 수 있다면

라고 말하는 듯했다. 나는 수십 번도 넘게 그 영상을 돌려봤다. 볼 때마다 눈물이 흘렀다. 어린 소년이 형제자매의 존재를 느끼며 그들의 손길을 통해 소생하는 순간이었다.

몇 주 뒤 브래드는 또 다른 영상을 보내왔다. 커티스가 일어나 앉아 신발 끈을 묶으려고 애쓰는 장면을 찍은 영상이었다. 놀랍게도 커티스는 시력을 되찾았다. 얼마 지나지 않아 또 다른 영상이 도착했다. 커티스가 엄마와 대화를 나누는 영상이었다. 말하는 능력도 되찾았다. 마지막 영상에서 커티스는 루이지애나주에 있는 집 뒤뜰에서 남동생과 캐치볼을 했다.

에이드리엔의 소원은 이루어졌다. 커티스는 집으로 돌아왔다. 어떻게 이런 일이 벌어졌을까? 잭슨 기념 병원의 의료진은 이유를 설명하지 못했다.

의심이 많은 사람은 단순히 운이 좋았을 뿐이라고 주장할 것이다. 냉소적인 사람들은 커티스의 부상이 애초에 그렇게 심각하지 않았던 것으로 치부할 것이다. 나는 커티스의 부모와 대화를 나누며 하느님의 사랑이 지닌 치유력 덕분이라는 결론을 내렸다. 이 심오한 치유는 기쁨이 전염되거나, 타인과 순수하고 솔직하며 삶을 긍정하는 신체 접촉을 나눌 때 일어난다.

인간은 혼자 사는 존재가 아니다. 포옹의 치유력과 포옹이 우리의 몸과 마음에 미치는 놀라운 영향을 잊지 않기를 바란다. 사기를 높이고 위대한 성취를 이끌어내는 하이파이브의 힘을 잊지 말자. 마음의 짐을 나누는 포옹의 힘을 되새기고 우리는 혼자가 아니며 서로에게 속해 있다는 사실을 떠올리자.

현대인들은 대부분 혼자 차를 몰거나 대중교통을 이용할 때도 전자기기에 코를 박은 채 출퇴근을 한다. 지인에게 손을 흔들거나 계산원과 잡담을 나눌 때도 그 대화는 피상적인 수준에 그친다.

이제 더 깊게 파고들어라. 세상이 내 존재를 무시해도 우리는 늘 누군가가 나를 봐주길 소망한다. 누군가가 내 말을 들어주길 원한다. 내 존재를 알아주길 갈망한다. 사랑받기를 열망한다. 소속되고 싶어 한다. 진심 어린 소통을 하지 않으면 존재는 점점 시들어간다.

인간은 진심 어린 소통을 통해 살아남고 버티고 번성한다. 타인과 함께.

Chapter 3

외로움을
들여다보는 일

↻

"오리어리 씨, 잠시 얘기 좀 할 수 있을까요?"

나는 누가 내 이름 뒤에 '씨'를 붙여 부르면 아버지가 왔나 싶어 주변을 둘러본다. 이제 40대 중반에 접어들었고 지금의 삶에 만족하지만 아직은 존이라고 불리는 게 훨씬 좋다. 특히 학교에 아이들을 데리러 갔을 때 "오리어리 씨, 잠시 얘기 좀 할 수 있을까요?"라는 말을 듣는 건 정말 싫다. 헨리의 선생님이 그 말을 할 때는 더욱더 그렇다.

네 아이 중 셋째이자 아들 중에서 막내인 헨리는 놀랍도록 유쾌하고 재미있고 외향적이며 활동적이고 생기가 넘친다. 음악과 동물, 슈팅 게임, 장난으로 하는 몸싸움을 좋아한다. 잠시도 가만히 있지 못하고 늘 춤을 추고 웃는 참 놀라운 아이다. 워낙 열정이 넘쳐 친구들과 가족에게 큰 기쁨을 주지만 수업 시간에는 가끔 다루기 힘든 아이가 된다. 달리 말해 조금 '활발'하거나 '적극적'인 아이인 셈이다.

외로워서 자살하는 사람들

나는 헨리의 선생님을 연민과 존경심이 담긴 표정으로 바라보았다. 평범한 아이들도 부모들이 주시하고 있어 힘들 텐데 내 아들까지 가르치려니 얼마나 힘들지 상상이 갔다. 그래서 나는 선생님이 할 이야기가 있다고 했을 때 최악의 상황을 각오했다.

"헨리가 오늘 수업 때 좀 떠들었어요. 그만하라고 몇 번 주의를 줬는데도 말을 안 듣더군요. 해서 마지막 경고를 하려고 제 책상으로 불렀습니다."

아, 이런! 역시 최악의 상황이었다. 선생님은 내가 집중해서 듣고 있는지 확인하려는 듯 내 어깨에 오른손을 올리고 말을 이었다.

"솔직히 인내심이 점점 바닥나고 있었어요. 이미 헨리의 모둠을 두 번 바꿔봤지만 소용없었거든요. 그래서 이렇게 말했어요. '잘 둘러보고 친한 친구가 없어서 공부에만 집중할 수 있는 모둠을 찾아보렴.'"

다시 인생을 아이처럼 살 수 있다면

선생님은 웃음이 터지려는 걸 참는 듯 잠시 말을 멈췄다. 그러곤 다시 이야기를 했다.

"헨리는 자리에서 일어나 교실을 둘러보았어요. 그러고는 다시 저를 보며 그러더군요. '너무 어려워요!' 저는 '뭐가 그렇게 어렵니, 헨리?'라고 좌절하며 물었죠. 그랬더니 헨리는 이렇게 대답하더군요. '어딜 보나 다 친구들뿐인 걸요!'"

선생님은 헨리가 대견하다는 표정을 짓고는 말을 이었다.

"헨리는 가장 중요한 진리를 이미 알고 있었어요. 이 세상은 친구가 될 수 있는 사람들로 가득하다는 진리 말이에요. 집에 가실 때 헨리에게 전해주세요. 오늘 선생님에게 중요한 교훈을 일깨워줘서 고맙다고요."

'어딜 보나 다 친구들뿐인 걸요!'

아이의 말이지만 참 현명한 말이다. 이런 말을 할 수 있는 어른은 얼마나 될까? 여러분도 여러분의 교실을 둘러볼 때 그렇게 느끼는가? 솔직하게 말해보라. 사무실이나 식료품점에 들어설 때는 어떤가? 기차역에서 기차를 기다리거나 공항 보안 검색대를 통과하거나 퇴근하는 길에 같은 공간에 있는 사람들을 보면 어떤 느낌이 드는가?

슬프게도 현대 사회는 어딜 보나 친구들뿐이라고 답할 수 있는 사회가 아니다. 사실 독자들도 공감하겠지만 현대인들은 그 어느 때보다 외롭다.

최근 시그나는 '외로움 전염병'에 관한 연구 보고서를 발표했다.
보고서에 따르면 요즘 세대는 언제 어디에서나 전자기기를 통해
'연결'되어 있지만 진정한 소통은 이루어지지 않고 있다. 매일 휴대
폰에 매여 사는 시간이 세 시간에 달하지만 휴대폰으로는 모두가
갈망하는 유대감을 느낄 수 없다. 연구에 따르면 타인과 어울리는
시간이 하루에 5~6시간일 때 가장 큰 행복감을 느끼는 것으로 드
러났다.

그러나 조사 결과 실제로 타인과 어울리는 시간은 하루 평균 41분
에 불과했다.[56] 친구나 가족, 사랑하는 사람과 보내는 시간이 하루
에 겨우 41분이라니! 어찌 외롭지 않겠는가.

게다가 타인과 어울리는 그 짧은 시간에도 온전히 서로에게 충실
하지 않다. 급하게 처리할 일이 있어 휴대폰을 보는 척하며 상대방
을 대놓고 무시할 때가 많지 않은가. 외로움과 고립, 공허함은 단순
히 해로운 정도가 아니라 생명을 앗아간다.

결코 과장이 아니다. 매년 150만 명 이상의 미국인이 외로움을
이유로 자살을 시도한다. 그렇다. 무려 150만 명이 희망이 없어 삶
을 지속할 이유가 없다고 느긴다. 외로움은 작년 한 해에만 5만 명
이상의 목숨을 앗아간 전염병이다. 5만 명의 엄마, 아빠, 형제자매,
아이, 친구들이 이 세상에서 사라졌다. 영원히!

다시 인생을 아이처럼 살 수 있다면

다행히 많은 선량한 사람들이 이 흐름을 바꾸려 애쓰고 있다. 정신 건강에 대한 의식을 높이고 자발적으로 도움을 청하는 사람이 많아지도록 노력하는 중이다. 정신병에 찍힌 편견의 낙인을 없애려 노력하고 있다. 지원이 절실한 사람들을 돕는 정부 차원의 프로그램을 개발하는 노력도 하고 있다.

나는 심리학자나 의사, 지역 사회 운동가는 아니다. 그러나 우리 사회에 만연한 외로움을 해결하려면 무엇을 해야 할지는 안다. 휴대폰을 내려놓고 타인에게 다가가야 한다. 경계를 늦추고 직면한 문제를 공유해야 한다. 타인의 삶의 부침, 고난과 기쁨에 귀를 기울이는 동시에 내 삶도 타인과 공유해야 한다. 생명력을 불어넣는 삶, 함께 사는 삶을 되찾아야 한다.

맞지 않는 조각, 그러나 필요한 조각

에이미 크로퍼드Amy Crawford는 초등학교 5학년 교사다. 그녀는 테네시주 녹스빌에서 30년 넘게 아이들을 가르쳤다.

교사는 매우 고된 직업이다. 교사들은 박봉과 고된 일에 시달리는 데다 제대로 된 인정을 받지 못할 때가 너무 많다. 교사는 아이들에게 학문을 가르치고 학업적 성취를 이끌어낸다. 더 중요하게는 아이들이 친절하고 회복 탄력성이 높으며 예의 바른 시민으로 자라는 데 꼭 필요한 태도와 기술을 심어주고 발전시킨다. 사명감 없이는 할 수 없는 일이자 막중한 책임을 지고 사회를 형성하는 일이다. 한 번의 수업, 한 번의 가르침으로 한 사람의 인생을 바꾸고 세상을 바꾸는 일이다.

물론 일이 힘들고 보람을 찾기 어려울 때도 있다. 그러나 교직 생활 초기에 에이미는 자기 일이 얼마나 중요한지 직접 경험했다. 그녀의 반에는 학교생활에 무관심한 소년이 한 명 있었다. 그 아이는 다른 학생들에게 무례하게 굴었고, 에이미가 다가가려고 아무리 노력해도 좀처럼 마음을 터놓지 않았다. 숙제는 늘 늦게 제출했고 예의가 없었다.

요컨대 교사가 포기하기 쉬운 아이였다. 스스로 노력할 의지가 없는 학생에게 끝까지 노력을 기울일 교사가 얼마나 되겠는가. 그러던 어느 날, 에이미는 책상 위의 서류를 정리하다 그 소년이 쓴 시를 발견했다. 그 시를 읽은 뒤로 에이미의 삶은 완전히 바뀌었다. 그리고 시간이 지나면서 소년의 삶도 바뀌었다.

나와 친하게 지내는 에이미는 최근 그 시를 내게 보여주었고, 나는 소년에게 이 책에 시를 실어도 좋다는 허락을 구했다. 소년의 시는 주변 사람들과 어울리지 못하고 겉돌면 얼마나 깊은 외로움을 느끼게 되는지 가슴 절절하게 보여준다. 나이가 아무리 어려도 말이다.

나는 맞지 않는 조각이다

나는 맞지 않는 조각이다

사람들은 왜 내 있는 그대로의 모습을 싫어할까

내 안에서 외로움이 울부짖는 소리가 들린다

거울을 보면 슬프고, 이상하고, 다른 내가 보인다

내 편이 있다면 얼마나 좋을까

나는 맞지 않는 조각이다

나는 무슨 말을 들어도 상처받지 않는 척한다

나에게서 도망치고 싶다

얼굴을 타고 축축한 눈물이 흘러내린다

오직 나, 나, 나뿐일 미래가 두렵다

눈물이 난다

나는 치즈, 남들은 다 쥐다

나는 맞지 않는 조각이다

아무도 나를 좋아하지 않는 게 당연하다

이 세상에는 나 같은 사람이 있을 곳이 없다

나는 내가 어울리는 곳을 꿈꾼다

새 친구를 사귀려 애쓰고 그러길 바라지만

나는 여전히 맞지 않는 조각이다

에이미는 시에 담긴 진심 어린 메시지를 읽고는 북받쳐 오르는 감정을 주체하지 못했다. 아이의 슬픔과 외로움이 이렇게 깊었다니 충격적이었다. 그러다 그보다 더 충격적인 사실을 깨달았다. 그것은 같은 교실에서 코앞에 앉은 아이의 고통을 교사로서 눈치채지 못했다는 사실이었다. 마음 깊이 숨겨진 감정을 언어로 정확하게 표현할 줄 아는 놀랍도록 재능 있는 작가를 알아보지 못했다는 점도 한탄스러웠다.

다음 날 에이미는 그 아이도 반에서 소중한 존재라는 걸 알려주겠다는 열정을 새롭게 불태우며 학교에 출근했다. 남은 학기 동안 에이미는 제 편이 아무도 없다고 느끼는 어린 소년의 친구가 되려고 매일 매일 진심으로 노력했다. 자기만 겉돈다고 느끼는 소년에게 삐죽삐죽 튀어나온 남다른 존재도 제각기 아름답다는 사실을 깨우치려 애썼다.

그 소년은 그렇게 선생님의 사랑과 관심, 주변 친구들의 지지를 받고 새로운 멘토를 소개받았다. 시간이 흐르면서 자기에게도 친구와 재능이 있으며 자신도 꼭 필요한 조각이라는 사실을 점점 깨달았다. 지금 그 소년은 대학을 졸업해 직장에 다니며 행복한 결혼 생

다시 인생을 아이처럼 살 수 있다면

활과 열정적인 삶을 이어가고 있다. 또한 아직 희망이 있음을 알려준 에이미에게 고마워하며 계속 그녀와 연락하고 지낸다.

나도 살면서 내가 맞지 않는 조각이라고 느껴질 때가 수없이 많았다. 경기에 참여하지 못해 벤치 끝에 앉아 있었던 아이. 데이트 한번 하지 못한 사춘기 소년. 사람들과 어울리려 애를 쓰지만 이상한 시선을 자주 받아야 했던 남자.

물론 나뿐만이 아니다. 많은 사람이 자신은 맞지 않는 조각이라고 느낀다. 그리고 그런 생각이 들 때 외로움을 느낀다. 외로움이 흡연만큼 건강에 해롭다는 사실을 아는가?[57] 하루에 담배 15개비를 피우는 것만큼 해롭다. 그러나 우리는 공중 위생국이 경고한 외로움과 고립, 슬픔의 위험성을 과소평가한다. 이제 그 위험을 직시해야 한다.

진실은 이렇다. 우리는 외롭지 않다. 우리는 혼자가 아니다. 인류라는 거대한 가족 안에서 가치 없는 개인은 단 한 명도 없다. 맞지 않는 조각은 없다. 멀찍이 떨어져 고립된 삶을 고집하면 자신이 이 세상에 속하지 못한 삐죽 튀어나온 조각처럼 느껴질 것이다. 그러나 세상 속으로 들어가면 한 사람 한 사람이 모여 아름다운 걸작을 만들어낸다는 사실을 깨닫게 된다.

들쭉날쭉한 조각들은 그 자체로 완벽하다. 제각기 이 세상에 존재하는 이유가 있으며 인류의 동력이 된다. 인간은 홀로 삶을 헤쳐

나갈 수 없다. 거칠고 우둘투둘하고 흉터가 있을지라도 우리는 모두 맞는 조각이다. 불완전하지만 거대한 삶의 모자이크 안에 완벽하게 들어맞는 조각이다.

다시 인생을 아이처럼 살 수 있다면

Chapter 4

두려움의 가면을
벗어라

↻

아이들은 마음에 쏙 들어했다. 두 눈을 크게 뜨고 음악에 맞춰 머리를 까닥거리며 영화에 몰입했다. 그럴 만도 했다. 내가 봐도 훌륭한 영화였다.

'타인의 시선'이라는 감옥에서 나와라

〈위대한 쇼맨〉은 P. T. 바넘P. T. Barnum의 생애를 할리우드식으로 그린 영화다. 할리우드식이라고 표현한 건 각색한 부분이 다소 있기 때문이다. 바넘을 실제보다 좀 더 잘생긴 인물로 그렸고 극적인 요소는 강조하고 아픔은 미화했다. 물론 그렇다고 바넘의 정체성과 그가 한 일이 바뀌지는 않는다.

전설적인 '바넘&베일리 서커스'를 설립한 바넘은 세상에서 가장 특이한 사람들을 사방팔방으로 찾아다녔다. 다양한 인종 배경이나 독특한 재능, 남과 전혀 다른 외모를 지닌 사람들로 화려한 무대를 꾸며 많은 수의 관객을 모았다. 그의 서커스단에는 키 2미터가 넘는 거인과 1미터가 안 되는 소인이 있었다. 300킬로그램이 넘는 사람과 몸이 붙은 샴쌍둥이도 있었다. 이들은 따로 있을 때는 버림받거나, 무시당하거나, 동정받거나, 심지어 경멸당하는 존재였다.

그랬던 이들이 함께 뭉치니 달라졌다. 환호받는 존재가 되었다. 그러나 무대에 서려면 각자의 가장 큰 결함이 사실은 가장 큰 자산이라는 사실을 깨달아야 했다. 오랜 시간 숨겨온 것을 당당히 세상에 내보여야 했다.

영화에서 케알라 세틀Keala Settle이 연기한 레티 러츠Lettie Lutz는 무대 중앙으로 걸어나가 '이게 나야'라는 노래를 불렀다. 이 세상과 어울리지 않는 기분을 조금이라도 느껴본 사람이라면 누구라도 공감할 명곡이었다. 여자지만 수염이 덥수룩하게 난 레티는 낯선 사람들의 시선을 피해 늘 숨어 지냈다. 바넘은 그런 그녀가 세상 밖으로 나와 능력을 발휘하도록 용기를 북돋았다.

레티의 노래는 이렇게 시작한다.

"나는 어둠이 낯설지 않아."

바넘의 서커스단 출연진은 하나같이 타인의 조롱과 모욕을 피해 숨어 살던 사람들이었다. 세상은 고장 난 부품을 원하지 않았다. 그러나 바넘이 그들을 어둠 속에서 빛으로 걸어 나오도록 이끌자 놀라운 일이 벌어졌다. 남과 다른 자신을 받아들이고 흉터를 자랑스럽게 여기게 된 것이다. 레티도 세상에 적응하지 못한 다른 단원들처럼 결함이 있는 제 모습을 있는 그대로 품을 수 있게 되었다. 실로 놀라운 변화였다.

레티의 노래는 이렇게 끝난다.

나는 사람들의 눈이 두렵지 않아

사과 따위는 하지 않을 거야

이게 나니까!

'사람들의 눈이 두렵지 않아.'

타인과의 진정한 유대를 가로막는 것이 무엇인지 알 수 있는 대목이다. 우리는 타인의 시선을 두려워한다. 인터넷에는 보정한 이미지를 올리고 자신의 진짜 모습은 감춘다. 고장 난 부분은 받아들이지 않는다. 가장 내밀한 심적 부담은 공유하지 않는다.

숨길 게 있으니 타인과의 소통을 피한다. 너무 친해지면 어쩌지? 내 진짜 모습을 알면 어쩌지?

그럴 바에는 남의 시선을 피해 홀로, 세상과 거리를 두는 게 낫다고 생각한다. 그러나 어둠에서 벗어나 빛 속으로 발을 디디면 강력한 힘이 생긴다. 흉터를 공유하고 약점이나 창피한 부분을 드러내면 어마어마한 치유력이 생긴다. 그래야만 타인을 내 안에 들일 수 있다.

우리는 같아요

강연을 전문으로 한 지 10년이 넘었고 첫 번째 책『온 파이어』가 좋은 반응을 얻었지만, 나는 여전히 사람들에게 내 몸과 마음의 흉터를 보여줄 때마다 불안을 느낀다. 그 두려움이 가장 강렬하게 치솟았을 때는 아마 포커스 마린스Focus Marines 재단의 초대를 받아 강연할 때였을 것이다.

10년 전 설립된 포커스 마린스는 전역한 뒤에 외상 후 스트레스 장애(이하 PTSD)를 앓고 있는 해병의 수가 증가함에도 이들을 지원하는 프로그램이 없는 현실을 바꾸고자 생긴 재단이다. 포커스 마린스는 PTSD를 앓는 재향 군인들에게 8일 동안 상담과 리더십 훈련, 분노 관리, 직업 교육을 제공한다. 나는 지난 10년 동안 40회 넘게 그 프로그램에 참여하는 행운을 누렸다. 재향 군인으로 가득한 강연장에 들어설 때마다 마치 성역에 발을 딛는 기분이다. 그리고 거의 매번 나만 겉도는 느낌을 받는다.

다시 인생을 아이처럼 살 수 있다면

그들은 최전선에서 조국을 위해 싸우고 봉사했다.

나는 아니다.

그들은 제복을 입고 국기에 경례하고 존경받을 자격을 얻었다.

나는 아니다.

그들은 떡 벌어진 몸에 깎아놓은 듯 잘생긴 전사들이다.

나를 본 사람들은 알겠지만, 나는 절대 아니다.

그래서 나는 재향 군인에게 강연할 때는 초라한 기분이 조금이라도 덜 들도록 여러 가지로 중무장을 한다. 특히 강연장에 들어설 때 몸집이 커 보이려고 치수가 큰 재킷을 입는다. 헐렁한 재킷을 입으면 내 약점인 왜소한 몸뿐 아니라 팔의 상처를 숨길 수 있었다. 큼지막한 재킷은 내가 포커스 마린스에서 강연을 한 처음 9년 동안 늘 갖춰 입은 내 나름의 제복이었다.

오랜 시간 내 본모습을 감추고 나를 억지로 무리에 끼워 맞춰 소속감을 느끼려 애쓴 것이다. 초등학교에 다닐 때도 그랬다. 화상 흉터에 쏟아지는 시선을 돌리려고 반에서 제일 웃긴 아이가 되려 애썼다. 고등학교와 대학교에 다닐 때도 그랬다. 파티에 쫓아다니고 술을 마시면 마음이 편해졌고 겉도는 느낌이 덜 들었다.

어른이 되고 나서는 일과 성과에 집착했다. 사장님이 되고 사업이 잘되면 내가 가치 있는 존재가 된 것 같았다. 그러면서 내 고장 난 부분을 숨겼다. 그러다 몇 년 전 여름 캠프에서 우연히 한 소년을 만났고, 그 뒤로 내 태도는 완전히 달라졌다. 강연을 끝내고 식사를 하려고 식당에서 줄을 서 있는데 누가 내 재킷 소매를 잡아당기는 게 느껴졌다. 내려다보니 어린 소년이 눈부시게 환한 미소를 지으며 서 있었다.

소년은 나를 올려다보며 말했다.

"우리는 같아요."

나는 소년의 눈높이에 맞춰 무릎을 꿇고 소년의 눈을 바라보며 장난스레 되물었다.

"그래?"

소년은 고개를 끄덕이며 다시 말했다.

"우리는 같아요!"

그러고는 제 오른손을 들어 보였다. 그제야 알았다. 소년의 손도 나처럼 손가락이 하나도 없었다. 소년은 내 쪽으로 더 다가와 나를 안아주고는 케일럽이라고 자기 이름을 소개했다. 그리고 한 번 더 말했다.

"우리는 같아요."

케일럽은 많아야 아홉 살밖에 안 돼 보였고 나는 마흔이 다 된 어른이었다. 케일럽은 흑인이었고 내 조상은 남아일랜드 출신이었다. 케일럽은 낙후한 도심지에서 태어났고 나는 미국 중서부의 중산층 가정에서 태어났다. 케일럽은 신나는 여름 캠프를 즐기기 알맞

다시 인생을 아이처럼 살 수 있다면

게 티셔츠와 운동용 반바지를 입고 있었다. 나는 짙은 색 양복과 긴 소매 셔츠를 입고 정장 구두를 신고 있었다. 자리에 비해 너무 과한 옷차림이었다.

기쁨이 가득한 눈빛과 손가락이 없는 손, 그 손을 당당히 보여주는 케일럽을 보니 확실해졌다. 케일럽은 우리가 너무나 자주 놓치는 사실을 잘 알고 있었다. 달갑지 않거나 남과 다르다고 느끼거나 고장 났다고 여겨지는 바로 그 부분이 실제로는 우리를 결속시켜준다는 사실 말이다.

인간은 모두 비슷한 경험을 하며 혼자가 아니라는 근본적인 진실을 일깨우는 건 바로 우리의 약점이다. 케일럽을 본보기로 삼아 용기를 얻은 나는 그날 바로 정장 재킷을 벗었다. 그리고 그다음 주 첫 강연 때도 재킷을 입지 않았다.

누구나 환호받을 가치가 있다

월요일 저녁 강연의 관객은 마침 해병이었다. 나는 정장 코트도 긴소매도 입지 않고 연단에 올랐다. 깡마른 팔과 흉터, 손가락이 없는 손이 다 보이는 반소매 셔츠를 입었다. 모든 걸 다 드러냈다. 더는 숨기지 않았다.

주최자가 나를 소개할 때 불안감으로 가슴이 두근거렸지만, 애써 케일럽의 명언을 떠올렸다. '우리는 같아요.' 강연장에 모인 남녀 해병들도 나처럼 결과가 불확실한 고된 여정을 거쳤다. 그들도 나처럼 부상과 회복의 과정을 거쳤고, 완전히 뒤바뀌긴 했지만… 여전히 가능성을 지닌 삶을 살았다. 그들도 나처럼 끔찍한 전투를 치렀고 그 과정에서 마음에, 어떤 사람들은 몸에 깊고 두꺼운 흉터가 생겼다.

나는 계속해서 '우리는 같다'고 되뇌었다.

그렇게 연단에 올라 장병들 앞에서 강연을 시작할 준비를 할 때였다. 강연하면서 한 번도 경험하지 못한 일이 벌어졌다. 기립 박수가 쏟아졌다. 아직 한마디도 하지 않았는데 말이다. 흉터를 모두 드러내자 나를 다르거나 모자라거나 열등한 존재가 아니라 자기들이 거친 여정을 이해하고 공감할 수 있는 사람으로 보았던 것이다. 이처럼 자신의 부족함을 받아들이면 말 한마디 하지 않아도 벽이 허물어지고 소통이 시작된다.

나는 더 이상 사람들의 눈이 두렵지 않다. 그리고 사과 따위는 하지 않을 것이다. 이게 나니까.

자기 자신에게 솔직해지고 제 본모습을 있는 그대로 받아들이며 타인에게 그 모습을 드러낼 때 비로소 진정한 소통이 시작된다. 마음이 열린다. 벽이 허물어진다.

내가 운영하는 팟캐스트에 브르네 브라운Brené Brown을 초대 손님으로 모신 적이 있다. 나는 그때 그녀가 한 조언을 지금까지도 가슴에 새겨두었다.

"두려움은 용감한 리더십을 가로막는 장벽이 아닙니다. 가장 큰 장벽은 자기방어예요. 자기 자신을 갑옷으로 두르는 거죠. 갑옷으로 무장한 채 사람들을 이끌 수는 없습니다." [58]

나는 그날 갑옷을 벗으면 얼마나 강력한 힘이 생기는지 몸소 체험했다. 이제 내 목표는 다시는 갑옷을 두르지 않는 것이다. 여러분의 갑옷은 무엇인가? 타인에게 진짜 내 모습을 감추기 위해 어떤 장벽을 세웠는가? 그 장벽이 다른 사람들을 돕거나 이끌 때 그들과 소통하는 방식에 어떤 영향을 미치는가?

이제 경계를 풀고 빛을 향해 걸어 나가자. 본모습을 당당히 드러내고 타인과 진정으로 소통할 수 있도록 나만의 상처와 약점, 살아온 이야기를 받아들이자.

우리는 같다. 모두 이 세상에 속해 있다. 그리고 누구나 환호받을 가치가 있다. 있는 그대로의 모습으로.

인생은 함께할 때
더 즐겁다

⟳

재무 고문 담당자들을 대상으로 강연을 마치고 난 뒤였다. 한 남자가 다가와 강연을 잘 들었다고 인사했다. 그러고는 본인의 이야기를 조금 들려준 뒤 내게 특별한 가족을 소개해주고 싶다고 했다. 남자는 에이미와 벤, 그 두 사람의 자녀에 관한 놀라운 사연을 들으면 이 가족이 꼭 만나고 싶어질 거라고 했다.

다운증후군 자녀가 가져다준 축복

맞는 말이었다. 에이미 라이트Amy Wright와 벤 라이트Ben Wright는 잉꼬부부였다. 부부는 의미 있는 일을 즐겁게 하며 건강한 아이 둘을 키우고 있었다. 이미 행복한 삶이었지만 셋째 아이를 가졌을 때 부부의 기쁨은 더욱 커졌다. 그러나 임신 기간 동안 부부는 예상보다 힘든 과정을 거쳤다. 셋째 아들 보의 탄생도 순조롭지 않았다.

간호사가 에이미의 품에 보를 안겨줄 때 같이 온 의사는 보에게 다운증후군이 의심된다고 말했다. 의료진은 며칠 뒤 결과가 나오는 다운증후군 검사를 했다.

사흘 뒤, 보는 다운증후군 진단을 받았다. 그 소식에 에이미와 벤은 눈물을 쏟았다. 다운증후군 진단이 뭘 의미하는지는 정확히 몰랐지만 그들의 삶이 바뀌리라는 건 알았다. 부부는 모든 게 걱정되었다. 보는 걷는 법을 어떻게 배울까? 말은 할 수 있을까? 학교에 다닐 수는 있을까? 결혼은 할 수 있으려나?

위로와 격려의 뜻이 담긴 꽃과 카드, 음식이 속속 도착했다. 한마음씨 좋은 이웃은 에이미에게 저녁을 만들어 가져다주었다. 에이미를 꼭 안아주었으며 진심으로 위로의 말을 건넸다. 이웃은 에이미를 격려하려 애썼지만 소용없었다. 그러기에는 부부의 슬픔이 너무 깊었다.

사람들은 다운증후군 진단이 마치 사형 선고인 양 받아들였다. 질서 정연했던 삶이 흐트러지기는 했어도 에이미와 벤은 결국 현실을 받아들였고 보와 보가 발산하는 사랑을 마음으로 끌어안았다. 일반적인 육아와는 다른 과정을 거칠 게 분명했지만, 한편으로는 보를 키우며 경험할 기쁘고 멋진 순간들이 기다려졌다.

첫째와 둘째를 키울 때만큼 쉽지 않았다. 하지만 부부는 보의 다운증후군이 무거운 짐이기는커녕 기분 좋은 뜻밖의 선물임을 곧 깨달았다.

보는 호기심이 넘쳤고 주변 사람들까지 감화시키는 열정을 발산했다. 반짝거리는 눈동자와 미소에는 늘 기쁨이 가득했다. 부부는 보를 통해 매사를 너무 심각하게 받아들일 필요가 없으며 웃을 이유는 언제나 있다는 깨달음을 얻었다. 또한 타인과 소통하는 게 얼마나 쉬운지도 배웠다. 보는 만나는 사람마다 껴안는 습관이 있었다. 익숙해지는 데 시간이 걸렸고 해명해야 할 때도 있었지만 새로운 친구를 사귈 기회가 수없이 많아졌다. 모두 놀라운 아들 보 덕분이었다.

보가 자라면서 부부는 뜻밖의 선물을 또 한번 받았다. 에이미가 네 번째 아이를 임신한 것이다. 병원에서는 특정 위험 인자 때문에 임신 기간 동안 에이미에게 여러 가지 검사를 시행했다. 에이미는 검사 결과를 알리는 전화가 울린 시간과 장소를 지금도 생생히 기억한다. 의사는 보 때문에 네 번째 임신에도 위험이 존재한다는 사실을 천천히, 신중한 목소리로 전했다.

검사 결과는 어땠을까? 뱃속의 딸아이에게는 낭포성 섬유증이라는 질병이 있었다. 에이미가 달을 채워 출산할 가능성은 25퍼센

다시 인생을 아이처럼 살 수 있다면

트에 불과했다. 오랜 침묵 끝에 의사는 다운증후군의 지표인 염색체 이상도 있을 수 있다고 덧붙였다. 그러나 에이미는 아기가 무사히 세상의 빛을 보게 하는 데만 온 신경이 집중되어 있었다. 염색체 이상 가능성은 걱정하지도 않았다. 에이미는 아기가 어떻게 생겼든 그저 무사히 태어나 삶을 이어가기만을 바랐다.

의료진은 에이미의 몸 상태를 주시하면서 아기의 건강에 관한 소식을 계속 전했다. 얼마 후 검사 결과를 알리는 두 번째 전화가 울렸다. 의사는 뱃속의 딸아이도 다운증후군으로 확정되었다는 소식을 전했다. 에이미와 벤은 전화를 끊고 서로를 바라보며 울었다. 이번에는 슬픔이 아니라 기쁨의 눈물이었다.

있는 그대로의 모습으로 우리는 소중하다

부부는 다운증후군이 의학적 문제를 동반한다는 사실을 잘 알고 있었다. 아이의 삶의 궤도가 남과는 조금 다르리라는 것도 알았다. 그러나 괜찮았다. 부부는 이미 '완벽'의 정의를 재정립한 뒤였기 때문이다. 부부에게 완벽은 남과 비슷하게 생긴 것도 아니고, 성공을 위해 남과 경쟁하는 것도 아니었다. 그 부부에게 완벽은 각각의 아이를 지금의 모습 그대로 끌어안는 것이었다.

보는 살면서 누구도 알려주지 않은 것들을 부부에게 깨우쳐주었다. 몇 달 뒤 딸이 건강한 모습으로 에이미의 품에 안겼을 때 부부는 감사했다. 딸아이는 완벽했다.

유명한 수도사이자 작가인 토머스 머튼Thomas Merton은 이렇게 말했다.

"진정한 사랑은 내가 사랑하는 사람이 본연의 모습으로 살게 내버려두며 내 이상형에 맞춰 그 사람을 바꾸지 않겠다는 결연한 의지에서 시작된다."[59]

여러분은 애인이나 배우자를 그런 식으로 사랑하는가? 부모와 시부모, 이웃, 친구, 동료를 그런 식으로 사랑하는가? 인종이나 정치 성향, 종교가 다른 사람들을 그런 식으로 대하는가? 내가 원하는 모습이 아니라 있는 그대로의 모습을 받아들이겠다고 경건하고 단호하게 마음먹었는가?

에이미와 벤 부부는 이렇게 말한다.

"사람들은 흔히 이해가 안 되는 일을 두려워합니다. 경험해본 적 없는 일이나 모르는 것을 두려워하죠. 다운증후군에 대해 아무것도 모를 때는 우리도 정말 두려웠습니다. 섣부른 판단을 했고 선입관에 휘둘렸어요. 하지만 다 겪어본 뒤에는 달랐습니다. 복권에 당첨된 것이나 다름없다는 걸 알았죠. 두 번이나요."[60]

우리는 툭하면 성급한 판단을 내린다. 그런 판단은 틀릴 때가 많다. 게다가 두려움에 사로잡혀 있기에 잘못된 판단을 정정할 만큼 깊고 냉철하게 파고들지 못한다. 에이미와 벤은 장애가 있는 사람

다시 인생을 아이처럼 살 수 있다면

들을 가엾게 여겨야 한다는 인식을 바꾸고 싶었다. 잘못된 인식임을 깨달았기 때문이다.

통계적으로 볼 때 네 명 중 한 명은 살면서 한 번은 어떤 형태로든 장애를 입는다. 장애를 지닌 사람은 덜 인간적인 게 아니라 오히려 더 인간적이라는 사실을 인식할 필요가 있다. 그러면 장애인은 피하기는커녕 오히려 환호해야 할 대상이 될 것이다.

에이미와 벤은 바로 그 생각을 행동으로 옮겼다. 셋째와 넷째가 자라면서 부부는 장애가 있는 성인이 일할 기회가 얼마나 적은지 알게 되었다. 실제로 지적 장애나 발달 장애를 지닌 성인의 80퍼센트가 직업이 없는 것으로 드러났다.[61] 셋째와 넷째가 얼마나 유능한지 직접 목격한 에이미와 벤은 이런 현실을 바꾸기로 했다.

2016년 에이미와 벤은 동네에 지적 발달 장애인을 고용하는 커피숍 '비티&보의 커피숍'을 열었다. 부부는 이 커피숍을 통해 의도적으로 장애인을 고용했다. 부부는 장애인에게 취업의 기회를 제공함과 동시에 다르게 태어난 사람들을 받아들였다. 그러나 그것만이 아니었다. 여기서 나아가 다름을 축하하는 공동체를 만들고 싶었다.

에이미는 이렇게 말한다.

"비티&보의 커피숍은 타인을 바라보는 시각을 바꿔주는 새로운 렌즈예요. 인간의 가치에 대한 이해, 포용을 위한 공간입니다."[62]

창업 전문가는 고객이 테이크아웃 커피를 받기 쉽게 드라이브스루용 창문을 추가하는 전략을 권했다. 하지만 에이미와 벤은 고객이 커피를 받기만 하는 공간보다는 친절하고 호감 가는 직원들이 있는 즐거운 공간을 만들고 싶었다.

비티&보의 커피숍에 들어서면 자리를 잡고 앉아 의미 있는 대화를 하는 사람들이 보인다. 고객은 직원들과 대화를 나누고 소통하는 과정에서 지적 발달 장애인을 더 깊이 이해하게 된다. 그리고 두려워할 건 아무것도 없다는 사실을 깨닫는다.

에이미는 또 이렇게 말한다.

"우리 직원들은 고장 나지 않았어요. 지적 발달 장애인 2억 명 모두 고장 나지 않았습니다. 고장 난 건 장애인을 바라보는 비뚤어진 시각입니다."[63]

우리가 생각하는 성공은 흔히 타인의 시선에 좌우될 때가 많다. 장애아를 키울 때 겪는 고통의 일부는 다른 아이들과의 비교에서 비롯된다. 에이미와 벤은 타인의 판단에 신경 쓰지 않는다. 그 대신 아이를 있는 그대로 사랑하면 인생의 균열을 기꺼이 받아들일 수 있으며 그 균열이 축복임을 깨달을 수 있다고 믿는다.

낯선 것을 사랑하고 다름을 환영하자

에이미와 벤의 커피숍에는 다운증후군을 앓는 엘리자베스라는 직원이 있다. 엘리자베스는 늘 열정과 확신과 기쁨이 넘치는 태도로 주문을 받는다.

최근 어느 젊은 부부가 커피숍에 왔을 때의 일이다. 여자의 배가 부른 걸 본 엘리자베스는 카운터 밖으로 나가 여자를 안아주고 임신을 축하하고는 다시 카운터 안으로 들어갔다. 한 시간쯤 뒤 부부가 다시 카운터로 왔다. 남편은 몇 걸음 뒤에 서 있고 곧 엄마가 될 아내가 다가와 엘리자베스에게 말을 걸었다. 여자는 뱃속의 아기가 첫째라고 말했다.

그러고는 평정심을 유지하려 애쓰며 세상이 알아서는 안 될 엄청난 비밀이라도 말하듯 속삭이는 목소리로 말했다.

"우리 아기도 다운증후군이에요."

엘리자베스가 여자의 말뜻을 헤아리는 동안 짧은 침묵이 흘렀다. 잠시 후 엘리자베스의 얼굴이 환하게 밝아졌다. 엘리자베스는 허공에 주먹을 날리며 "야호!"라고 외친 뒤, 카운터 밖으로 달려 나가 곧 부모가 될 두 사람을 꼭 끌어안았다.

그러고는 목소리를 높여 말했다.

"여러분, 잠시 주목해주세요."

북적거리던 커피숍이 조용해졌다.

모두의 시선이 쏠리자 엘리자베스는 소식을 전했다.

"이분들이 곧 첫째 아기를 낳으실 텐데요, 아기가 다운증후군이

랍니다."

엘리자베스는 또 한번 허공에 주먹을 날리며 흥분한 목소리로 외쳤다.

"야호!"

순간 커피숍에 자리한 사람들에게서 박수갈채가 쏟아졌다. 젊은 부부는 눈물을 터트렸다. 소속감을 느낄 수 있는 곳을 드디어 찾은 것이다. 에이미와 벤 라이트 부부는 세상이 바뀌길 바라는 마음으로 비티&보의 커피숍을 개업했다. 부부의 바람은 노스캐롤라이나주 윌밍턴의 어느 작은 동네에서 이루어지고 있었다. 그리고 이런 부부의 노력은 동네를 넘어 널리 알려지기 시작했다.

2017년 에이미 라이트는 CNN이 선정한 '올해의 영웅상'을 받았다. 전국에 중계 방송된 수상 연설이 막바지에 이르렀을 때 에이미는 관객석을 향하던 시선을 카메라로 돌렸다. 잘 시간이 지났지만 셋째와 넷째가 분명 방송을 보고 있을 터였다. 에이미는 연설의 마지막을 이렇게 마무리했다.

"비티, 보. 지금 방송 보고 있을 테니 말할게. 너희는 완벽하단다. 온 세상을 다 준대도 너희와는 바꾸지 않을 거야. 온 세상을 주고 너희를 얻을 수 있다면 몰라도."[64]

세상은 달라져야 한다. 나와 다른 존재를 피해야 할 대상으로 보는 왜곡된 인식을 바꿔야 한다. 다름은 오히려 사람들을 결속시켜

다시 인생을 아이처럼 살 수 있다면

주며 우리 모두 이 세상에 속한 존재임을 알려준다.

부모들은 흔히 자녀를 보호하기 위해 모르는 존재는 두려워해야 한다는 인식을 무의식중에 심어준다. '낯선 사람과는 말하지 마! 왜 다르냐고 묻지 마! 빤히 쳐다보지 마!'라고 가르친다. 그러나 이런 가르침에는 타인을 믿어서는 안 되고, 다름은 나쁘며, 나와 다른 사람을 이해하려 드는 건 실수라는 인식이 깔려 있다.

이런 인식을 계속 심어주면 외부의 영향에 쉽게 휘둘리는 아이들의 눈에는 '나와 너를 가르는' 렌즈가 씌워진다. 이 렌즈는 한번 씌워지면 제거하기가 무척 어렵다. 우리는 아이들에게 나와 다르게 생긴 사람을 외면하라고 가르친다. 그러나 다름에 호기심을 보이도록 내버려두면 아이들은 소통과 질문과 배움의 기회를 얻는다.

「세계행복보고서」에 따르면 신뢰는 행복을 좌우하는 여섯 가지 요인 중 하나다.

"성공적인 사회에서는 가족 구성원이나 동료, 친구, 낯선 사람, 정부 같은 기관과 높은 수준의 신뢰 관계를 맺는다. 사회적 신뢰가 높으면 삶의 만족도도 높다."[65]

우리 사회는 어떨 것 같은가? 서로를 신뢰하는 사회일까? 여러분의 사무실과 학교, 지역 사회는 어떤가? 소셜미디어의 게시글은 또 어떤가? 사회를 구성하는 개개인이 자신과 다른 의견에 마음을 열고 서로를 신뢰하려 애쓰고 있는가?

그렇다고 답할 사람은 거의 없을 것이다. 그러나 모두가 그렇다고 답할 수 있어야 한다.

아이들에게 모르는 사람과 낯선 상황을 경계하라고만 가르치면 어떻게 될까? 타인과 소통하게 해주고 인류라는 대가족의 일원임을 감사히 여기게 해주는 '타고난 소속감'을 억누르게 된다.

인간은 모두 같으며 모든 삶은 신성하다는 사실을 우리는 자꾸 잊어버린다. 어떤 공간이든 두려움의 대상인 낯선 사람들이 아니라 잠재적 친구들로 가득 차 있다고 생각할 수 있다는 사실도 자꾸 잊어버린다.

이 세상에 맞지 않는 조각은 없다.

우리는 모두 이 세상에 필요한 조각이며, 존재 자체만으로도 축하받을 가치가 있다. 그러니 이제 고립된 삶에서 벗어나자. 더는 내가 아닌 나를 연기하며 살지도 말자. 의자를 당겨 앉아 커피 한 잔을 마시며 '함께' 사는 삶을 축하하자.

다시 인생을 아이처럼 살 수 있다면

Chapter 6

누구나
세상에 속해 있다

↺

평소보다 더 긴장되었다. 루이지애나주의 뉴이베리아라는 꽤 작
은 마을에 있는 가톨릭 하이라는 작은 학교에서 강연을 앞두고 있
을 때였다. 원대한 목표를 세우고, 드높은 소명을 받들고, 과감하게
신앙을 실천하며, 타인을 있는 그대로 받아들이자는 메시지를 전할
참이었다. 체육관은 수백 명의 학생으로 꽉 들어찼다. 맨 오른쪽에
앉은 초등학교 4학년생부터 맨 왼쪽에 앉은 고등학교 졸업반 학생
까지 줄줄이 관람석을 메우고 있었다. 체육관 바닥에 놓인 접이식
의자에는 학부모와 학교 관리자, 초대 손님들이 앉아 있었다.

나는 어릴 때 화상을 입은 사연과 앞장서서 나를 도운 사람들의

이야기를 들려주었다. 그러고는 초등학교에 다시 다니기 시작했을 때의 내 모습을 찍은 사진을 스크린에 띄웠다. 두피의 한 부분에 흰 붕대를 감고 휠체어에 앉아 있는 사진이었다. 피부 이식술을 위해 13번째로 피부를 채취한 공여 부위라 붕대를 감고 있었다. 무릎 위에 올려진 두 손은 절단 수술을 받아 손가락이 없었다.

나는 나를 둘러싼 학생들에게 물었다.

"여러분이 이런 모습이었다면 학교로 다시 돌아가는 게 두려웠을까요?"

객석이 웅성거리는 소리로 시끄러워졌다. 다들 두려웠을 것으로 생각하는 듯했다.

"왜죠? 왜 두려웠을까요?"

내가 물었다.

맨 앞줄의 여학생이 열심히 손을 흔들었다.(역시 제일 먼저 손을 드는 건 제일 어린아이들이다!) 발언할 기회를 주자 학생은 이렇게 답했다.

"생긴 게 너무 달라졌잖아요. 선배들이 놀릴까 봐 걱정됐을 거 같아요."

"훌륭한 답이에요. 정확히 맞췄어요! 저도 바로 그 점이 두려웠답니다."

나는 14개월 만에 학교로 돌아갔을 때 어떤 일이 벌어졌는지 들

다시 인생을 아이처럼 살 수 있다면

려주었다.

고장 나고 상처 입은 나를 친구들은 사랑으로 안아주었다

1월의 어느 금요일 오후, 나는 운동을 잘하고 인기 많은 4학년생으로 학교를 나섰다. 그 후로 1년 넘게 지난 3월의 어느 날 아침, 5학년생이 되어 학교로 돌아갔다. 너무나 그리웠던 학교지만 겁이 났다. 손가락이 없고 흉터로 뒤덮이고 휠체어 신세를 져야 하는 나는 학교생활이 괜찮으리라는 확신이 없었다.

이 모습으로도 친구를 사귈 수 있을까? 수업 시간이 바뀔 때 교실을 이동할 수 있을까? 책가방에서 책을 빼내어 사물함에 넣는 건 어떻게 하지? 선생님들은 나를 다르게 대할까? 마음속 깊이 두려움이 요동쳤다. 학교에 아직도 나의 자리가 있을까?

이른 아침에 물리 치료를 받고 나서 엄마는 오래된 머큐리 스테이션왜건에 나를 태웠다. 나는 오늘 하루 일어날 일이 두려워 빨간색 인조 가죽 시트에 등을 기대고 앉은 채 아무 말도 하지 않았다. 나는 학교 갈 날을 손꼽아 기다리는 아이는 아니었다. 화상을 입기 전에도 학교를 빠지고 집에 있을 핑계가 생기면 그렇게 반가울 수가 없었다.

'눈이 오네? 좋았어.'

'학교 수도관이 고장났다고? 좋았어.'

'국경일이네? 명절이네? 좋았어.'

'몸이 아프네? 좋았어.'

'아플 것 같은데? 좋았어!'

나는 깊이 숨을 들이마셨다. 모퉁이만 돌면 학교였다. 복귀를 연기할 만한 좋은 핑계가 없을까? 하지만 핑계를 대기에는 너무 늦었다. 엄마가 핸들을 꺾으면 바로 학교가 보일 것이다. 그때 시끌벅적한 함성이 들렸다. 나는 고개를 들어 밖을 내다보았다. 수백 명의 학생이 길 양쪽에 죽 늘어서 있었다.

엄마는 속도를 줄여 학교에 도착할 때까지 차를 천천히 몰았다. 길가의 아이들은 나를 향해 격하게 웃으며 환영 인사를 외치고 표지판을 흔들었다. 학교에 자기 자리가 없을 거라고, 이제는 맞지 않는 조각이 되었을 거라고 두려워하는 어린 소년을 있는 힘껏 환영했다. 학교에 아직 네 자리가 있으며 너는 여전히 완벽하게 맞는 조각이라는 확신을 주려고 모두가 온 힘을 다했다.

주차장에 도착해 엄마가 차를 세우자 환호성은 더욱 커졌다. 엄마는 차에서 내려 문을 열고 나를 내려주었다. 나는 멋진 척하고 싶은 5학년생이라 고개를 들거나 손을 흔들어 환호에 답하지는 않았다. 그러나 나를 반기는 환호성을 다 들었고 마음 깊이 감동받았다. 내 평생 잊지 못할 순간이었다.

교장 선생님이 학교 건물의 문을 여닫히지 않게 고정해놓자 동급

다시 인생을 아이처럼 살 수 있다면

생들이 복도 양쪽으로 늘어서 있는 게 보였다. 5년 동안 학교에 다니며 친해졌지만 대부분 못 본 지 1년이 넘은 얼굴들이었다. 친구들이 만든 환영의 터널을 휠체어로 통과하니 갑자기 눈물이 쏟아졌다. 행복의 눈물이었다. 사랑으로 폭 뒤덮인 느낌이었다.

어쩌면, 정말 어쩌면, 다 잘 될지도 모른다는 생각이 들었다.

환영은 세심하게 준비한 한 번의 아침 행사로 끝나지 않았다. 내가 새로운 현실에 조심스럽게 적응하는 1년 내내 지속되었다. 반 친구들은 나를 외면하지 않았다. 나를 피하지도 않았다. 다른 아이들도 놀리기는커녕 나와 소통하려 애썼다. 나를 보면 먼저 인사말을 건넸고 내 책을 들어주었다. 휠체어를 서로 밀어주겠다며 다투기까지 했다.

나는 화상을 입었고, 흉터가 생겼고, 고장 났고, 남과 달라졌다. 그러나 돌아왔다. 그리고 아이들은 돌아와도 괜찮다고, 내가 아직도 맞는 조각이라고 느끼게 해주었다.

우리는 세상이라는 퍼즐에 없어서는 안 될 조각이다

"사우보나Sawabona!"

남아프리카 공화국 나탈 북부에 사는 부족의 전통 인사말이다. 이 부족민들은 친구나 가족, 손님, 낯선 사람을 환영할 때 '사우보나'라고 인사한다. 그러면 친구나 가족, 손님, 낯선 사람은 '시코나

Sikhona'라고 답한다.

사우보나는 '나는 당신을 봅니다'라는 뜻이고,

시코나는 '나는 여기 있습니다'라는 뜻이다.

나는 이 인사말이 좋다. 진정한 소통의 핵심이기 때문이다. 진정한 소통을 할 때는 서로를 온전히 바라본다. 외면하거나 무시하거나 판단하지 않고, 감추거나 속이지 않는다.

나는 당신을 봅니다.

나는 여기 있습니다.

이 인사말을 들으면 곧바로 상대가 나를 포용하고 환영하고 있다는 느낌을 받는다. 우리도 늘 이런 인사를 하며 살면 어떨까? 아마 일상이 몰라보게 달라질 것이다.

5학년이 되어 처음 학교에 간 날, 학교로 돌아가는 게 미칠 듯 불안했던 내게 아이들은 환하게 웃으며 손과 피켓을 흔들고 격려의 말을 외쳤다. 나를 보고 있으며 내 곁에 있다는 걸 온몸으로 보여주었다. 내게는 참으로 아름다운 선물이었다. 나도 누군가에게 그 선물을 주고 싶었다.

그날의 이야기를 들려준 뒤 나는 학교에 돌아간 첫날 그런 환영을 받았을 때 내 기분이 어땠을지 가톨릭 하이 학생들에게 물었다. '좋아요', '멋져요', '신나요', '행복해요'라는 답이 객석에서 울려 퍼졌다.

다시 인생을 아이처럼 살 수 있다면

나는 학생들에게 다시 물었다.

"그럼 지금 다른 누군가가 그런 기분을 느끼게 해줄 수 있다면 어떨 것 같아요?"

관객은 흥분의 환호성을 질렀다.

"우선 들려줄 이야기가 있어요. 1년 전쯤 병원에서 초등학교 2학년 남자아이를 만났어요. 그 아이는 끔찍한 교통사고를 당해 집에서 멀리 떨어진 미시시피주 잭슨에 있는 병원까지 헬리콥터로 이송됐죠. 의료진은 아이의 가족에게 아이가 생존할 가능성이 거의 없다고 했답니다. 살아남는다고 해도 다시는 앞을 보지 못하고, 말도 못하게 될 거라고 했죠. 당연히 다시 학교에 다니지도 못한다고 했고요."

나는 잠시 말을 멈췄다.

"하지만 그 어린 친구는 절망적인 예상을 깨고 살아남았습니다."

객석에서 환호성이 터졌다.

"결국 다시 초등학교에 다니기 시작했고 지금은 3학년이 됐어요. 그 용감한 소년이 내년부터 이 학교에 다니게 될 거랍니다."

또 한번 환호성이 터졌다.

"그 소년이 오늘 학교에 찾아왔습니다. 학교에 잘 적응할 수 있을지 보려고요."

객석이 흥분으로 떠들썩해졌다.

"이따가 그 소년에게 자리에서 일어나라고 할 텐데요. 부디 여러분이 그 친구를 보고 있다는 걸 느끼게 해주세요. 자신이 여러분과 잘 어울리고 이곳에 잘 맞는 조각이라는 느낌이 들게 해주세요."

나는 바로 다음 말을 이었다.

"커티스, 자리에서 일어나 곧 친구가 될 학생들에게 손을 흔들어주겠니?"

짙은 색 테가 둘러진 안경을 쓴 금발의 소년이 체육관 바닥에 놓인 접이식 의자에서 일어났다. 소년은 잠시 눈을 내리깔았다가 고개를 들어 객석을 가득 채운 600명의 학생에게 수줍게 손을 흔들었다. 그러자 객석의 모든 학생이 자리에서 벌떡 일어나 격려의 환호성을 지르며 한참 동안 환영의 기립 박수를 쳤다. 커티스는 쏟아지는 박수갈채를 받으며 앞으로 걸어나와 나와 포옹하고 주먹 인사를 나눴다.

2분간의 기립 박수가 드디어 잦아들었다. 커티스는 1년여 전 중환자실에 있을 때는 그의 부모조차 감히 상상할 수 없었던 표정을 지어 보였다. 함박웃음이었다.

커티스는 돌아왔다.

이 세상에는 여러분 각자의 자리도 있다. 여러분 모두 있는 그대로의 모습으로도 충분히 가치 있다. 축하받아 마땅한 존재다. 이제 여러분이 할 일은 만나는 사람마다 이 진실을 상기시켜주는 것이

다시 인생을 아이처럼 살 수 있다면

다. 우리는 모두 이 세상에 속해 있으며 세상이라는 퍼즐에 없어서는 안 될 조각이다.

함께 사는 삶이 얼마나 아름다운지 잊지 말자. 우리는 다 다르게 생겼다. 지지하는 정당도 다르다. 저마다 다른 교회나 회교 사원, 유대교 회당에서 예배를 본다. 그럼에도 우리는 이 세상에 속해 있다. 더는 벽을 세우지 말고 울타리를 짓지 말자. 이미 만들어진 벽과 울타리는 허물자. 가면을 벗고 자신의 삶을 드러내자. 타인뿐 아니라 자기 자신을 있는 그대로 받아들이자.

고립의 굴레를 벗고 자기 비하의 베일을 걷어버리자. 그러면 멋지고 근사한 일을 할 힘이 생길 것이다. 다 함께!

소속감

"나는 맞지 않는 조각인가,
있는 그대로의 모습으로도 이 세상에 맞는 조각인가."

나는 당신이 무슨 말을 들었고, 몸에 어떤 흉터가 있고,

마음 깊이 어떤 상처를 숨기고 있는지 모른다.

그러나 이것 하나는 분명히 안다.

당신은 신이 아름답게 빚어낸 경이로운 존재다.

당신은 세상에 도움이 되는 재능을 타고났다.

당신이 태어난 데는 이유가 있다.

우리 모두 그렇다.

피부색이나 국적, 가정 형편이 어떻든

무엇을 믿고 무엇을 가치 있게 생각하든,

우리는 모두 같은 부족 출신이다.

다시 인생을 아이처럼 살 수 있다면

그래서 서로 잘 맞고 서로가 필요하다.

외로움이라는 전염병은 고칠 수 있다.

이제 울타리를 허물고 축제를 즐길 시간이다.

우리 모두 초대받았다.

단, 축제를 즐기려면 먼저 발을 내디뎌야 한다.

어둠에서 걸어 나와라.

당신이 얼마나 가치 있는 존재인지 인정하라.

그리고 당신이 누구인지 드러내라.

그러면 목청 높여 당당하게 노래할 수 있다.

이게 '나야'라고.

그런 다음 축제 행렬에 합류하라.

함께하면 세상을 바꿀 수 있다.

5부

자유

경기장 밖에 머물지 마라.
게임에 적극적으로 참여하라

자
유

스스로 선택하고,
자신의 능력을 드러내고,
과감하게 도전하고,
인생에 모든 걸 거는 감각.

Chapter 1

이기는
게임을 하라

↻

가족과 함께하는 여름휴가는 1년 중 내가 가장 좋아하는 시간이다. 우리는 여름마다 멕시코만과 맞닿은 플로리다의 바닷가 마을에서 휴가를 보낸다. 노트북과 스마트폰, 정장 구두, 할 일은 모두 집에 두고 온다. 시계는 풀어두고 일에 쫓겨 종종거리지도 않는다. 업무 전화도 받지 않는다.

아침에는 해변의 파라솔 아래에서 쉬거나 모래성을 만들거나 산책을 한다. 오후에는 해먹에 누워 쉬거나 자전거를 타거나 책을 읽는다. 저녁을 먹고 나서는 보드게임을 한다. 물론 가끔은 리스크, 모노폴리를 하거나 포커에 열을 올릴 때도 있다.

스스로 미래를 결정하고 책임지는 삶이야말로 자유 그 자체다

몇 년 전에는 큰아들 잭과 포커의 일종인 텍사스 홀덤에 푹 빠졌다. 잭은 거의 매번 판돈을 다 건다. 그런데 내가 콜을 하면 잭은 꼭 좋은 패를 갖고 있고, 잭의 허풍에 속아 포기하면 나쁜 패를 갖고 있다. 나는 실력이 형편없는 반면 잭은 과감한 데다 행운의 여신마저 편을 들어주니 게임은 매번 잭의 승리로 끝난다.

불난 데 부채질이라도 하듯 잭은 나한테 딴 칩을 고등학교 악단처럼 우아하게 정렬해놓고 나를 놀린다. 한번은 승리를 거두고 요란한 축하 의식을 끝낸 잭에게 애써 화를 억누른 채 미소를 지으며 물어봤다.

"아들, 어떻게 넌 매번 나를 박살 내는 거니?"

다음 승리를 거두기 위해 카드를 섞던 잭은 나를 흘깃 보고는 말했다.

"아빠는 지지 않는 게임을 하잖아요."

잭은 중요한 일, 즉 다시 카드를 섞는 일에 몰두하다가 덧붙였다.

"나는 이기는 게임을 하고요."

가슴 한구석이 뜨끔했다. 잭의 말이 맞았다. 나는 지지 않는 게임을 했다. 포커를 칠 때뿐만이 아니었다. 인생에서도 그랬다. 잭이 승리의 흔적인 칩 무더기 뒤에서 카드를 섞는 걸 보면서 내가 지금 잭의 나이였던 시절을 떠올렸다. 그때의 나는 지금과 전혀 달랐다.

다시 인생을 아이처럼 살 수 있다면

벌떡 일어나 첫 번째 선택을 받기보다는 가만히 앉아 멋진 척, 관심 없는 척했다. 제일 먼저 손을 들기보다는 다른 사람이 행동하고 해결하고 의견을 말하길 기다렸다. 위험을 감수하기보다는 안전한 길을 택했다. 주목받고 싶지 않았다.

최근에 이기는 게임을 하려고 애쓴 적이 있는가? 게임에서 이기거나, 골을 넣거나, 승진하거나, 포커 게임에서 어떤 이의 코를 납작하게 해준 적이 있느냐는 뜻이 아니다. 삶의 모든 분야에서 실패할 위험이 있는데도 전부를 걸고 발 벗고 나선 적이 있느냐는 뜻이다. 최근에 모든 걸 다 쏟아부어 한줌의 미련도 없는 상태를 경험해본 적이 있는가? 가슴 가득 살아 있다는 느낌을 받은 적이 있는가?

또다시 칩을 긁어모으는 책을 보았다. 내 아이들은 어른이 된 뒤로 내 사고방식을 지배한 두려움의 족쇄에 얽매여 있지 않은 것 같아 다행이었다. 아이들은 어리석어 보이는 걸 두려워하지 않는다. 발가벗거나, 큰소리로 노래하거나, 질문하거나, 새로운 일을 시도하는 데 전혀 거리낌이 없다.

아이들은 자유롭다.

자유롭게 시도한다.

자유롭게 웃는다.

자유롭게 관계를 맺는다.

자유롭게 실패한다.

자유롭게 다시 일어선다.

자유롭게 이긴다.

인간은 자유롭게 태어난다. 우리는 모두 자유로웠던 상태로 돌아갈 능력을 품고 있다. 주변의 기대와 비판, 두려움에 개의치 않고 대담하게 도전하고 전력투구하며 앞으로 뛰어갈 수 있다.

단 한 가지만 짚고 넘어가자. 자유로운 삶은 무책임한 삶이 아니다. 매일 우드스톡의 록페스티벌에 간 것처럼 살라는 뜻이 아니다. 오히려 그 반대다. 자유로운 삶은 스스로 선택하고 그 선택에 책임을 지는 삶이다. 자기 힘으로 삶의 고삐를 틀어잡고 행로를 정하고 자신만의 관점을 갖는 삶이다. 주인이나 과거를 탓하는 노예의 삶과는 정반대로 스스로 자신의 미래를 결정하는 삶이다.

우리는 더 적극적으로 실패해야 한다

그러나 자라면서 우리는 점점 자유와 멀어진다. 기대에 갇히고, 책임에 짓눌리고, 두려움에 얽매인다. 자유롭게 경기에 참여할 수 있다는 사실을 잊는다. 타석에 서서 강력하게 배트를 휘두르는 삶을 잊는다. 나이 들면서 대부분의 사람은 선수 대기석에만 머문다. 방관자가 된다. 어깨를 으쓱하면서 게임을 제대로 하지 않는다며 불평만 할 뿐 직접 참전해 잘못을 바로잡으려 하지는 않는다. 행동하고 개입하지 않는다. 삼진을 당할까 봐 두려워만 한다.

다시 인생을 아이처럼 살 수 있다면

그러나 실패는 피해야 할 대상이 아니라 성장의 필수 요소다.

최근 들어 위험을 피해 안전하게만 키우려는 부모 밑에서 자란 아이들을 걱정하는 심리학자들이 늘고 있다. '헬리콥터 양육'은 1969년에 하임 기노트Haim Ginott 박사가 처음 쓴 용어다. 이는 부모가 자녀의 주위를 맴돌며 통제하고 감시하고 과잉보호하는 양육 방식을 뜻한다.

이처럼 자녀를 과잉보호하는 양육 방식은 유행병처럼 번지고 있다. 최근에는 헬리콥터 부모를 넘어 불도저 부모가 대두되는 실정이다. 불도저 부모는 맴도는 데 머무르지 않고 직접 문제를 해결한다. 자녀의 성공을 가로막는 위험이나 역경, 장애물을 모두 밀어버린다. 이는 사춘기 자녀가 더 나은 미래를 맞이하도록 애쓰다 오히려 자녀에게 상처를 입히는 양육 방식이다. 물론 이 방식은 어린 자녀에게도 부정적 영향을 미친다.

위험을 감수하는 것은 유아기 놀이의 핵심 요소다. 위험을 감수하는 과정을 통해 아이들은 두려움과 분노를 조절하는 법을 배운다. 나무나 기둥 위로 기어 올라가면서 아이들은 자신의 한계를 시험하고 어디까지 감당할 수 있는지 가늠한다. 이와 관련해 레슬리 켄달 다이Leslie Kendall Dye 기자는 "포유동물 특유의 '위험을 감수하는 놀이'에 간섭하면 자신감을 떨어뜨려 자녀를 오히려 위험에 빠뜨릴 수 있다."고 말한다.[66]

그녀에게는 끊임없이 자신의 힘을 시험해볼 방법을 찾는 무모하고 저돌적인 딸이 한 명 있다. 남들은 툭하면 울타리나 나무에 오르는 딸아이를 말리려 하지만 다이는 아이가 중요한 일을 하고 있다고 믿는다. 내면의 두려움을 직시하고 두려움에 귀를 기울일지 무시할지 판단하는 연습을 하는 것이다.

『아이의 세계A Country Called Childhood』의 저자 제이 그리피스Jay Griffiths는 "위험한 놀이를 하면 정서적 회복탄력성을 키울 수 있다."고 말하며 이렇게 덧붙인다. "부모의 개입으로 작은 위험을 감수해보지 못한 아이는 정서적으로 덜 성숙하고 폐쇄적이며 상상력이 부족한 어른으로 자란다."[67]

물론 아이들이 진짜 칼을 휘두르거나 날개가 돋아나길 바라며 위험한 높이에서 뛰어내리게 내버려두라는 뜻은 아니다. 그럼에도 그리피스의 주장에 따르면 흉내 내기 놀이를 하거나 부모가 싫어하는 방식으로 놀이 기구를 타고 오르거나 무리를 지어 동네를 배회하는 건 나름대로 의미가 있는 일이다. 아이들은 자신의 삶에 생명력을 불어넣는 아주 중요하고 필수적인 일을 하고 있는 것이다.

그런 놀이를 통해 아이들은 자유의 한계와 자신이 감당할 수 있는 수준을 시험해본다. 또한 역경을 극복하는 법을 배우고 투지와 용기, 결의를 기른다. 이것 모두는 아이뿐 아니라 어른에게도 대단히 중요한 자질이다.[68]

다시 인생을 아이처럼 살 수 있다면

안타깝게도 요즘 아이들은 다섯 살만 되면 밖으로 내보내 어두워질 때까지 놀다 오게 하던 시절과는 전혀 다른 환경에서 자라고 있다. 영국의 부모를 대상으로 한 최근 연구에 따르면, 응답자의 43퍼센트가 열네 살이 안 된 아이들은 보호자 없이 혼자 밖에 나가서는 안 된다고 답했다.

농담이 아니라 진짜다.

물론 모험이 실제 위험으로 이어질 때도 있다. 그러나 모험에는 놀라움과 기쁨, 성장이라는 선물이 따른다. 모험은 마음만 먹으면 못 할 것이 없다는 강력한 자신감과 승리감을 선사한다. 사실 일부 심리학자들은 요즘 아이들의 불안이 높아지고 행동에 문제가 많아진 건 자유로운 놀이와 모험이 부족하기 때문이라고 주장한다.

게다가 어른이 되면 어린 시절의 자유로운 상태로 돌아가기 어렵다. 생물학적으로 인간은 나이가 들수록 위험을 회피하는 경향이 커진다. 나이가 들면 어떤 문제에 목소리를 높이거나 앞에 나서려 할 때, 충동적이고 위험한 행동을 막는 뇌 부위인 전전두엽피질이 브레이크를 밟는다. 이 브레이크는 도움이 될 때도 있지만, 우리의 발목을 잡고 고삐를 당기고 족쇄를 채워 소심한 경기를 하게 만든다.

우리는 흔히 원대한 목표를 이루려 애쓰다 실망할 위험을 감수하느니 지루해도 평범한 삶을 견디며 사는 게 낫다는 거짓말에 속아 넘어간다. 그러면서도 한편으론 내심 자유로운 삶을 갈망한다. 다시 경기에 참여하길 간절히 바란다.

이제 다시 이기는 게임을 하는 삶을 되찾자. 가진 걸 모두 걸고 승리를 추구하는 삶을 살자.

진정한 승리는 이기는 것을 넘어선다

네 아이 모두 여덟 살이 채 안 되던 시절, 남편인 나의 주된 역할은 끊임없이 이어지는 육아에서 아내를 몇 시간이나마 벗어나게 해주는 것이었다.

남편의 역할을 다하고자 어느 여름날 아이들을 근처 공원에 데리고 갔다. 그때였다. 아이들과 놀이터를 누비며 놀고 있는데 멀리서 고함 소리가 들렸다. 우리는 무슨 일인지 궁금해 소리가 나는 축구장 쪽으로 가보았다.

울타리 뒤에서 보니 고함을 친 사람이 누군지 바로 알 수 있었다. 선수들이 지시를 제대로 따르지 않은 모양이었다. 축구 감독이 격하게 호루라기를 불면서 큰 소리로 외치고 있었다. 우리는 감독의 격렬한 행동과 어조가 다소 우스꽝스러워 웃음을 터트렸다. 나는 아이들에게 말을 듣지 않으면 아빠도 집에서 호루라기를 쓸 거라고 경고했다.

그때 감독이 호루라기를 한 번 더 부르더니 이렇게 명령했다.

다시 인생을 아이처럼 살 수 있다면

"그만해. 그만하라고! 젠장, 얼른 모여!"

선수들은 움직임을 멈추고 고개를 떨군 채 감독 주위로 원을 그리며 모였다. 선수들이 주목하자 감독은 큰소리로 외쳤다.

"경기에서 이기려면 연습할 때도 실전처럼 제대로 해야 해! 알겠어? 제대로 해야 한다고, 젠장."

연습하는 방식이 실제 경기에 임하는 방식에 영향을 미치기는 한다. 선수들은 마땅히 감독을 존중하고 감독의 말을 따라야 하는 것도 사실이다. 좀 더 열심히, 좀 더 잘하도록 감독이 선수들을 밀어붙이거나 화를 내야 할 때도 있다. 그러나 무더위가 한창인 7월의 오후인 데다 연습 시간도 거의 끝나가고 있었다. 게다가 선수들은 전부 열일곱에서 열여덟 살 정도의 고등학생이었다.

나는 축구장을 떠나 놀이터로 돌아가면서 고개를 가로저었다. 물론 선수들을 감독하거나 지도하고 곧 있을 시합에 대비하는 방법은 여러 가지가 있을 것이다. 그러나 최고의 축구 코치나 인생 코치는 무조건 실전처럼 연습하라고 윽박지르지 않는다. 우승을 위해 무조건 전력을 다하라고 다그치기만 하지 않는다. 진정한 승리는 득점이 전부가 아님을 알기 때문이다.

축구는 화상이 어느 정도 치유되어 다시 걷게 된 이후 내가 제일 먼저 한 신체 활동 중 하나였다. 피부가 너무 연약해 두 다리를 탄력 붕대로 감아야 했고, 금색 축구 반바지 속에 선홍색 운동복 바지를 하나 더 껴입어야 했다.

그렇다. 그다지 보기 좋은 꼴은 아니었다.

당연히 거의 뛰지 못했고, 팔은 여전히 직각으로 구부러진 채 굳어 있었다. 나는 가만히 있어도 위협적인 존재였다. 상대 팀이 아니라 나 자신과 팀원들에게 말이다. 그럼에도 슈타이너 감독님은 나를 다른 선수들과 똑같이 대했다. 다시 돌아온 나를 따뜻하게 맞아주었다. 내 능력이 미치는 한 최선을 다해 연습하게 했고, 심지어 첫 번째 경기에 나를 출전시켰다.

경기 막바지, 동점 상황에서 우리 팀이 페널티 킥을 얻었을 때였다. 모두 어떤 선수가 투입될지 궁금해하며 설레는 마음으로 감독님 주변으로 모였다. 우리는 당연히 승리를 위해 킥을 제일 잘 차는 아이를 내보내리라 예상했다. 어쨌든 경기는 이기는 게 중요하니까 말이다.

그때, 감독님이 내 이름을 부르는 소리가 들렸다.

"조니, 나와라."

나는 자리에서 일어나 발을 질질 끌며 감독님을 향해 걸어갔다. 왜 내 이름이 불렸는지 도통 알 수가 없어 불안했다. 아름다운 천진난만함이 넘쳐흐르는 어린아이의 눈으로 봐도 내가 페널티킥을 차는 건 도무지 말이 안 되었다. 우리 팀의 누구를 내보내도 나보다는 골을 넣을 가능성이 컸다.

다시 인생을 아이처럼 살 수 있다면

감독님은 내 마음을 눈치챈 듯 제일 먼저 이렇게 말했다.

"존, 나를 보렴."

나는 고개를 들어 감독님을 바라보았다. 감독님은 내 어깨에 한 손을 올린 채 몸을 숙여 나와 눈높이를 맞추고는 내 눈을 똑바로 보며 말했다.

"나는 네가 필요하다, 존. 뛰어가서 고개를 똑바로 들고 있는 힘껏 공을 차라."

그러고는 몸을 일으켜 내 등을 두드리고는 힘차게 말했다.

"자, 존. 가서 우승 골을 넣고 와."

나는 긴 바지 위에 금색 반바지를 껴입은 채로 페널티 라인을 향해 천천히 뛰어갔다. 그리고 라인 뒤에 서서 골키퍼를 뚫어지게 쳐다보았다. 장담하건대 내 눈에는 골대와의 거리가 족히 300미터는 되어 보였다.

심판이 공을 제자리에 놓고 사이드라인으로 물러났다. 휘슬을 부는 소리가 들렸다. 나는 심호흡을 한 뒤 비틀거리며 공을 향해 다가 갔다. 그러고는 다리의 힘을 있는 대로 쥐어짜 힘껏 공을 찼다. 나는 제발 공이 골대 근처까지 가게 해달라고 기도했다. 골을 넣으리라는 기대는 하지도 않았다. 골키퍼가 막을 수 있는 데까지만이라도 굴러가길 바랄 뿐이었다.

공은 천천히 왼쪽 골대를 향해 굴러갔다. 재빨리 오른쪽으로 이동한 골키퍼는 두 손을 뻗은 채로 공을 향해 몸을 날렸다. 세상에 나! 어찌 된 일인지 공은 골키퍼를 슬쩍 통과해 골망에 안착했다.

골인이었다.

나는 충격으로 멍하니 골문을 바라보았다. 팀원들이 몰려나와 앞다퉈 축하 인사를 건넸다. 내가 해냈다. 내가 넣은 골로 승리를 거둔 것이다.

인생이라는 무대에 올라 다 쏟아내라

지금도 그날의 페널티킥과 골, 나를 둘러싼 채 아이들이 축하 세례를 퍼부은 일이 생생히 떠오른다. 나는 그 순간을 평생 잊지 못할 것이다. 이겼기 때문이다. 단순히 경기에서 이긴 것을 말하는 게 아니다. 사실 최종 점수가 몇 점이었는지는 잘 기억나지도 않는다.

그날 우리가 승리를 거둔 건 내가 골을 넣었기 때문이 아니었다. 감독님이 대담하게도 화상을 입고 깡마르고 구부정한 아이를 출전시켜 관람석에 앉은 모든 선수와 감독, 부모에게 진정한 승리가 무엇인지 보여준 덕분이었다. 적이나 상대 팀을 박살 내는 승리도 있지만, 단순히 이기는 것 이상의 승리도 있다. 희박한 확률을 깨거나 역경을 극복하거나 나 자신보다 중요한 대의를 위해 힘을 모으는 것도 승리다.

슈타이너 감독님은 나를 계속 벤치에 앉혀둘 생각이 없었다. 내

다시 인생을 아이처럼 살 수 있다면

가 찬 공이 골키퍼를 지나치기는커녕 골문에 도달하지 못해도 상관 없었다. 감독님은 내가 아직 그가 이끄는 팀의 선수이며 중요한 존재임을 나에게 알려주고 싶어 했다. 온 힘을 다해 참여하면 우리 모두 이길 수 있으며, 위험을 감수하면 진정한 잠재력을 발견할 수 있다는 사실을 가르치고 싶어 했다.

승리는 자기 삶에 스스로 책임을 지고 자신에게 주어진 일을 타인이 해주길 기다리지 않을 때 찾아온다. 바로 그것이 진정한 자유다. 법을 어긴 자를 처벌할 때 자유를 빼앗는 데는 이유가 있다. 자유는 음식과 물처럼 인간의 기본 욕구다. 우리는 자유가 인간에게 얼마나 큰 생명력을 주는지 너무 오래 잊고 살았다.

이쯤에서 생각해볼 문제가 있다. 우리는 자유롭게 살고 있는가? 자신에게 물어봐야 한다. 감옥에 갇혀 살지는 않겠지만 정신적으로도 자유로운가? 어디에도 속박되어 있지 않다고 말할 수 있는가? 모든 걸 다 걸고 발을 내딛을 수 있는가?

자유롭게 사는 것 같겠지만 우리 대부분은 실제로 족쇄가 채워진 삶에 익숙해져 있다. 빚이나 보람 없는 일, 낮은 기대에 길든 것뿐이다. 실상은 과거의 상처에 얽매이거나, 부정적인 믿음에 발목이 잡히거나, 용서하고 받아들이고 앞으로 나아가지 못해 숨이 막힌다. 더는 꿈꾸지 않는 소심한 삶을 받아들이고, 내 뜻과는 거리가 먼 삶을 그저 견디며 살아간다.

매일 어떻게 생각하고 말하고 행동하고 사랑할지 자유롭게 결정하며 생기 넘치는 하루를 맞이해야 한다. 그런데 실상은 어떤가? 타인이나 사소한 문제, 자기만의 두려움에 휘둘리는 삶을 산다.

인생에서 가장 큰 승리를 거둘 때는 경쟁하고 이길 때가 아니라 무대에 올라 모두 쏟아부을 때다. 물론 쉽지 않다. 고통이 따른다. 넘어지고 실패할지도 모른다. 그러나 그 과정에서 살아 있음을 느낄 것이다. 감탄하는 삶을 살 자유를 얻을 것이다.

다시 인생을 아이처럼 살 수 있다면

Chapter 2

도전의 두려움을 없애는
마법의 주문

↻

야구 연습을 하러 가는 길이었다. 당시에 여섯 살이었던 헨리는 살짝 불안에 떨었다. 가끔 뒤뜰에서 위플볼 게임(구멍이 뚫린 플라스틱 공으로 하는 약식 야구 게임-옮긴이)을 하긴 했지만, 정식 야구를 하는 건 처음이었고 같은 팀 아이들과도 잘 모르는 사이였다. 헨리는 야구장에 가까워지자 두 어깨에 온 세상을 짊어진 표정으로 창밖을 내다보았다.

"아들, 괜찮니?"

내가 묻자 헨리는 깊은 한숨을 내쉬고는 답했다.

"그냥 좀 긴장했나 봐요."

헨리는 백미러로 나와 눈이 마주치자 이렇게 덧붙였다.

"원래 가는 게 제일 힘들어요. 일단 가면 괜찮지만 가는 건 겁나거든요."

맞는 말이다. 가는 건 두렵다. 마음을 먹고 가기까지가 어렵다. 그러나 일단 가면 두려움을 떨쳐내고 행동으로 옮기길 잘했다는 생각이 든다. 여섯 살인 헨리는 이미 이 중요한 진리를 알고 있었다. 나는 스물네 살이 되어서야 깨달은 진리를 말이다.

"꼬맹이, 일어나. 넌 살 거야."

나는 늘 배우는 속도가 느렸다. 이른 아침 출근 준비를 하고 있을 때였다. 전화가 울려 화면을 보니 엄마 번호였다. 엄마는 이렇게 이른 시간에 전화하는 분이 아니었다. 무슨 일이 일어난 게 분명했다. 엄마는 소식을 들었느냐고 물었다. 잭 벽Jack Buck이 죽었다는 소식이었다. 엄마는 내가 혹시 모를까 봐 연락했다며, 나를 장례식에 초대하고 싶다는 전화가 잭의 가족에게서 걸려왔다고 했다.

명치를 얻어맞은 기분이었다.

전국의 스포츠 팬 중에 잭 벽을 모르는 사람은 없을 것이다. 탁월한 능력의 스포츠 캐스터였던 잭 벽은 공로를 인정받아 메이저리그 베이스볼과 전미미식축구연맹, 국립 라디오 명예의 전당에 헌액되었다.

다시 인생을 아이처럼 살 수 있다면

잭 벅은 전국적인 유명 인사였지만 세인트루이스에서 특히 많은 사랑을 받았다. 세인트루이스 카디널스 팬들은 수세대에 걸쳐 그의 목소리에 귀를 기울였다. 잭의 깊고 거친 목소리는 50년 가까이 수많은 팬에게 야구 경기의 실황을 생생히 전해주었다. 이렇듯 잭은 왕족과 같은 존재였지만 내게는 멀게만 느껴지는 유명 인사는 아니었다. 그리고 잭 벅은 내게 생명을 준 사람 중 한 명이었다. 지금부터 이 놀라운 남자의 이야기를 들려주려 한다.

잭 벅은 아홉 살 소년을 집어삼킨 비극적인 화재 사건을 사건 당일 전해 들었다. 다음 날, 그는 한 번도 만난 적 없는 나를 찾아왔다. 병실로 걸어 들어와 전신에 화상을 입어 머리끝부터 발끝까지 붕대를 칭칭 감고 눈도 뜨지 못한 채 온갖 기계를 매달고 침대에 묶여 있는 어린 소년을 보았다.

잭은 처음 본 내 모습에 잠시 숨이 멎었지만 이내 마음을 가라앉혔다. 그리고 의자를 드르륵 끌어당겨 내가 누운 침대 바로 옆에 앉았다. 나는 눈이 퉁퉁 부어 떠지지 않았다. 헛기침 소리에 이어 아주 익숙한 목소리가 들리기 전까지는 누가 병실에 들어왔는지조차 몰랐다.

"꼬맹이, 일어나. 넌 살 거야. 살아남을 거야. 그러니 계속 싸워. 퇴원하면 야구장에서 축하 파티를 열자. 그날을 '존 오리어리의 날'로 지정할 테니 기대해도 좋아. 고생한 보람이 있을 거다."

잭은 한참 동안 말을 멈췄다가 덧붙였다.

"꼬맹이, 내 말 듣고 있니? 계속 싸워라."

그날 잭은 엄숙한 표정으로 병실을 나와 복도를 걸었다. 그러다 잠시 멈춰 서서 벽에 머리를 기대고는 북받치는 감정을 추슬렀다. 의료진은 잭에게 위로의 말을 건넸지만 내가 살아남을 가능성은 전혀 없다고 말했다. 그러나 잭은 암울한 예후에도 불구하고 다음 날 다시 병원을 찾아왔다.

"꼬맹이, 일어나. 넌 살 거야. 살아남을 거야. 계속 싸워. 야구장에서 다 같이 존 오리어리의 날을 축하할 거야. 고생한 보람이 있을 거다. 그러니 계속 싸워야 해."

잭의 목소리는 이후 입원한 다섯 달 동안 계속 내 귓전을 울렸다. 얼마나 자주 찾아왔는지 셀 수 없을 정도였다.

잭은 야구장에서 존 오리어리의 날을 축하하겠다는 약속을 지켰다. 야구장에 우리 가족을 모두 초대해 자랑스럽게 휠체어를 밀고 다니며 선수마다 소개해주고 잠시 경기 중계도 같이 하게 해주었다. 중계방송실에서는 옆자리에 나를 앉혔다. 잭은 흉터로 뒤덮인 채 붕대를 칭칭 감고 휠체어에 탄, 아직도 수많은 고비를 넘겨야 하는 소년을 지켜보았다. 끝까지 버텨낸 소년의 기쁨과 투지, 가능성 또한 보았다.

잭은 이제 내 손으로는 아무것도 잡지 못하리라는 예상에 굴복하지 않았다. 그러기는커녕 다음 날 우리 집으로 카디널스 선수가 사인한 야구공과 쪽지를 보냈다. 쪽지에는 "꼬맹이, 두 번째 공을 받고 싶으면 첫 번째 공에 사인한 선수에게 감사 편지를 써야 할 거야"라고 적혀 있었다. 나는 부모님의 도움을 받아 붕대가 칭칭 감긴 두 손으로 간신히 펜을 잡았다. 그렇게 쓴 감사 편지를 선수에게 보냈다. 그 일을 통해 평범한 일상이라는 목표를 향해 위대한 한 걸음을 내디뎠다.

잭은 약속대로 두 번째 사인 볼을 내게 보냈다. 두 번째 감사 편지를 보내고 나니 세 번째 사인 볼이 왔다. 그리고 네 번째 공이 왔다. 이제 감이 오는가? 잭 벅은 누구보다 바쁜 사람이었다. 그런데도 시간을 내 결국 60개의 야구공을 손가락이 없는 소년에게 보냈다. 덕분에 나는 다시 글 쓰는 법을 배웠다. 다시 말해 잭은 내가 학교로 돌아갈 수 있었던 결정적 이유였다.

화재 사건이 일어난 바로 그 여름에 잭은 메이저리그 야구에서 가장 큰 영광인 명예의 전당에 헌액되었고, 기념으로 크리스털 야구공을 받았다. 12년 뒤 잭은 내게 대학 졸업을 축하하는 선물을 보냈다. 선물은 바로 명예의 전당 기념 크리스털 야구공이었다. 값을 매길 수 없을 만큼 소중한 선물이었다.

그때의 나는 목적 없이 방황하는 스물두 살의 백수였다. 아마 그날 밤에도 늦게까지 술을 마셔 몸을 가누지 못하고 있었을 것이다.

내 진짜 모습이 무엇인지, 앞으로 무엇을 하며 살아야 할지 몰랐던 시절이었다. 그런 나에게 잭은 크리스털 야구공을 줬다.

잭 벅의 병문안을 가지 못했던 이유

잭은 수년 동안 파킨슨병과 용감히 싸우다 4기 암을 진단받았다. 생기가 넘쳤던 이 놀라운 남자는 생의 마지막 다섯 달을 병원 침대에 누워 서서히 시들어갔다. 내가 어릴 때 병원 침대에서 보낸 기간과 정확히 일치하는 그 다섯 달 동안 내가 잭을 몇 번이나 찾아갔을 것 같은가?

17년이 지난 지금도 여전히 고통스럽고, 글로 옮기기까지 큰 용기를 내야 했던 진실을 밝히려 한다.

나는 한 번도 안 갔다.

나는 잭의 병문안을 한 번도 가지 않았다.

바빠서가 아니었다. 잭이 나를 위해 해준 그 모든 일이 고맙지 않아서도 아니었다. 잭이 얼마나 힘겨운 싸움을 하고 있는지 몰랐기 때문도 아니었다. 오만하거나 다른 일에 정신이 팔렸기 때문도 아니었다. 그 시간 동안 나는 내내 잭을 떠올렸고 잭을 위해 기도했다.

그런데 왜 편지를 쓰지 않았을까? 왜 전화를 걸지 않았을까? 왜 병원에 가서, 병실로 걸어가, 병실 문을 열고, 의자를 당겨 침대 옆

다시 인생을 아이처럼 살 수 있다면

에 놓고 거기 앉아 이렇게 말하지 않았을까?

"일어나요. 당신은 나를 살렸어요. 당신은 내가 글을 쓰는 이유예요. 내가 다시 학교로 간 이유예요. 내가 지금 여기 살아 있는 이유예요. 당신은 내 삶의 궤적을 바꿔놓았어요. 내 말 듣고 있어요? 계속 싸워요."

왜 그러지 않았을까?

나는 자유롭지 않았다. 시간이 없었다는 뜻이 아니다. 사고방식과 자의식, 자존감이 자유롭지 못했다는 뜻이다. 내가 내 친구 잭을 한 번도 찾아가지 않은 건 두려움에 사로잡힌 삶을 사는 사람들이 늘 대는 그 핑계 때문이다.

'다른 사람이 하겠지.'

나 말고도 갈 사람이 많을 것으로 생각했다. 나보다 좋은 직함을 가진 더 좋은 친구들이 갈 거라고 생각했다. 나보다 더 중요하고 친하고 영향력이 큰 사람들이 병문안을 가리라 생각했다. 그리고 그 변명이 힘을 잃자 내 안의 두려움이 또 다른 거짓말을 속삭였다.

'다음에 가지, 뭐. 내일 가자. 다음 주에 가자.'

그렇게 계속 병문안을 미뤘다. 그러다 기회를 놓쳤다. 엄마의 전화를 받았을 때 심장이 철렁했던 건 그래서였다. 그렇다면 잭이 죽었다는 소식을 듣고 나서는 깨달음을 얻었을까?

여러분의 예상대로 그러지 못했다.

나흘 뒤, 장례식장 주차장에 차를 세우고 친구에게 마지막 경의를 표할 준비를 하고 있을 때 두려움은 다시 찾아왔다.

심호흡을 하고 넥타이를 고쳐 맸다. 그리고 시동을 껐다. 그때 검은색 메르세데스 벤츠 한 대가 내 차 옆에 멈춰 섰다. 벤츠에서 내린 사람은 명예의 전당에 오른 미식축구 선수였다. 전국 텔레비전 방송으로 NFL 경기를 중계하는 잭의 친한 친구였다. 나는 뒤를 힐끗 보았다. 세인트루이스 카디널스 팀의 구단주들이 지나갔다. 10억 달러 규모의 사업을 운영하는 영향력 있고 유명하고 부유한 사람들이었다. 그들은 교회를 향해 걸어가면서 또 다른 무리의 친구에게 손을 흔들었다.

나는 지프 운전석에 앉아 주변을 찬찬히 돌아보았다. 비싼 자동차. 유명 인사. 현직 야구 선수. 전직 유명 선수. 가족. 모두 잭의 친구였다. 가치 있고 중요한 사람들. 병문안을 했을 사람들. 정말 필요할 때 잭의 곁에 있어주었을 친구들이었다. 나는 패배감에 젖어 등받이에 털썩 몸을 기댔다.

살면서 나 혼자만 겉도는 느낌이 들었던 순간을 떠올려보라. 운동 경기에 출전했는데 모두 나보다 빠르고 잘하고 몸집도 내 두 배만 하게 느껴졌는가? 혹은 새로운 학교에 전학 간 첫날, 나는 질문도 이해하지 못했는데 다른 애들은 전부 다 답을 아는 것 같은 느낌이 들었는가? 아니면 새 직장에 출근했는데 배워야 할 내용이 너무

다시 인생을 아이처럼 살 수 있다면

많고 어려워 영영 따라잡지 못할 것 같은 두려움이 느껴졌는가?

그날 장례식에 모인 주요 인사들은 잭과 좋은 시절을 함께 보냈고 힘들 때도 잭의 곁을 지켰을 게 분명한 친구들이었다. 나는 백미러에 비친 내 얼굴을 뚫어져라 바라보았다. 잭이 수십 번 병원을 찾아가 만난 소년이 보였다. 입장이 뒤바뀌어 병원에 입원한 잭을 한 번도 찾아가지 않은 젊은이가 보였다. 잭의 수준에 걸맞지 않은 하찮은 존재이자 사기꾼, 외부인이 보였다.

나는 시동을 걸고 차를 후진해 주차장을 빠져나왔다. 이번에는 잘못된 행동인 줄 알고도 그랬다. 울음이 터져 나왔다. 스물네 살은 자기감정에 솔직한 나이라고 생각할지도 모른다. 마음속 깊이 숨겨둔 비밀과 감정을 허심탄회하게 공유할 수 있는 나이라고 말이다.

하지만 아니다. 그 반대다.

그때까지 나는 내 또래의 남자들이 대부분 그렇듯 모든 걸 마음속에 꾹꾹 눌러 담고 절대 내보이지 않는 기술을 완벽에 가깝게 연마한 상태였다. 내 기분과 욕구를 숨기는 건 물론이고, 나에게 영향을 미친 사람들에게 고마운 마음을 표현하지도 않았다.

그러나 그날은 감정을 더는 억누를 수 없었다. 나는 길가에 차를 세우고 엉엉 울었다. 두 뺨을 타고 눈물이 쉴 새 없이 흘러내렸다. 잭이 병문안을 왔던 날들, 그가 준 선물들, 그의 가르침이 떠올랐다.

나는 잭에게 입은 그 많은 은혜를 털끝만큼이라도 갚을 기회를 놓쳤다. 그의 앞에 나타나 고마운 마음을 표현하고 작별 인사를 할 기회를 내 발로 차버렸다. 나를 사랑했던 남자에게 나도 사랑한다고 말할 기회를 영영 놓쳐버렸다. 길가에서 몸이 들썩이도록 흐느끼며 나는 내가 얼마나 극악무도한 실수를 저질렀는지 실감했다.

그날, 나는 다시는 같은 실수를 저지르지 않겠다고 다짐했다. 더는 후회할 일을 만들지 않겠다고, 더는 두려워하지 않겠다고, 더는 내 진짜 모습과 내 감정을 감추지 않겠다고, 더는 사이드라인에 머무는 삶을 살지 않겠다고 마음먹었다.

시계를 봤다. 장례식장으로 되돌아가기에는 너무 늦은 시간이었다. 나는 장례식에 가는 대신 다른 걸 하기로 했다. 사랑한다고 말할 기회를, 어려움에 맞닥뜨린 친구를 찾아갈 기회를, '미안해요', '고마워요'라고 말할 기회를 다시는 놓치지 않겠다고 굳게 다짐했다. 더 용감하고 자유롭게 살리라 나 자신과 약속했다.

남은 평생 후회하겠지만, 나는 잭 벅이 살아 있을 때 그렇게 살지 못했다. 그러나 잭은 또 한번, 이번에는 무덤에서 나를 구원했다.

두려움을 버리고 무대 위로 올라서라

잭 벅의 장례식 날 아침, 나는 교회에서 할아버지네 집으로 차를 몰았다. 할아버지네 집은 온 가족이 모여 일요일 정찬을 즐기거나

다시 인생을 아이처럼 살 수 있다면

생일 파티를 하거나 명절을 보내는 곳이다. 할아버지와 할머니는 2차 세계대전을 겪고 경제 부흥을 이끌어낸, 가장 위대한 세대에 속한다. 겸손하고 충직하고 근면하며 애국적인 분들이었다. 또한 곧 예순 번째 결혼기념일을 맞이하지만 여전히 서로를 깊이 사랑하는 부부였다.

나는 난생처음 할아버지네 집을 예고 없이 찾아갔다. 문을 열고 나를 본 두 분은 마치 1,000만 달러 복권에 당첨된 듯한 표정을 지었다. 너무 갑작스러운 방문이라 잠시 의아해하셨지만 이내 반갑게 나를 집 안으로 들이셨다. 우리는 점심을 먹으며 즐거운 시간을 보냈다. 떠나기 전에 나는 점심도 감사하지만 내가 진심으로 존경하고 사랑하며 닮고 싶은 존재가 되어주어서 고맙다고 인사했다. 그러고는 두 분을 껴안고 다시 한번 감사 인사를 하고는 '사랑한다'고 말했다. 두 분도 이미 아는 사실이었지만 내 입으로 분명히 말하고 싶었다. 말하고 나니 자유로웠다.

다음 날 저녁, 나는 부모님을 모시고 외식을 했다. 바쁜 일상에 치이다 보면 가장 사랑하는 사람들을 소홀히 대하기 쉽다. 부모님이 나를 위해 해주신 모든 일에 시간을 내 감사 인사를 드리고 싶었다. 부모님은 내 인생에서 가장 어두웠던 시절에는 끊임없이 나를 지지했고 가장 빛나는 시절에는 열정적으로 응원했다.

내가 두 분을 얼마나 존경하고 사랑하는지 알려드리고 싶었다.

어릴 때도 그랬지만 부모님은 나에게 여전히 영웅이었다. 스물네 살짜리가 입 밖으로 꺼내기 어려운 말이었다. 하지만 그 말을 들은 부모님의 얼굴을 보니 역시 하길 잘했다는 생각이 들었다.

자유로웠다.

그달 말, 이제는 미망인이 된 잭 벅의 아내 캐럴이 고맙게도 나를 만나주었다. 나는 그녀에게 잭이 내 인생에 얼마나 깊은 영향을 미쳤는지 말할 수 있는 기회를 얻었다. 캐럴은 몇 년 전 잭에게 내 사연을 들었다고 했다. 그러나 잭은 심각한 화상을 입었다가 회복했다고만 말했을 뿐이었다. 내가 입원한 병원에 수없이 찾아갔고, 야구장에서 존 오리어리의 날을 축하했으며, 60개의 사인 볼과 명예의 전당 기념 크리스털 야구공을 준 이야기는 하지 않았다고 했다. 캐럴은 내 이야기에 큰 감동을 받았다. 남편이 잠시 살아 돌아온 기분이었다면서 나를 껴안고 고맙다고 인사했다.

더 자유로워졌다.

그날 이후 나는 잭에게 장문의 편지를 썼다. 잭이 내게 그랬던 것처럼 잭의 좋은 친구가 되어주지 못한 일을 사과하는 편지였다. 잭이 어린 내게 해주었던 모든 일과 병원으로 나를 찾아왔던 날들과 잭이 내게 준 사랑에 대해 썼다. 하지만 그뿐만이 아니다. 잭의 행동으로 내 삶이 어떻게 바뀌었는지도 썼다. 그러고는 잭의 아들인 조 벅 Joe Buck에게 연락해 그 편지를 들고 함께 커피숍에 갔다. 세인

다시 인생을 아이처럼 살 수 있다면

트루이스의 어느 북적거리는 커피숍에서 조와 마주 앉은 나는 눈물 범벅이 된 채로 그 편지를 읽었다. 끝까지 읽기 쉽지 않았지만 놀랍도록 큰 해방감이 느껴지는 순간이었다.

더 자유로워졌다.

화상 환자였던 나는 퇴원할 때 다시는 병원에 오지 않겠다고 맹세했다. 병원에 대한 극도의 두려움과 입원해 있는 동안 견뎌야 했던 고통의 기억은 좀처럼 사라지지 않았다. 잭이 입원한 병원을 찾아가지 못한 또 다른 이유였다.

그러나 더는 두려움에 발목이 잡혀 내가 사랑하는 사람들의 인생에서 중요한 순간을 회피하고 싶지 않았다. 두려움을 극복하는 가장 좋은 방법은 두려움 속으로 곧장 뛰어드는 것이다. 그래서 나는 1년 동안 병원 목사가 되는 교육을 받았다. 그 후 3년 동안 나처럼 극도로 어려운 상황에 직면했지만 순수한 용기와 회복력, 희망의 힘을 직접 배우고 있는 아이들을 만났다.

독자들도 이제 감이 왔겠지만 나는 더욱더 큰 자유를 얻었다. 또한 잭을 통해 멘토의 영향력이 얼마나 강력한지 깨닫고 잭과 같은 일을 하는 단체의 활동에 적극적으로 참여했다. 빅 브라더스 빅 시스터스는 긍정적인 본보기가 필요한 아이들과 그들의 삶에 도움이 되고 싶은 어른들을 연결해주는 단체다. 잭의 멘토링은 내가 빅 브라더가 된 이유다. 내가 빅 브라더스 빅 시스터스Big Brothers Big

Sisters의 홍보대사로 활동한 이유이며, 지금은 자문 위원으로 활동하는 이유이기도 하다.

최고의 순간은 아직 오지 않았다

잭이 세상을 떠난 뒤에야 나는 서서히 내 이야기를 공유하기 시작했다. 그전에도 이야기를 들려달라는 부탁을 종종 받았지만, 자신감도 능력도 없었다. 마음의 준비도 되지 않은 상태였다. 온몸이 불길에 휩싸인 1월의 어느 날에 벌어진 일을 남에게 들려주는 용기를 내기까지 15년이라는 시간이 걸렸다.

시작은 세 명의 걸스카우트 소녀였다. 두 번째 강연은 12명의 자원봉사자를 대상으로 이루어졌고, 그다음에는 20명의 퇴직자에게 내 이야기를 들려주었다. 시작은 미미했지만 시작했다는 사실 자체가 중요했다.

여러 단체에서 강연 초청이 이어졌고 나는 몸과 마음의 상처를 조금씩 받아들였다. 그리고 내 이야기를 들려줌으로써 얼마나 큰 생명력을 얻을 수 있는지 깨달았다. 결국 나는 믿음을 갖고 부업으로 시작한 강연을 평생의 사명으로 삼는 도전을 시작했다. 본격적으로 강연 활동을 하면서 내가 놀랍도록 겸손하고 열정적인 태도를 유지할 수 있었던 건 이 일을 시작한 이유를 늘 가슴에 새겼기 때문이다.

다시 인생을 아이처럼 살 수 있다면

내가 이 일을 시작한 건 한 사람의 힘만으로도 세상을 바꿀 수 있으며, 나에게 주어진 능력이 무엇이든 매일 그 능력으로 더 많은 일을 할 기회가 있음을 깨달았기 때문이다. 잭을 통해 나는 가야 할 곳에 갈 용기만 있다면 힘을 모아 무엇이든 이룰 수 있다는 진리를 깨우쳤다. 그래서 나는 베스와 첫 아이를 낳았을 때 아이가 닮길 바라는 사람의 이름을 따서 지었다.

첫째의 이름은 잭이다. 잭 벅은 살아 있는 동안 내게 깊은 영향을 미쳤다. 그러나 얄궂게도 잭은 죽은 뒤에 제일 큰 교훈을 남겼다. 잭은 병문안을 올 때마다 제일 먼저 "꼬맹이, 일어나"라고 말했다. 나는 잭이 죽은 뒤에야 그 말을 진심으로 따랐다.

더는 벤치에 앉아만 있는 삶을 살지 않기로 했다. 일어나 발을 내딛고, 내 삶은 선물이며 나도 좋은 일에 인생을 바칠 수 있다는 사실을 받아들였다. 자유를 되찾으면 두려움에 발목이 잡혀 사이드라인에만 머무는 삶을 멈출 수 있다.

'다른 누군가가 하겠지'나 '나중에 하지, 뭐'라는 생각을 더는 하지 않는다. 위험을 감수하고 대담하게 도전하며 책임을 받아들인다. 때는 지금이고, 내가 주인공이며, 최고의 순간은 아직 오지 않았음을 인정한다. 바로 그때, 첫 야구 연습을 하러 가는 길에 헨리가 내게 한 말에 담긴 진리를 깨달았다. 가야 할 곳에 가면, 그곳에 도착하기만 하면 다른 건 다 괜찮다는 진리 말이다.

가는 건 두렵다. 그러나 그만한 가치가 있다.

다시 인생을 아이처럼 살 수 있다면

Chapter 3

더 나은 길은
언제나 있다

⟳

"놀림당한 적 있으세요?"

미니애폴리스 근교에 있는 학교에서 강연할 때 한 여학생이 물었다. 놀림을 집중적으로 받는 기분이 어떤지 잘 아는 어조와 표정이었다. 나는 여학생의 질문에 답하는 대신 나를 뚫어져라 바라보고 있는 1,500명의 고등학생에게 질문을 던졌다.

"여러분은 어때요? 놀림당한 적 있어요?"

아무도 손을 들지 않았다. 10대 아이들이라는 걸 깜빡했다. 이 아이들을 참여시키려면 장난스러운 격려가 조금 필요했다. 나는 짐짓 꾸짖는 척 말했다.

"어서요. 놀림이나 괴롭힘을 당해본 사람이 있으면 손 좀 들어
봐요."

거의 모든 학생이 손을 들었다.

"다른 친구가 놀림당하는 걸 본 사람은 몇 명이나 되죠?"

이번에도 거의 모두 손을 들었다. 나는 고개를 끄덕였다. 한 연구
에 따르면 70.6퍼센트의 학생이 괴롭힘을 목격했다고 한다. 여학생
의 질문에 답하기 전에 나는 한 가지 질문을 더 했다.

"그럼 누가 놀림을 당하고 있을 때 나서서 그러지 말라고 말린
사람은요?"

몇 명이 손을 들었다. 대부분은 불편한 듯 앉은 자세를 바꿨다.
놀랍지는 않았다. 불친절한 행동을 목격한 사람은 많았겠지만 목소
리를 내기는 어려웠을 것이다. 옳은 일을 하려면 인기가 떨어지고
사람들 입방아에 오르는 위험을 감수해야 하기 때문이다. 그러나
목소리를 내면 엄청난 변화를 불러올 수 있다. 제삼자가 방관하지
않고 개입하면 57퍼센트의 경우 몇 초 내에 괴롭힘이 멈췄다.[69]

몇 마디 말로 누군가의 인생을 바꿀 수 있다. 학교뿐만이 아니다.
지역 사회와 직장, 가정에서도 그렇다. 누군가가 무례한 대우를 받
거나 비하하고 깎아내리는 말을 듣는 모습을 얼마나 자주 목격하는
가? 동네 상점이나 식당에서 그런 광경을 본 적이 있는가? 온라인
상에서는 어떤가? 이러한 질문을 던진다면 아마 모두 손을 들 것이

다. 그럼 그럴 때 목소리를 높여 개입한 적은 몇 번이나 되는가?

인간은 남을 돕고, 나서서 눈에 띄기보다는 본능적으로 무리의 일부가 되고 싶어 한다. 생존을 위해 부족의 일부가 되어야 했던 조상들에서 비롯된 본능이다. 이 본능은 오늘날에도 이어져 소속되고 싶은 욕구가 옳은 일을 하고 싶은 욕구를 앞선다. 대부분 옳은 일에 목소리를 높여 따돌림을 당하는 위험을 감수하기보다는 무리에서 튀지 않기 위해 잘못된 행동을 보고도 입을 다문다.

족쇄를 벗고 내면에 잠든 자유를 깨워라

나는 학생들에게 내가 고등학교 3학년 때 겪은 일을 들려주었다. 여학생의 질문에 답하기 위해서였지만, 더 중요하게는 누구나 목소리를 낼 수 있고 그걸 아는 것이 얼마나 중요한지 일깨워주고 싶었다. 침묵할 수도 있고 목소리를 낼 수도 있다. 그러나 목소리를 내면 세상을 바꿀 수 있다. 그렇다. 목소리를 내는 일은 그만큼 중요하다.

열여섯 살 때 나는 44킬로그램밖에 안 나가는 왜소한 몸집에 온몸이 흉터로 뒤덮여 있었다. 얼굴은 여드름투성이에 치아 교정기를 달고 다닌 그야말로 놀리기 딱 좋은 아이였다. 잘생기고 재미있고 인기 많은 축구팀 아이가 나를 놀리기 시작한 건 그리 놀라운 일이 아니었다.

그 아이가 처음 내 손을 놀렸을 때는 무시했다. 나는 별일 아닌 척하며 고개를 숙이고 그 아이를 지나쳐갔다. 그러면 끝이라고 생각했다. 고등학교에서 흔히 있는 일이니까. 그러나 다음 날, 그 아이는 나를 또 놀렸다. 놀림은 계속 반복되었다. 복도나 식당, 교실에서 나를 지나칠 때마다 내 손을 놀리고 흉터를 조롱했다. 내가 걷는 방식과 내 생김새, 내가 겪은 일을 비웃었다.

형제자매가 다섯인 집에서 자라다 보면 많은 걸 배운다. 싸우는 법도 배우고, 형제자매를 제일 짜증 나게 만드는 말이 무엇인지도 배운다. 그리고 그 말을 듣고 한번 짜증을 내면 다음에도, 그다음에도 그 말을 계속해서 듣게 된다는 사실도 배운다. 그래서 나는 멈추길 바라며 그 아이의 말을 무시하고 입을 다물었다. 그러나 그 아이는 놀림을 멈추지 않았다.

겉으로는 매일 학교에 다니며 평소와 다름없이 행동했지만 무참히 짓밟힌 기분이었다. 놀림을 당해서가 아니었다. 그 아이의 말이 옳다는 걸 알기 때문이었다.

나는 화상을 입었다.

내 손은 남다르게 생겼다.

내 피부는 흉하다.

나는 학교의 다른 모든 아이와 다르게 생겼다.

나는 데이트를 한 적이 한 번도 없다.

다시 인생을 아이처럼 살 수 있다면

아마 앞으로도 영영 못 할 것이다.

게다가 나는 매력이 없다.

그러나 지금은 있는 그대로의 나를 사랑한다. 수없이 많은 자아 성찰과 기도, 아내의 조건 없는 사랑과 가족의 지지, 아이들의 존경과 인정을 받은 경험이 오랜 시간 쌓인 덕분이다. 그러나 또래와 어울리려 애쓰고 주변의 영향에 잘 휘둘리는 사춘기 시절에는 나를 괴롭힌 아이의 끔찍한 시각으로 나 자신을 바라보았다.

나는 그 아이의 말을 믿었다. 사춘기 아이들은 보통 또래의 시각에 따라 자의식이 형성된다. 착각은 하지 마라. 어른이 된다고 달라지는 건 아니니 말이다. 놀림은 몇 주 동안 계속 이어졌다. 친구들도, 같은 반 아이들도, 선생님들도 내가 놀림을 받는다는 사실을 알고 있었다. 그러나 누구도 나서서 그러면 안 된다고 목소리를 내지 않았다.

그러던 어느 날 그 일이 벌어졌다. 7교시 세계사 시간이었다. 그 아이는 내 뒤쪽에 앉아 또다시 나를 놀리기 시작했다. 선생님은 칠판에 필기를 하고 있었고 그날도 나는 무력하게 고개만 숙이고 있었다. 그런데 그때 반에서 몸집이 제일 작은 제이슨이 자리에서 일어나서는 나를 지나쳐 그 아이를 향해 걸어갔다. 그러고는 덩치 크고 거칠며 운동 잘하고 인기 많은 그 아이에게 손가락을 들이대며 카랑카랑한 목소리로 외쳤다.

"야!"

반 전체가 하던 일을 멈추고 제이슨을 응시했다. 제이슨의 카랑카랑한 목소리는 계속 이어졌다.

"닥쳐! 넌 이 아이가 무슨 일을 겪었는지 모르잖아."

제이슨은 곧게 편 검지로 덩치 크고 힘세 보이는 그 아이를 가리키며 다시 말했다.

"그러니까 닥쳐!"

반 아이들 모두 충격으로 말문이 막혔다. 우리는 현대판 다윗과 골리앗의 싸움이 어떻게 끝날지 숨죽인 채 지켜보았다. 그날 우리의 다윗에게는 새총이 없었다. 매끄러운 돌 다섯 개도, 뒤에서 대기하고 있는 군대도 없었다.

그러나 그 싸움은 그날 나와 같은 반에 있었던 아이들 모두 평생 잊지 못할 방식으로 전개되었다. 놀랍게도 나를 괴롭힌 덩치 큰 아이는 두 손을 모으고 고개를 숙인 채 한마디도 하지 못했다. 그리고 다시는 나뿐 아니라 학교의 누구도 놀리지 않았다.

그날, 나와 말을 섞은 적도 거의 없던 제이슨은 용기를 내라는 소명을 받들었다. 침묵하고 있는 나를 대신해 목소리를 높여주었고 내 삶에 변화를 불러왔다. 부담감이 짓누르고 내면의 두려움이 가만히 앉아 있으라고 속삭였을 텐데도 제이슨은 자리에서 일어나 족쇄를 벗어던졌다. 그럼으로써 자신에게 올바른 선택을 할 힘이 있다는 걸 스스로 깨달았다.

바로 그것이 진정한 자유다. 옳지 않은 일을 알아보는 능력. 모두가 옳지 않은 일을 두고만 보고 있다는 사실을 깨닫는 능력. 스스로 개입해 목소리를 내고 존재를 드러내고 자신보다 더 중요한 대의를 위해 인생을 거는 능력.

그 시절의 나는 그런 자유가 없었지만 지금은 더 자유롭게 살려고 애쓰고 있다. 나는 여러분이 그날의 나처럼 꼼짝 못하고 앉아 있지 않기를 바란다. 자기 자신을 위해, 그리고 아직 그럴 자유가 없는 사람들을 위해 목소리를 낼 수 있다는 사실을 깨달았으면 좋겠다.

올리버 웬들 홈스Oliver Wendell Holmes는 이렇게 말한다.

"어느 단호한 젊은이가 세상이라는 거대한 깡패에 단호히 맞서 과감하게 세상의 수염을 틀어잡는다면, 놀랍게도 수염은 쉽게 떨어질 것이며 소심한 모험가를 겁주어 쫓아버리려고 매단 가짜 수염일 뿐이라는 사실을 깨닫게 될 것이다."[70]

그날 제이슨이 나를 대신해서 한 행동은 여전히 내 가슴을 뛰게 한다. 제이슨은 우리 모두에게 선택권이 있다는 교훈을 남겼다. 타인과 역경에 발목이 잡히고 좌절해 더 나아가지 못하는 소심한 모험가가 될 수도 있다. 혹은 내면에 잠든 자유를 깨울 수도 있다. 그리하여 우리는 모두 용감하고 대담하게 태어났으며, 목소리를 높이

고 대화에 참여하면 얼마든지 세상을 바꿀 수 있다는 사실을 되새
길 수도 있다.

한 번에 한 문제씩만, 카랑카랑한 목소리를 내면 된다. 그러다 보
면 희미하지만 용감한 속삭임은 어느새 강력하고 변혁적인 포효로
바뀔 것이다. 목소리를 높이면 얼마나 큰 변화가 따르는지 오늘날
의 여러 사회 운동이 입증하고 있다. 학대 피해자들이 목소리를 내
면서 전에는 묵인됐던 행동이 더는 용납되지 않는다. 개개인의 목
소리가 모여 성평등과 다양성, 포용을 외친다. 목소리는 국가의 법
과 기업의 정책, 지역 사회의 담론에 긍정적 영향을 미치고 있다.

자유로운 삶은 이기적이거나 어리석거나 무모하게 사는 삶을 뜻
하지 않는다. 걱정이 없거나 대담하게 행동하거나 두려움 없이 사
는 삶을 뜻하지도 않는다. 그건 자유가 아니라 방임이다.

제이슨이 보여주었듯 자유는 진정으로 중요한 것이 무엇인지 알
고 자기 삶에 책임을 지며 선택의 힘을 행사하는 것이다. 물론 맞서
싸우기로 했다면 그 결과에 책임을 져야 한다. 대담한 삶에는 위험
이 따른다. 그러나 지지 않는 삶보다는 전부 다 거는 삶을 선택하는
게 낫다.

지갑의 돈을 모두 헌금했지만 부자가 된 기분이었다

헌금 접시가 돌고 있었다. 몇 년 전부터 베스와 나는 헌금을 온라

다시 인생을 아이처럼 살 수 있다면

인으로 송금했다. 빼먹지 않고 꾸준히 돈을 기부하기 위해서였다. 그래도 교회에 가면 아이들에게 모범을 보이고 싶어 헌금 접시에 몇 달러를 넣는다.

그날은 책 판매가 포함된 강연을 하고 돌아와 지갑이 평소보다 조금 더 두둑했다. 헌금 접시가 우리가 앉은 자리에 가까워지자 나는 가족들이 각각 헌금할 수 있도록 아이들에게 돈을 주려고 지갑을 꺼냈다. 내 옆에 앉은 패트릭은 내 지갑에 든 돈을 보고 온 교회 사람이 다 들을 정도의 목소리로 물었다.

"얼마나 낼 거예요, 아빠?"

나는 조용히 되물었다.

"얼마나 내야 할 것 같니?"

패트릭은 갈색 눈동자를 반짝거리며 큰 목소리로 답했다.

"전부 다요!"

솔직히 처음에 든 생각은 이랬다. '패트릭. 그건 아니지. 제정신이니? 어차피 우리는 온라인으로 송금하잖아. 헌금을 이미 충분히 내고 있다고. 자, 착하지. 여기 3달러 넣으렴.'

그러나 곧 베풀고 싶어 안달이 난 아들의 눈빛과 내 앞의 헌금 접시가 보였다. 나는 깊이 한숨을 쉬고는 지갑의 돈을 전부 접시에 넣고 교회에 들어서기 전보다 훨씬 가벼운 몸이 되었다. 그리고 왠지 훨씬 부자가 된 기분이었다.

'전부 다 거는 것.' 아이들에게는 익숙한 개념이다. 아이들은 가진 걸 모두 다 건다. 모든 게임에 전력을 기울인다. 망설이거나 에너지를 아끼지 않는다. 하루가 끝날 때쯤에는 에너지를 다 소진해 기진맥진한다.

왜 전부 다 걸지 않는가? 왜 내일의 삶을 위해 오늘의 삶을 포기하는가? 왜 매일 자기 안의 모든 것을 다 쏟아내지 않는가? 왜 승진에 도전하지 않는가? 왜 주말에 훌쩍 여행을 떠나지 않는가? 왜 조금 일찍 출근해 뒤처지는 팀원을 도와주거나, 오랜 친구를 찾아가거나, 새로 이사 온 이웃에게 인사하지 않는가? 왜 늘 듣고 싶었던 수업을 듣지 않는가? 왜 끝내주게 새로운 일을 시도하지 않는가? 왜 하루 동안 모든 걸 다 쏟아내고 후회 없는 단잠에 빠지지 못하는가?

우리는 타고난 권리인 자유를 망각한 채 살고 있다. 자기 삶에 책임을 지고 삶의 주인이 되는 자유, 정중하게 자기 의견을 밝히는 자유, 골을 넣고 경기에서 이기는 길이 아니라 진정으로 충만한 삶에 이르는 길을 선택하는 자유가 주는 기쁨을 잊어버렸다.

남김없이, 후퇴 없이, 후회 없이

자유로운 삶의 의미를 잘 아는 사람이 있었다. 윌리엄 보든William Borden은 혜택받은 삶을 살 운명이었다. 아버지는 대기업 보든의 대

다시 인생을 아이처럼 살 수 있다면

표로 막대한 부를 축적했다. 윌리엄 보든은 보든 왕국의 상속자였고 어릴 때부터 가업을 잇기 위한 교육을 받았다.

보든은 고등학교에서 두각을 드러냈다. 운동도 잘하고 인기가 많은 우수한 학생이었다. 중하위권 성적으로 고등학교를 마친 나와 달리 보든은 동급생 중 가장 뛰어난 성적으로 졸업했다. 예일 대학교에 합격해 입학을 앞두고 있을 때 보든은 가족끼리 알고 지내는 지인에게 작은 성경책을 선물로 받았다. 그는 대학에 입학하기 전에 그 성경책을 들고 세계 여행을 떠났다.

여행하면서 보든은 자신의 가문이 얼마나 막대한 부를 소유하고 있는지 깨달았다. 한 끼 식사를 위해 발버둥 치는 사람이 얼마나 많은지도 직접 목격했다. 결국 보든은 자기 앞에 놓인 황금의 길을 포기하고 세상의 문제를 해결하는 데 헌신하기로 했다. 보든은 성경책에 앞으로 삶의 지침으로 삼을 단어를 적었다.

"남김없이."

보든에게 이 단어는 자신이 가진 모든 재능과 통찰력, 연민을 쏟아붓겠다는 다짐을 상기시켰다. 남김없이 모든 걸 다 쏟아부어 세상의 빛이 되겠다는 다짐이었다.

예일대에 다니면서 보든은 이 단순한 좌우명을 실천하기 위해 지역 사회의 빈곤층을 돕는 단체인 예일 희망 사절단을 설립했다. 대학교 1학년 때는 성경 공부 모임을 만들어 동급생들을 참여시켰다.

1학년을 마칠 때쯤 회원 수는 125명에 달했다. 대학을 졸업할 때는 1,000명이 넘는 학생이 성경 공부 모임에 동참했다. 당시 예일대의 총 학생 수가 1,350명이었던 걸 고려하면 엄청난 인원이었다.

졸업하자마자 보든은 성경에 두 번째 단어를 적었다.

"후퇴 없이."

보든은 집에 돌아와 가업을 잇기를 바란 모두의 기대와 달리 전 세계 빈곤 계층을 위해 봉사하는 삶을 살기로 했다. 집에 오라는 가족의 설득에도 불구하고 보든은 '후퇴 없이'를 좌우명으로 삼아 뜻을 굽히지 않았다. 비전을 현실로 만드는 데 매진할 것을 다짐했다.

보든은 그 다짐과 함께 이집트로 떠났다. 그러나 도착하고 얼마 지나지 않아 척수막염이 발병해 3주 만에 눈을 감았다. 그의 나이, 스물다섯 살이었다.

부유한 가문의 아들이었던 보든은 그렇게 이집트의 소박한 묘지에 묻혔다. 소지품은 몇 개 안 돼 나무로 된 작은 여행용 가방에 모두 들어갔다. 연락선에 실린 그의 짐은 대양을 건너 충격에 빠진 가족에게 전달되었다. 소지품 중에는 고등학교를 졸업할 때 받은 성경책이 있었다. 성경책의 첫 페이지를 연 어머니는 보든이 삶의 목적을 스스로 되새기기 위해 적은 글을 발견했다.

"남김없이. 후퇴 없이."

성경의 첫 페이지에는 보든이 죽기 며칠 전에 적은 단어가 하나

더 있었다. 고향에서 지구 반 바퀴를 돌아온 곳에서 죽음을 코앞에 두고 보든은 이렇게 적었다.

"후회 없이."

보든은 지난 삶을 후회하지 않았다. 실망하지도 않았다. 가장 중요한 것이 무엇인지 알았다. 무엇이 가치 있는 삶의 목적인지, 자신이 무엇을 위해 싸우며 기꺼이 목숨을 걸고 있는지 알았다. 그리고 그 신념에 흔들림이 없었다.

여러분도 동료들과 정반대의 삶을 살거나, 가진 걸 모두 팔아 기부하거나, 가족을 두고 지구 반 바퀴를 돌아 떠나라는 뜻에서 이 이야기를 들려준 건 아니다. 보든의 세 마디 말을 가슴에 새기고 매일을 살아가면 얼마나 자유로워질지 상상해보길 바랄 뿐이다.

남김없이. 후퇴 없이. 후회 없이.

부디 인생행로의 끝에 다다라서야 잘못된 삶을 살았다고 후회하는 일은 없길 바란다. 여러분에게는 선택의 자유가 있다. 지금 당장 선택할 수 있다. 현재의 인간관계나 직장생활, 건강 상태가 마음에 들지 않는가? 가족이나 지역 사회, 나라가 나아가는 방향이 만족스럽지 않은가? 여러분에게는 가만히 앉아 악담만 퍼부으며 목소리를 내지 않을 자유가 있다. 혹은 들고일어나 목소리를 높이고 문제를 해결하기 위해 노력할 자유도 있다.

더 나은 길은 언제나 있다.

힘들게 새로운 길을 내야 할 수도 있다.

다수의 지지를 얻지 못할 수도 있다.

그러나 남김없고, 후퇴 없고, 후회 없는 삶을 살 수도 있다.

선택은 여러분의 몫이다.

Chapter 4

게임에
뛰어들어라

ↄ

    명예의 전당에 오른 최고의 타자와 투수, 야수의 사진이 복도를 따라 줄줄이 걸려 있었다. 그러나 내 시선은 그중 한 사진에 고정되었다. 잭 벅의 사진이었다. 나는 잠시 생각에 잠겨 있다가 "준비되셨어요?"라는 말에 화들짝 놀랐다. 세인트루이스 카디널스의 단장 마이크 거쉬Mike Girsch였다.

    나는 사진에서 눈길을 떼고 마이크를 돌아보며 미소 띤 얼굴로 말했다.

    "네, 준비됐습니다. 가시죠."

다시, 30년 전 그곳으로 돌아오다

우리는 복도를 따라 걷다가 오른쪽으로 돌아 세인트루이스 카디널스의 클럽 회관에 들어섰다. 처음 클럽 회관의 문을 통과했던 1987년 8월 26일로 시간 여행을 떠난 기분이었다.

다섯 달의 입원 치료를 마치고 집에서 몇 달 더 치료를 받은 뒤, 잭 벅은 야구장에서 존 오리어리의 날을 축하하겠다는 약속을 지켰다. 나는 잭과 함께 필드에서 타격 연습을 구경하고 선수 대기석에서 코치들을 만났다.

잭은 모든 게 마냥 신기해 눈이 휘둥그레진 어린 소년과 소년이 탄 휠체어를 미는 아빠를 데리고 '선수 전용 클럽 회관'이라고 적힌 문을 열었다. 경외심과 환희로 가득 찬 소년의 눈에 경기를 앞두고 옷을 갈아입는 선수들이 보였다. 꿈에 그리던 영웅들의 환대 속에서 사인을 받았다. 평생 잊지 못할 날이었다.

30년 후, 나는 여전히 그날처럼 불안하고 긴장됐지만 휠체어를 타지 않고 걸어서 그 문을 통과했다. 선수들은 화이트보드 앞에 앉아 있었다. 카디널스의 사장 존 모젤리악John Mozeliak은 선수들에게 다가오는 시즌의 도전 과제와 역경을 받아들이고, 그것을 극복해 성장하려면 강인한 정신력을 발휘해야 한다고 말했다. 그러고는 이 목표를 가장 잘 실천한 오늘의 강연자를 소개하겠다면서 존 오리어리를 박수로 맞아달라고 했다.

다시 인생을 아이처럼 살 수 있다면

앞으로 나가 연단에 선 순간, 어린 시절의 기억이 파도처럼 밀려들었다. 나에게 세인트루이스 카디널스는 단순히 어린 시절의 영웅이 아니었다. 화재가 나기 전까지만 해도 언젠가는 나도 카디널스의 선수가 되리라 확신했다. 꿈이 좌절된 후에도 우리 가족은 계속라디오 주위에 모여 중계방송을 들으며 카디널스가 득점할 때마다환호성을 질렀다. 경기장에서 직접 관람하며 선수들을 응원할 때도 많았다. 내 아이들도 이런 내 열정을 물려받아 야구를 무척 좋아한다.

그런 내가 잭과 처음 회관을 방문했을 때는 태어나지도 않은 새로운 세대의 카디널스 선수들 앞에 선 것이다. 재능 많고 뛰어난 선수들이 모두 몸을 앞으로 기울인 채 내 말에 귀를 기울였다. 내가겪은 일과 야구계의 전설인 잭 벅을 비롯해 나를 위해 앞장서서 기적을 이루어낸 사람들의 이야기를 들었다. 그러면서 함께 웃고 울고 질문을 했으며 이야기를 나누었다. 야구장 안과 밖에서 더 열심히 살겠다고 약속했다.

강연이 끝나고 선수들은 모두 내 첫 번째 책『온 파이어』를 한 부씩 들고 줄을 섰다. 나는 선수들과 한 명씩 악수와 포옹을 나누고어릴 때는 상상조차 하지 못한 일을 했다. 세인트루이스 카디널스선수 모두에게 사인을 해준 것이다.

도대체 어떻게 그런 꿈같은 일이 일어났을까? 비현실적인 순간이자 평생 간직할 소중한 기억이었다. 강연할 기회를 줘서 고맙다는 말을 전하며 작별 인사를 했다. 그러자 선수들은 내게 그해 여름에 있을 존 오리어리의 날 30주년 기념일에 카디널스 홈구장을 다시 찾아와줄 수 있는지 물었다.

내 대답은 무엇이었을까? '고맙지만 그날은 너무 바쁘다'고 답했을까? 관심 있는 다른 사람이 올 거라고 하면서 나는 다음에 시간이 될 때 오겠다고 했으려나?

설마 내가 그랬겠는가? 당연히 내 대답은 '예스'였다!

지평선 너머의 미래를 향해 나아가라

존 오리어리의 날 30주년 행사 당일, 식순에 따라 우리 가족은 경기가 시작되기 전 필드로 나갔다. 필드에서 가족사진을 찍고 선수들과 인사를 나누고 나니 한 선수가 나에게 시구를 해보지 않겠느냐고 물었다.

나는 근처에서 몸을 풀고 있는 선수들을 둘러보고 내 손을 바라보았다. 손목은 여전히 안 움직였다. 손가락도 없었다. 공을 잡을수도, 앞으로 던질 수도 없었다. 팔꿈치는 아직도 90도로 구부러진채 고정되어 있었다. 어깨의 움직임도 자유롭지 않았다. 다시 말하면 나는 성공적인 시구를 할 능력이 없었다. 말 그대로 불가능했다.

그때, 아이들이 보였다. 본인이 제일 좋아하는 자리인 바로 내 옆

다시 인생을 아이처럼 살 수 있다면

자리에 그레이스가 서 있다. 금발머리를 뒤로 묶고 안경 너머로 예쁜 파란 눈동자를 반짝이며 시끌벅적한 주변 상황을 관찰하고 있었다. 내 어린 딸 덕분에 나는 삶에 다시 몰입하고, 현재를 즐기고, 매일 열심히 놀고, 내 감정을 공유하고, 타고난 내 가치를 인정하는 법을 배웠다. 감출 것도 사과할 것도 없었다. 나는 어릴 때 화상을 입었지만 지금은 다 나은, 지금 이대로도 완벽한 그레이스의 아빠니까 말이다.

그레이스 옆에는 헨리가 서 있다. 헨리는 제 감정을 절대 감추는 법이 없는 활기 넘치는 모험가다. 나무를 보면 기어오르고 바위에 오르면 뛰어내리면서 열정을 다해 인생을 탐험하는 아이다. 세상에 속해 있다는 강한 소속감을 느끼는 헨리는 지금도 어딜 가나 친구를 발견한다. 그러기로 마음먹었기 때문이다. 가끔은 겁도 먹지만 여전히 도움이 필요한 순간에 적극적으로 나선다.

헨리 옆에는 패트릭이 서 있다. 여름만 되면 교복처럼 입는 카디널스 티셔츠를 입고 카디널스 모자를 쓰고 있다. 독자들도 이미 눈치챘겠지만 왼손에는 믿음직한 글러브를 끼고 있다. 패트릭은 믿는다. 늘 기대감으로 가득 차 있어 사방에서 멋진 일이 일어나길 즐거운 마음으로 기다린다. 내일 일어날 사건, 곧 있을 게임, 다음으로 떠날 여행은 당연히 멋질 거라고 예상하며 좀처럼 실망하는 법이 없다. 패트릭은 늘 글러브를 끼고 환하게 웃으며 나타나 누구를 만

나든 그 사람의 일상에 기쁨의 흔적을 남긴다.

맏이인 잭은 맨 끝에 서 있다. 제일 먼저 태어난 이 용감한 아이는 아버지가 된다는 것이 무엇이고, 조건 없는 사랑은 어떤 느낌이며, 그 사랑이 얼마나 큰 원동력이 되는지 처음 가르쳐주었다. 잭은 내 안의 경이감에 다시 불을 붙였다. 내 배를 뒤덮은 빨갛고 울퉁불퉁하고 산마루 같은 흉터를 사랑하겠다고 선택함으로써 내 안의 두려움을 날려 보냈다. 언제나 모든 걸 다 거는 잭을 보면, 내 인생에 막대한 영향을 미친 또 다른 잭이 떠오른다.

그 옆으로 무한한 아름다움을 지닌 내 아내 베스가 보인다. 흑갈색의 머리를 어깨에 늘어뜨린 베스는 고개를 돌려 나와 시선을 맞췄다. 베스의 얼굴에 미소가 가득 번졌다. 베스는 30년 전 카디널스 홈구장에 없었지만, 이곳이 나에게 얼마나 큰 의미가 있고 무엇을 상징하는지 잘 알고 있다.

누군가가 그랬다. 결혼식 날보다 배우자에게 더 끌리는 날은 평생 없을 거라고. 그러나 장담하건대 내 눈에 베스는 매 순간 전보다 더 멋지고 매력적이고 예쁘다. 나는 갈수록 아름다워지는 베스가 나를 선택했고 여전히 내 아내라는 사실이 놀랍기만 하다. 베스는 내게 늘 가르침을 주는 사랑스러운 아이들이 이 세상에 존재하는 이유다.

가족이 있기에 나는 이 기회를 놓칠 수 없었다.

다시 인생을 아이처럼 살 수 있다면

남김없이. 후퇴 없이. 후회 없이.

나는 선수의 눈을 똑바로 바라보며 단호하게 말했다.

"좋죠. 해봅시다!"

선수는 내게 공을 건넸다.

공을 잡으려고 애쓰는 순간, 끔찍한 실수를 저질렀다는 생각이 뇌리를 스쳤다. 공을 던지기는커녕 제대로 잡을 수조차 없었다.

8월의 뜨거운 태양 아래서 나는 이마에 흐르는 땀을 닦고 이 도전의 결말을 머릿속에 그리면서 마운드를 향해 비틀비틀 걸어갔다. 반쯤 걸어갔을 때 내 옷을 잡아당기는 손길이 느껴졌다. 돌아보니 패트릭이 생기 넘치는 갈색 눈동자를 반짝거리며 나를 빤히 올려다보고 있었다.

"아빠…"

오랜 침묵이 흘렀다.

"우리 창피하게 하지 말아요."

그러고는 장난스럽게 내 등을 토닥였다.

'지금 꼭 그런 말을 해야겠니, 패트릭!' 나는 침착해 보이려 애쓰며 관중을 향해 손을 흔들고는 포수가 준비를 마치길 기다렸다. 오른손의 관절 사이로 공의 촉감이 느껴졌다. 나는 기도를 올리고 한쪽 다리를 올렸다 내리면서 있는 힘껏 공을 던졌다.

그날, 부시 스타디움을 꽉 채운 4만 6,000여 명의 카디널스 팬은 마흔두 살의 남자가, 포수가 놀랄 정도로 완벽한 스트라이크를 던지는 광경을 목격했다. 객석에 앉아 구경하는 관중보다 더 놀란 사람은 따로 있었다. 바로 그 공을 던진 나였다! 나는 희열과 충격, 고마움이 범벅이 된 상태로 춤을 추듯 마운드에서 내려와서는 본루로 깡충깡충 뛰어가 포수를 끌어안았다.

그런 뒤 충만한 삶, 감탄하는 삶을 사는 자유를 누리기 위해 매일 최선을 다하는 법을 가르쳐준 아내와 아이들에게 돌아갔다. 그리고 그 옆을 봤다. 우리 가족을 떠받치는 튼튼한 기둥이자 내 인생의 첫 스승인 부모님이 서 계셨다.

엄마가 보였다. 그날 아침 응급실에서 엄마는 내가 내 삶의 주인이 되도록 단호하게 나를 밀어붙여 내 목숨을 살렸다. 엄마가 고집스럽게 계속 피아노를 가르치지 않았다면, 나는 혼자 힘으로는 볼 수 없었던 지평선 너머의 미래를 향해 나아가지 못했을 것이다.

엄마는 내가 회복될 때까지 곁을 지켜주었다. 여섯 아이를 키우고 나빠진 건강을 추스르고 아픈 아빠를 돌보았다. 그러면서 엄마는 인생의 수많은 부침을 불굴의 신념으로 버텨냈다. 그리고 나 역시 그 신념에 감화되어 기적을 믿게 되었다. 나는 엄마에게 걸어가 엄마를 꼭 끌어안고 말했다.

"내가 저 공을 던질 수 있었던 건 불가능한 일은 없다는 엄마의 가르침 덕분이에요. 고마워요, 엄마. 사랑합니다."

다시 인생을 아이처럼 살 수 있다면

이번에는 아빠를 향해 걸어갔다. 아빠는 조용하지만 흔들림 없이 휠체어에 앉아 있었다. 아빠는 잭 벅이 버텨낸 파킨슨병을 26년째 앓고 있다. 이제는 일어서거나 운전을 하거나 일을 하는 게 불가능해졌다. 말하기도 몹시 힘들어졌고 음식을 삼키는 것조차 벅찬 일이 되었다. 그러나 아빠는 내 인생에서 아빠가 필요한 순간에 누구보다 더 자주 나타나 힘이 되어주었다. 그뿐 아니다. 역경에 굴복하지 않겠다는 의지로 오히려 전보다 덜 불평하고 더 많이 웃었다.

30년 전, 아빠는 내 휠체어를 밀어 경기장을 구경시켜주었다. 오늘은 영광스럽게도 내가 아빠의 휠체어를 밀 차례다. 필드를 떠나 경기를 관람하러 객석으로 돌아가기 전에 나는 몸을 숙여 아빠를 끌어안고 말했다.

"아빠, 사랑해요. 크면 꼭 아빠 같은 사람이 되고 싶어요. 꼭 아빠처럼 될 거예요."

아이들은 사랑하고 앞장서고 감탄하는 삶을 사는 법을 본능적으로 안다. 그러나 삶의 감동과 의미와 기쁨을 찾는 아이 특유의 능력을 되찾기 위해 꼭 아이가 될 필요는 없다.

누구나 매일, 아이의 다섯 가지 감각을 되살리는 선택을 할 수 있다. 어린아이의 경이감과 호기심을 갖고 질문을 던지며 하루를 시작할 수 있다. 멋진 일을 기대하며 인생을 헤쳐나갈 수 있다. 눈앞의 순간에 완전히 몰입할 수 있다. 자신이 세상에 꼭 필요한 조각임을 알고, 새로운 사람과 생각, 경험에 열정적이고 단호하게 마음을 열 수 있다. 가만히 앉아 있기보다는 벌떡 일어나 애정 어린 마음으로 개입하고 목소리를 내는 것이 타고난 본능임을 알고, 자유롭고 신나게 앞장설 수 있다.

때는 지금이다. 선택은 여러분의 몫이다.

마음만 먹는다면 간절히 원하는 삶을 살 수 있다. 어릴 때는 아무렇지 않게 즐겼던 삶을 되찾을 수 있다. 감탄하는 삶은 지금 여러분을 기다리고 있다.

다시 인생을 아이처럼 살 수 있다면

자유

"미루는 삶을 택할 것인가.
아니면 남김없이, 후퇴 없이, 후회 없이 사는
삶을 택할 것인가."

더는 타인의 삶을 살지 마라.

이기는 게임을 하라.

두려움에 귀를 닫고 한 치의 주저함도 없이 앞으로 달려가는,

자유로운 삶을 살아라.

학기가 끝나고 긴 여름 방학을

앞두고 있을 때의 기분을 떠올려보라.

긴 하루를 보낸 뒤 신발을 벗어 던지고 본격적으로 놀기 시작할 때,

함박웃음을 지을 때,

자꾸만 웃음이 터져 나올 때,

솔직하게 말할 때,

터무니없는 꿈을 꿀 때,

모든 것을 쏟아부을 때,

그럴 때 피어났던 환희를 떠올려보라.

진정한 승리는 인생에 올인하는 자의 것이다.

인생은 한 번뿐이다.

어딘가로 가는 것은 어려운 동시에 가장 멋진 순간이다.

타인을 돕고, 나서는 삶을 택하라.

감정을 공유하라.

위험을 감수하라.

거인과 싸워 세상을 바꿔라.

잊고 살았던 자유를 되찾아 용감하게 살아라.

다시 게임에 뛰어들어라.

필드에서 만나자.

에필로그

인생 최고의 순간은
아직 오지 않았다

↺

농부에게는 수탉이 있고, 여러분에게는 자명종이 있다. 우리 집
에는 헨리가 있다.

헨리는 세 살 때부터 늘 제일 먼저 일어났다. 일어나면 침대에 누
워 혼잣말을 하거나, 자기 방에서 레고를 조립하거나, 장난감을 갖
고 놀면서 노래를 불렀다. 그러다 결국 자기 방을 탈출했다. 베스와
누워 있으면, 복도를 따라 타박타박 걸어오는 헨리의 발걸음 소리
가 들리곤 했다. 헨리는 잠시 걸음을 멈춰 우리 방을 빼꼼히 들여다
보고는 다시 다음 모험을 향해 가던 길을 갔다.

어느 날 아침, 헨리가 우리 방으로 후다닥 달려왔다. 헨리는 내

쪽으로 달려와 큰소리로 외쳤다.

"아빠, 이것 좀 보세요. 얼른!"

헨리는 나를 침대에서 끌어내 내 손을 잡고 거실로 갔다. 헨리가 커튼을 걷자 창밖으로 이른 아침의 잿빛 하늘이 보였다. 헨리는 흥분해서 창밖을 가리켰고 나는 졸린 눈을 간신히 뜬 채 헨리가 가리키는 곳을 바라보았다. 처음에는 무엇을 가리키는지 몰랐다. 그러다 저 멀리 지평선을 보고는 헨리가 왜 그렇게 흥분했는지 비로소 깨달았다.

빛이 서서히 어둠을 밀어내고 있었다. 밤이 낮으로 바뀌는 중이었다. 태양이 동쪽 하늘에서 춤을 추기 시작했다. 헨리는 해돋이의 기적에 놀라고, 설레고, 감탄했다. 새날의 시작을 이렇게 맞이할 수도 있다.

우주가 추는 춤에 적극 동참하자

여러분은 어떤가? 해돋이를 보면 어떻게 반응하는가? 새날이 밝아올 때 어떤 생각이 드는가? 성취욕이 강한 아침형 인간은 해돋이 따위는 무시하고 하루 동안 해야 할 일에만 집중할 것이다. 저녁형 인간은 알람 소리에 화를 내며 알람 버튼을 누르고는 햇빛을 저주하며 다시 잠들 것이다.

나도 헨리처럼 매일 장엄한 해돋이에 매료되고, 감동하고, 푹 빠지고 싶다. 해돋이뿐 아니다. 일과 가족, 신앙, 인생을 대할 때도 그런 열정을 발산하고 싶다.

내가 일하는 곳의 실내 장식은 이 같은 바람을 늘 상기시킨다. 내 사무실에는 사진이 많이 걸려 있다. 책상 뒤쪽 벽 전체에는 가족사진이 붙어 있다. 할아버지와 할머니, 부모님, 형제자매, 아내와 아이들, 모두 가족과의 특별한 순간이 담긴 사진들이다. 나는 이 사진들을 보면서 내가 누구고 어디에서 왔으며 정말 중요한 것이 무엇인지 되새긴다.

다른 벽에는 내가 진행하는 팟캐스트 〈영감이 있는 삶을 살라〉에 출연한 초대 손님들의 사진이 걸려 있다. 세계적인 작가와 강연가, 우주 비행사, 사업가, 선구적 사상가, 친구, 역경을 극복한 사람들의 사진이다. 이들의 감동적인 사연과 삶의 궤적을 떠올리면 내 재능을 더 좋은 곳에 쓰고 싶어진다. 내가 가진 자원을 공유하며 타인에게 좋은 영향을 미치고 싶은 욕구가 샘솟는다.

책상 맞은편 벽에는 세상을 바꾼 사람들의 사진이 걸려 있다. 마틴 루서 킹 주니어, 에이브러햄 링컨, 테레사 수녀를 비롯한 많은 위인의 사진이다. 그들의 사진을 보면서 새삼 깨닫곤 한다. 원대한 꿈을 꾸고 인생을 거는 위험을 감수하면 한 사람의 힘만으로도 세상을 바꿀 수 있다는 사실을.

그 왼쪽에는 내가 제일 좋아하는 사진이 걸려 있다. 아마 세계 역사상 가장 중요한 사진이 아닐까 싶다. 바로 '창백한 푸른 점'이다.

'창백한 푸른 점'은 NASA가 1977년 토성과 목성을 촬영하기 위해 발사한 무인 탐사선인 보이저 1호가 찍은 사진이다. 과학자들은 우주에서 5년밖에 버티지 못하리라 예상했지만 보이저 1호는 40년이 넘도록 계속 운행하고 있다. 그러면서 누구도 본 적 없는 태양계 전체의 이미지를 전송했다.

사무실의 다른 사진은 모두 피사체에서 1미터 남짓 떨어진 거리에서 찍었지만 '창백한 푸른 점'은 좀 다르다. 피사체와 무려 64억 킬로미터 떨어진 거리에서 찍혔다.

질감이 거칠고 뿌연 이 사진은 다른 무엇보다 우주의 방대함을 여실히 보여준다. 셀 수 없이 많은 작은 빛의 점들이 끝없이 펼쳐진 어둠을 꿰뚫어 저 멀리 있는 별들을 비춘다. 빛의 점으로 이루어진 네 줄기의 태양 빛은 사진 한복판을 가로지른다. 눈을 가늘게 뜨고 가까이 들여다보면 그중 하나의 빛줄기 속을 맴도는 희미하고 창백한 푸른 점이 보일 듯 말 듯 어린다.

이 작디작은 구체가 바로 우리가 사는 지구다. 둘레가 4만 킬로미터에 달하고 70억 명이 넘는 인류가 사는 행성이지만 이 사진에서는 티끌에 불과하다. 위대한 천문학자 칼 세이건Carl Sagan은 이 사진이 왜 그렇게 중요한지 간결하게 설명했다.

다시 인생을 아이처럼 살 수 있다면

이 점은 이곳이다. 집이다. 우리다. 당신이 사랑하고 알고 들어보고 존재했던 모든 인간이 이 점 위에서 생을 이어갔다. 인류 역사상 모든 기쁨과 고통, 확신에 찬 수천 가지의 종교, 이념, 경제 원칙, 사냥꾼과 채집자, 영웅과 겁쟁이, 문명의 창조자와 파괴자, 왕과 소작농, 사랑에 빠진 젊은 연인, 어머니와 아버지, 희망에 찬 아이, 발명가와 탐험가, 도덕을 가르치는 교사, 부패한 정치인, '슈퍼스타', '최고 지도자', 성인과 죄인이, 태양 광선에 매달린 이 작은 티끌 위에 살았다.[71]

열쇠를 제자리에 두지 않은 일 따위는 하찮게 느껴지지 않는가?

실제로 처음 우주에서 지구를 바라본 우주 비행사들은 '조망 효과'라는 현상을 경험한다. 우주 속에 자리한 지구를 처음으로 조망함으로써 의식이 명료해지고 경외심을 느끼는 현상이다. 달 착륙이 인류의 위대한 도약이었다면, 인간에게 충격에 가까운 영향을 미친 건 우주에서 찍은 지구의 이미지였다. 우주에서 조망한 지구의 모습은 세계와 태양계, 거대한 우주 속에서 우리가 어떤 위치를 차지하고 있는지 여실히 보여준다.

인간은 경이로운 존재의 아주 작은 부분에 지나지 않는다. 우리가 사는 세상은 영원히, 끝없이 팽창하며 춤추는 우주의 일부일 뿐이다. '창백한 푸른 점'을 얼핏 보면 인간은 특별한 것 없는 생명체이자 하찮은 존재, 그저 별 볼 일 없는 참여자에 불과한 듯 보인다.

그러나 나에게 이 사진은 전혀 다른 의미를 지닌다. 세상 속에서 자신의 위치를 깨달을 때 느끼는 경외심은 강력한 힘을 발휘한다. 우주의 춤에 적극적으로 참여하고 인생에 모든 걸 다 거는 원동력이 생긴다.

가던 길을 계속 갈 것인가, 감탄하는 삶의 초대에 응할 것인가

캘리포니아 대학교 버클리 캠퍼스의 심리학 교수 대커 켈트너 Dacher Keltner는 오랜 '시간 경외심'을 연구했다. 그의 연구에 따르면 인간의 기본 감정인 경외심은 인간에게 놀라울 정도로 유익하다. 어떤 유익함이 있을까?

경외심은 자기도취에서 벗어나게 해준다.

타인에게 주파수를 맞추게 해준다.

세상에서 나의 위치를 상기시켜준다.

그럼으로써 다르게 행동하고, 더 나은 선택을 하며, 나 자신뿐 아니라 세상에 유익한 길을 찾게 해준다.

경외심을 느끼면 타인을 돕기 위해 나서기가 더 쉬워진다. 경외심은 스스로가 작게 느껴져 큰 선善을 지향하고, 큰 그림을 그리게 해준다. 경외심은 인간이라면 누구나 겪는 감정이다. 경외심도 초기 인류에서 그 기원을 찾을 수 있다. 우리 조상들은 경외심 덕분에 더 평화롭고 협력적으로 무리 지어 살 수 있었다.

다시 인생을 아이처럼 살 수 있다면

현대인들은 자연에서 보내는 시간이 별로 없어 경외심을 느낄 기회가 많지 않다. 밖으로 나가 하늘을 올려다보고 주변의 자연을 둘러볼 시간이 없다. 매일 급한 일을 처리하며 '바쁜' 일상을 질주하듯 살아내고 있다. 그러다 보니 순간에 집중하고 진정으로 중요한 것을 포착할 때의 그 장엄한 경험을 좀처럼 하지 못한다. 타인의 욕구에 관심을 덜 기울이고 나만의 작은 세상에 더 집중하게 되는 건 그 때문이다.

그러나 아이들은 너무나 생생히 느끼는 다섯 가지 감각을 훈련하면 우리도 매일같이 경외심을 느낄 수 있다. 다시 아이 때 느꼈던 호기심과 설렘을 느낄 수 있다. 그리고 그렇게 경외심을 되살리면 그저 한 개인의 삶만 달라지는 데 머물지 않는다. 온 세상에 퍼질 작은 파문을 일으킬 수 있다.

경이로움을 깨우면 가능성의 길이 다시 열린다. 자기중심적 사고에 매달리거나 정답에 연연하지 않는다. 그보다는 더 창의적으로 생각하고 더 효과적으로 협력하고 더 자주 혁신하며 불가능을 가능으로 만들게 하는 질문을 대담하게 던지게 된다. 그러다 보면 어느새 열렬한 낙관주의자가 되어 샴페인 파티와 아이스크림 파티를 열고 있을 것이다.

기대감에 다시 불을 붙이면 모험을 떠나듯 하루를 시작할 수 있다. 하루 동안 일어나는 모든 일이 멋지리라 확신하는 첫 경험의 기

뺨을 되찾을 수 있다. 그러면 새로운 희망이 생겨나 내일이 오길 즐겁게 기다리게 된다. 그렇게 희망에 찬 기대를 하다 보면 예상한 일들이 실제로 이루어진다. 야구장에 글러브를 가져가기 시작했다면 조만간 공을 잡을 테니 놀라지 마시라.

몰입의 감각을 다시 단련하면 현재에 집중해 주변의 아름다움을 알아보게 된다. 그러면 더는 바쁜 일정과 넘치는 일거리에 파묻혀 살지 않게 된다. 속도를 줄이고 구름을 올려다보며 정말로 중요한 일이 무엇인지 깨닫고 그에 따라 행동할 것이다. 더 많이 쉬고 더 자주 놀면서 충전된 에너지 덕분에 효율성이 높아져 직업적으로도 더 큰 성공을 거둘 수 있다. 또한 당당하게 자기 이름을 걸고 냉장고에 붙일 만큼 자신이 한 일을 자랑스럽게 여길 것이다.

소속감을 되찾으면 많은 것들을 받아들이게 된다. 남과 다르다고 느끼거나 과거에 시련을 겪었거나 혼자만 겉도는 것 같더라도 나 역시 세상이라는 퍼즐에 없어서는 안 될 필수적이고 귀한 조각이라는 사실을 받아들이게 된다. 그 사실을 깨닫고 나면 기쁨이 온몸의 혈관을 타고 세차게 퍼질 것이다. 시끌벅적한 커피숍을 한순간에 조용하게 만들고는 우리 모두 세상에 속해 있다는 진리를 사람들에게 알려주고 싶어질 것이다.

마지막으로, 타고난 권리인 자유를 되찾으면 과거의 실수와 부정적 신념, 두려움이 만들어낸 거짓말의 속박에서 풀려나게 된다. '남

다시 인생을 아이처럼 살 수 있다면

김없이, 후퇴 없이, 후회 없이'를 좌우명으로 삼아라. 그러면 한 치의 주저함도 없이 주어진 모든 기회를 붙잡고 가치 있는 일을 위해서라면 용감하게 위험을 감수할 것이다. 더 나아가 기꺼이 거인과 맞서 싸우고 대담하게 목소리를 내며 세상을 바꾸는 변화를 이끌 것이다. 물론 가장 먼저 바뀌는 건 자기 자신이다.

새날이 밝아온다. 태양이 떠오른다. 이제 어디로 갈지 선택하라.

지금까지 걸어온 길을 계속 갈 수도 있다. 혹은 감탄하는 삶이 보내는 초대에 응할 수도 있다. 부디 감동과 의미와 기쁨이 있는, 감탄하는 삶을 살라.

그리고 감탄하는 삶이 선사하는 무한한 가능성을 즐겨라.

영웅의
전당

아일랜드 시골길을 달리면서 살아 있다는 게 얼마나 큰 행운인지 수다를 떨다 보면, 어느새 그 행운을 실감 나게 보여주는 자연의 경이, 모허 절벽에 도착한다. 그런 순간엔 반드시 멋진 사람들이 떠오른다.

브라이언 버피니는 당당히 '자기 이름을 걸 수 있는' 세계적 강연가이자 코치이자 사업가다. 지도자, 남편, 아빠로서는 말할 것도 없다.

강연하면서 감동적인 순간이 많았지만 가장 기억에 남는 건 나의 어린 친구 커티스가 미래의 동급생들에게 기립 박수를 받은 순간이었다. 주먹 인사도 정말 멋졌다.

나도 나름 에너지와 열정이 넘친다고 자부했지만 뷰더 수녀에 비하면 아무것도 아니었다! 또 나의 영웅, 잭 벅은 내게 셀 수 없이 많은 선물을 줬다. 평생 고마워할 선물이다. 그의 아들 조와의 우정도 그중 하나다.

다시 인생을 아이처럼 살 수 있다면

첫 경험은 평생 잊지 못한다. MGM 그랜드 호텔의 무대에 올라 2만 명의 관객 앞에서 피아노를 치는 경험은 특히 더 그렇다.

그날도 경험도 마찬가지다. 존 오리어리의 날 30주년 기념일에 세인트루이스 카디널스 홈구장에서 난생처음 시구를 한 경험한 날. 이날 나를 응원하던 부모님과 아내, 네 아이의 모습이 아직도 눈에 선하다.

내 영웅의 전당에서 가장 큰 존재는 바로 가족인 가족. 패트릭, 잭, 그레이스, 헨리. 너희가 있기에 나는 용기와 애정과 생기가 넘치는 사람이 될 수 있었단다. 그리고 아이들을 제외하고 감탄하는 능력을 타고난 유일한 생명체인 골든 레트리버 엠마. 가족이 되어 주어 늘 고맙단다. 이 책을 볼 때마다 너희는 모두 내 스승이라는 점과 내가 너희를 얼마나 사랑하는지 떠올리길 바란다.

| 주석 |

프롤로그 : 아이의 감각으로 세상을 사는 법

1) Brian Resnick, "22 Percent of Millennials Say They Have No Friends," Vox, August 1, 2019.

1부 | 경이감

Chapter 1 : 가능성의 길을 여는 다섯 가지 질문

2) John F. Kennedy, address at Rice University on space exploration, September 12, 1962.

Chapter 2 : 경이감과 호기심을 깨우는 질문

3) "How Mothers Field 288 Questions a Day," *Daily Mail*, March 28, 2013.

4) "Neil deGrasse Tyson: Kids Are Born Scientists," YouTube video, posted by Monstersnatch, Novermber 22, 2012, at 2:14.

5) Charlotte Alter, "The Young and the Relentless," *Time*, April 2, 2018, 24-31.

6) Warren Berger, "Why Do Kids Ask So Many Questions-And Why Do They Stop?," *A More Beautiful Question* (blog), n.d.

7) George Land and Beth Jarman, *Breaking Point and Beyond* (San Francisco: Harper

다시 인생을 아이처럼 살 수 있다면

Business, 1993).

8) Adam Grant, "The Unexpected Sparks of Creativity, Confrontation and Office Cultrue," *The Goop Podcast*, March 29, 2018.

Chapter 5 : 뇌의 습관을 바꾸는 생각 훈련

9) John O'Leary, "Not Impossible Labs," *Live Inspired with John O'Leary* (podcast), episode 94, August 9, 2018.

10) Alison Gopnik, *The Philosophical Baby : What Children's Minds Tell Us About Trush, Love, and the Meaning of Life* (New York : Picador, 2009), 122.

11) O'Leary, "Not Impossible Labs."

2부 | 기대감

Chapter 1 : 인생의 관점을 바꾸면 달라지는 것들

12) Ros Krasny, "Poll : Majority of Americans Say the U.S. Is Headed in the Wrong Direction Under President Trump," *Time*, January 27, 2019.

13) Jamie Ducharme, "A Lot of Americans Are More Anxious Than They Were Last Year, a New Poll Says," *Time*, March 14, 2018.

14) Reuters, "Finland Ranks World's Happiest Country as U.S. Discontent Grows Despite More Riches : UN Report," *South China Morning Post*, March 14, 2018.

Chapter 2 : 지금 살아 있다는 기적

15) 〈굿바이 뉴욕 굿모닝 내 사랑〉, 론 언더우드 감독, 로웰 간츠 & 바바루 멘델 각본 (캐슬 록 엔터테인먼트, 1991).

Chapter 3 : 평범한 인생이란 없다

16) Ali Binazir, "What Are the Chances You Would Be Born," *Harvard Law Blogs*, June 15, 2011.

17) Huston Smith, *Cleansing the Doors of Perception* (New York: Jeremy P. Tarcher, 2000), 76.

Chapter 4 : 무기력에서 벗어나 희망을 선택하는 법

18) John O'Leary, "From Juvie to Jail to Harvard," *Live Inspired with John O'Leary*(podcast), episode 95, August 26, 2018.

19) 위의 동영상.

20) C. R. Synder et al., "Hope Against the Cold: Individual Differences in Trait Hope and Acute Pain Tolerance on the Cold Pressor Task," *Journal of Personality* 73(2005): 287-312.

21) K. L. Rand, A. D. Martin, and A. Shea, "Hope, but Not Optimism, Predicts Academic Performance of Law Students Beyond Previous Academic Achievement," *Journal of Research in Personality* 45(2011): 683-686.

22) S. Stern, R. Dhanda, and H. Hazurda, "Hopelessness Predicts Mortality in Older Mexican and European Americans," *Psychosomatic Medicine* 63(2001): 344-51.

Chapter 5 : 미래는 기대한 대로 바뀐다

23) J. B. Moseley, K. O'Malley, N. J. Peterson, et al., "A Controlled Trial of Arthroscopic Surgery for Osteoarthritis of the Knee," *New England Journal of Medicine* 347, no. 2(July 11, 2002): 81-88.

24) Michael Pollan, *How to Change Your Mind: What the New Science of Psychedelics Teaches Us About Consciousness, Dying, Addiction, Depression, and Transcendence*(New York: Penguin Books, 2018), 16.

Chapter 6 : 삶은 기다릴수록 즐겁다

25) George Loewenstein, "Anticipating the Valuation of Delayed Consumption," *Economic Journal* 97, no. 387(September 1987): 666-684.

3부 | 몰입

Chapter 2 : 더 나은 내일보다 행복한 오늘을 살아라

26) Josh Moody, "Where the Top Fortune 500 CEOs Attended College," *US News and World Report*, June 11, 2019.

Chapter 3 : 지금 이 순간에 몰입하라

27) Daniel Levitin, *The Organized Mind: Thinking Straight in the Age of Information Overload*(New York : Dutton, 2015), 98.

28) Larry Kim, "Multitasking Is Killing Your Brain," *Inc.*, July 15, 2015.

29) Alex Cocotas, "88% of U.S. Consumers Use Mobile as Second Screen While Watching TV," *Business Insider*, May 20, 2013.

Chapter 4 : 당신은 왜 일하고 있는가

30) Ed O'Boyle and Annamarie Mann, "American Workplace Changing at Dizzying Pace," Gallup Workplace, February 15, 2017, www.gallup.com/workplace/236282/american-workplace-changing-dizzying-pace.aspx.

31) Martin Luther King Jr., "The Three Dimensions of a Complete Life," sermon delivered at the Unitarian Church of Germantown, kinginstitute.stanford.edu/king-papers/documents/three-dimensions-complete-life-sermon-delivered-unitarian-church-germantown.

32) Charles Duhigg, "Wealthy, Successful and Miserable," *New York Times Magazine*, February 24, 2019, 26.

33) Nathan Zeldes, "'Quiet Time' and 'No Email Day' Pilot Data Is In!," Intel IT Peer Network, June 14, 2008, itpeernetwork.intel.com/quiet-time-and-no-email-day-pilot-data-is-in/#gs.fgis24.

34) Adam Grant, "When Work Takes Over Your Life," *Work Life with Adam Grant*

(podcast), April 17, 2018.

Chapter 5 : 어른에게도 쉬는 시간이 필요하다

35) Sara Burrows, "Texas School Beats ADHD by Tripling Recess Time," *Return to Now* (blog), November 21, 2017.

36) 위의 글.

37) 데이비드 엡스타인, 2020, 『늦깎이 천재들의 비밀』, 이한음 옮김, 열린책들.

38) Steven Kotler, "Flow States and Creativity," *Psychology Today*, February 25, 2014.

39) Doris Kearns Goodwin, Team of Rivals : *The Political Genius of Abraham Lincoln* (New York : Simon & Schuster, 2005), 609.

40) Lily Rothman, "Historian Doris Kearns Goodwin Looks to Past Leaders for Lessons on the Present," *Time,* September 17, 2018, 12 – 13.

Chapter 6 : 아무 것도 하지 않을 자유

41) 플로렌스 윌리엄스, 2018, 『자연이 마음을 살린다』, 문희경 옮김, 더퀘스트.

42) 올리버 색스, 2019, 『모든 것은 그 자리에』, 양병찬 옮김, 알마.

43) 플로렌스 윌리엄스, 2018, 『자연이 마음을 살린다』, 문희경 옮김, 더퀘스트.

44) Jamie Ducharme, "Spending Just 20 Minutes in a Park Makes You Happier," *Time,* February 28, 2019.

45) Tony Schwartz, "Relax! You'll Be More Productive," *New York Times*, February 10, 2013.

46) Tony Schwartz, *The Way We're Working Isn't Working: The Four Forgotten Needs That Energize Great Performance* (New York : Simon & Schuster, 2010).

47) Judith Shulevitz, "Bring Back the Sabbath," *New York Times Magazine,* February 3, 2003. www.nytimes.com/2003/03/02/magazine/bring-back-the-sabbath.html.

48) Patricia Hampl, "Baby Boomers Reach the End of Their To-Do List," *New York Times*, April 14, 2018.

Chapter 7 : 사랑할 수 있는 기회를 놓치지 마라

49) Mitch Albom, "Chika's Story," *Detroit Free Press*, June 11, 2017.

50) Richard Harris, "The Moment That Changed Mitch Albom's Life," *Forbes,* March 29, 2017.

Chapter 8 : 어떤 것을 선택할 것인가

51) 윌리엄 제임스, 2005, 『심리학의 원리』, 정양은 옮김, 아카넷.

4부 | 소속감

Chapter 2 : 기쁨에는 전염성이 있다

52) Robert Firestone, Lisa A. Firestone, and Joyce Catlett, *The Self Under Siege: A Therapeutic Model for Differentiation* (New York and London: Routledge, 2013), 206.

53) Nicholas A. Christakis and James H. Fowler, "Dynamic Spread of Happiness in a Large Social Network," *British Medical Journal*, December 5, 2008.

54) Daniel Goleman, "The Experience of Touch," *New York Times,* February 2, 1988.

55) Benedict Carey, "Evidence That Little Touches Do Mean So Much," *New York Times*, February 22, 2010.

Chapter 3 : 외로움을 들여다보는 일

56) Dan Buettner, *The Blue Zones of Happiness: Lessons from the World's Happiest People* (Washington, DC: National Geographic, 2017), 173.

57) 위의 책.

Chapter 4 : 두려움의 가면을 벗어라

58) John O'Leary, "Dare to Lead," *Live Inspired with John O'Leary* (podcast), episode 103, October 11, 2018.

Chapter 5 : 인생은 함께할 때 더 즐겁다

59) Thomas Merton, *No Man Is an Island* (Boston : Shambhala, 2005), 177.

60) John O'Leary, "Demystifying Disabilities," *Live Inspired with John O'Leary* (podcast), episode 85, June 7, 2018.

61) John Zarocostas, "Disabled Still Face Hurdles in Job Market," *Washington Times*, December 4, 2005.

62) Melonyce McAfee, "Advocate for Disabled Workers Is 2017 CNN Hero of the Year," CNN, March 8, 2018.

63) 위의 기사.

64) 위의 기사.

65) Meik Wiking, *The Little Book of Lykke: Secrets of the World's Happiest People* (New York : William Morrow, 2017), 201.

5부 | 자유

Chapter 1 : 이기는 게임을 하라

66) Leslie Kendall Dye, "Dear Strangers, Please Stop Telling Me My Active Daughter Might Get Hurt," *Washington Post*, November 1, 2016.

67) Lauren Knight, "5 Ways to Let a Little More Risk into Your Child's Day," *Washington Post*, January 16, 2015.

68) Peter Gray, "Risky Play: Why Children Love It and Need It," *Psychology Today*, April 7, 2014.

Chapter 3 : 더 나은 길은 언제나 있다

69) "Bullying Definition, Statistics and Risk Factors," American Society for the Positive Care of Children, americanspcc.org/our-voice/bullying/statistics-and-information.

70) Oliver Wendell Holmes, *Elsie Venner: A Romance of Destiny* (Boston and New York : Houghton, Mifflin and Company, 1861), 10.

에필로그 : 인생 최고의 순간은 아직 오지 않았다

71) 칼 세이건, 2002, 『창백한 푸른 점』, 현정준 옮김, 사이언스북스.

옮긴이 **백지선**

이화여자대학교 영어영문학과를 졸업하였다. KBS, EBS, 케이블 채널에서 다큐, 애니메이션, 외화를 번역하다가 글밥 아카데미 수료 후 현재 바른번역 소속 번역가로 활동 중이다.
옮긴 책으로는 『어떻게 공부할지 막막한 너에게』, 『부의 원천』, 『게팅 하이』, 『온 파이어』, 『시간을 내 편으로 만들라』, 『내 아이를 위한 완벽한 교육법』, 『이기적인 아이 항복하는 부모』, 『무엇이 평범한 그들을 최고로 만들었을까』 등이 있다.

다시 인생을 아이처럼 살 수 있다면

두려움 없이 인생에 온전히 뛰어드는 이들의 5가지 비밀

초판 1쇄 인쇄 2023년 4월 3일

지은이 존 오리어리
옮긴이 백지선

발행인 이재진 **단행본사업본부장** 신동해
편집장 조한나 **책임편집** 윤지윤 **교정교열** 최서윤
디자인 정인호 **국제업무** 김은정 김지민
마케팅 최혜진 이은미 **홍보** 허지호 **제작** 정석훈

브랜드 갤리온
주소 경기도 파주시 회동길 20
문의전화 031-956-7356 (편집) 02-3670-1123 (마케팅)
홈페이지 www.wjbooks.co.kr
인스타그램 www.instagram.com/woongjin_readers
페이스북 https://www.facebook.com/woongjinreaders
블로그 blog.naver.com/wj_booking

발행처 ㈜웅진씽크빅
출판신고 1980년 3월 29일 제406-2007-000046호

한국어판 출판권 ⓒ ㈜웅진씽크빅, 2023
ISBN 978-89-01-27024-1 03190

※ 갤리온은 ㈜웅진씽크빅 단행본사업본부의 브랜드입니다.
※ 저작권법에 의해 한국 내에서 보호를 받는 저작물이므로 무단 전재와 무단 복제를 금지하며, 이 책 내용의 전부 또는 일부를 이용하려면 반드시 저작권자와 ㈜웅진씽크빅의 서면 동의를 받아야 합니다.
※ 책값은 뒤표지에 있습니다.
※ 잘못된 책은 구입하신 곳에서 바꿔드립니다.